丝路百城传

特立,不独行

"丝路百城传"丛书编委会和编辑部

编委会

主　任：杜占元

常务副主任：陆彩荣

副主任：刘传铭

委　员：（按姓氏笔画排序）

丁　方　万俊人　马汝军　王卫民　王子今

王邦维　王守常　吕章申　邬书林　刘文飞

齐东方　李敬泽　连　辑　邱运华　辛　峰

张　帆　张　炜　陈德海　胡开敏　徐天进

徐贵祥　诺罗夫（乌）　黄　卫　龚鹏程

阎晓宏　彭明哲　葛剑雄　谢　刚

编辑部

主　任：马汝军　胡开敏

副主任：邹懿男　文　芳

委　员：简以宁　蔡莉莉　陈丝纶

出版说明

　　2013年，中国国家主席习近平向世界提出共建"一带一路"的倡议。自提出以来，"一带一路"倡议深刻影响世界，逐渐从理念转化为行动，从愿景转变为现实，建设成果丰硕，得到国际社会热烈响应。

　　古丝绸之路打开了各国各民族交往的窗口，书写了人类文明进步的历史篇章。新时代共建"一带一路"的实践，为沿线国家和地区相向而行、互学互鉴提供了平台，促进了不同国家和地区、不同民族、不同文化、不同文明的深入交流。

　　城市是人类文明的结晶。"一带一路"沿线的城市中，蕴藏着人类千年的历史、多元的文化和无尽的动人故事。我们希望通过出版"丝路百城传"，展现每座城市独一无二的历史和性格，汇聚出丰富多彩、生动可感的"一带一路"大格局，增进文化交流和文明互鉴。

　　这是一次前所未有的出版探索，我们虽竭尽全力，也深知有诸多不足。期待这套丛书能够得到读者的喜欢，也期待更多的读者、作者、专家、学者等各界朋友们对我们的出版工作给予指正。

"丝路百城传"丛书编辑部

合肥美丽的天鹅湖畔 庄道龙摄

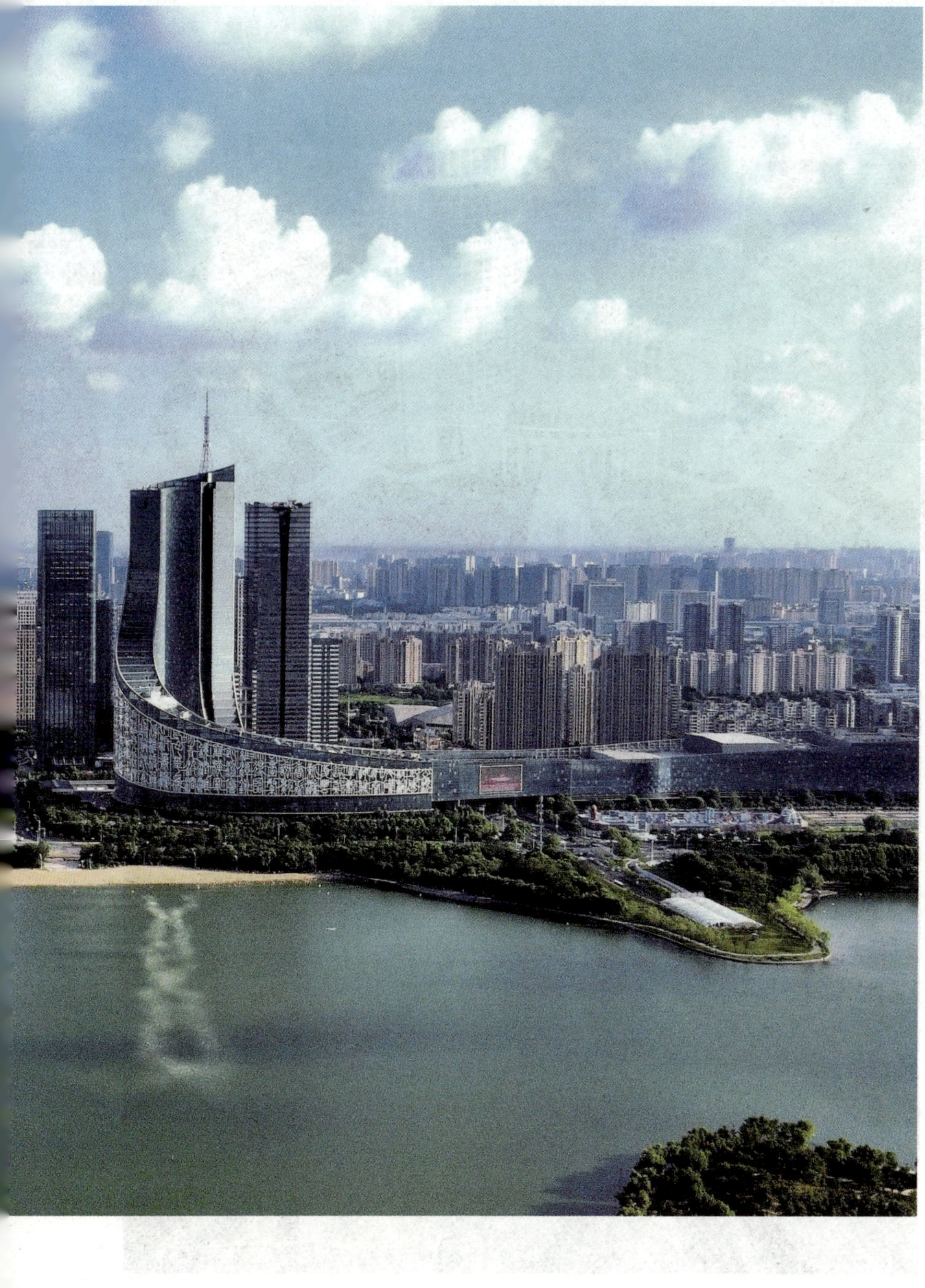

合肥市政务中心

合肥南站为华东四大高铁特等站之一

流经市区的南淝河 庄道龙摄

由骆岗机场改建的全球最大的城市公园 许咏摄

独具特色的撮街文化街区 李非帅摄

庐州府自古以来号称"江淮首郡" 庐阳文旅摄

巢湖岸边的渡江战役纪念馆　庄道龙摄

合肥解放纪念日

大潜山下　肥西县文旅局摄

逍遥湖上　庄道龙摄

位于庐江县的丁汝昌纪念馆 周江宁摄

刘铭传纪念馆 肥西县文旅局摄

《庐州市井图》 吴同彦绘

古盧州市景圖

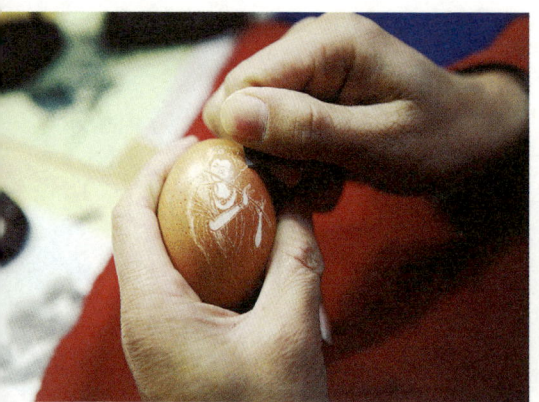

用刀片在鸡蛋壳上作画

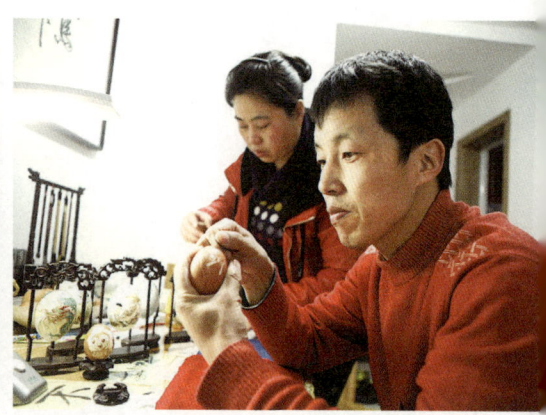

蛋雕技艺传承人王剑

系列蛋雕作品

精致的非遗作品 柳丝摄

合肥市级非遗项目门歌
传承人阿凡先生

合肥非遗传承人在国外交流

非遗演出小分队活跃在街道社区

中国快餐第一品牌掌门人束从轩应邀担任巴黎奥运会火炬手

HEFEI
THE BIOGRAPHY

那一抹大湖名城的风景

合肥传

李云胜 著

中国国际出版集团　新星出版社　NEW STAR PRESS

总　序

如果说丝绸之路研究让我们洞见了一部全新的世界史，一定会有人表示惊讶与质疑；

如果说城市的创造是迄今为止人类文明进程中最伟大的事情，则一定会得到人们普遍的支持与认同。

"丝路百城传"丛书的策划正是发轫于这样一个历史观的文化叙述：

丝绸之路是一条无路之路；

丝绸之路是一条既古老又年轻，"不知其始为始，不知其终为终"的漫漫长路；

丝绸之路是一条历史时空里时隐时现，变动不居，连点成线，连线成网的超级公路；

丝绸之路是点实线虚，点变线变，点之兴衰即线之存亡的交通形态，那些关山阻隔，望洋兴叹的城市，便如一颗颗璀璨的明珠镶嵌在路；

丝绸之路是一个文化概念，叠加其上的影像曾被不同国家不同民族的人们呼作：铜铁之路、纸张之路、皮毛之路、黄金之路、朝贡之路、宗教之路；

丝绸之路是中西文明交流与传播、邦国拓展、民族融合之路，也是西方探秘中国、解码东方之路，更是我们反躬自问"我是谁？我从哪里来？我向何处去？"的寻根之路、回家之路；

丝绸之路是今日中国走向世界的新起点、新思路，是"一带一路"中国倡议走向人类命运共同体的未来之路……

无可否认，一个世纪以来，丝路研究之话语为李希霍芬、斯文·赫定、斯坦因、伯希和、大谷光瑞、于格、橘瑞超、芮乐伟·韩森、彼得·弗兰科潘等东西方人所主导。然而半个世纪以来的大国崛起，正在使"夫唯不争"之中国快速走向文化振兴。我们要将《大唐西域记》《真腊风土记》的传统正经补史、继绝往圣、启迪民智、传播正信，同时也将丝绸之路城市传文学以实为说、以城为据、芳菲想象、拒绝平庸的创作视为新使命、新挑战。让"城市传"这样一个文学体裁开出新时代的鲜花。

凭谁问：昆仑巍峨、河源滔滔、玉山储秀、戍堡寂寞；

凭谁问：旌节刻恨、驼铃悠远、琵琶起舞、古调胡旋；

凭谁问：秦汉何在、唐宋可甄、东西接引、前路正新；

凭谁问：八剌沙衮今何在？罗马的钟声谁敲响；

凭谁问：撒马尔罕的金桃今何在？帕米尔上的通天塔何时建成、何时倾倒；

凭谁问：伊斯兰世界的科学造诣何时传到了巴黎和伦敦；

凭谁问：鉴真大师眼中奈良和京都的樱花几谢几开；

凭谁问：乌拉尔河上何时传来了伏尔加河的纤夫号子；

凭谁问：杭州湾的帆樯何时穿越马六甲风云……

诗人说：这条路是唐诗和宋词的吟唱，是太阳和月亮的战争；

军人说：这条路是旌旗翻卷的沙漠，是铁骑踏破的血原；

商人说：这条路是关涉洞开的集市，是金盏银樽的盛宴；

僧侣说：这条路是信仰鲜花盛开的祭坛，是生命涅槃的乡路……

一个个城市的前世今生，一个个城市的天际线风景，一个个城市的盛衰之变，一个个城市的躁动与激情，一个个城市的风物淳美与人文精彩，一个个城市的悲欢离合，一个个城市的内动力发掘与外开拓展望，一个个城市的往事与沉思，一个个城市的魅惑和绝世风华……

从长安到罗马（大陆卷）和从杭州湾到地中海（海洋卷）是卷帙浩繁的"丝路百城传"系列丛书的框架结构，也是所有参与写作的中外作家和编辑们共同绘制的新丝路蓝图。《尚书·舜典》有"浚咨文明"之句，孔疏曰："经纬天地曰文，照临四方曰明。"《论语·雍也》曰："质胜文则野，文胜质则史，文质彬彬，然后君子。"又《易经·贲卦·彖辞》曰："刚柔交错，天文也；文明以止，人文也。观乎天文，以察时变；观乎人文，以化成天下。"故文化乃"人文化成"而以文教化"圣人之教也"。"周虽旧邦，其命维新"，丛书编纂与出版岂非正当其事、正当其时也！

读者朋友们，没有踏上丝路，你的家就是世界；踏上丝路，世界才是你的世界、你的家园……唯祈丛书阅读能助君踏上这样一个个奇妙无比的旅程。

丝绸之路从远古走向未来，我们的努力也将永无休止。

刘传铭

戊戌谷雨前五日于松江放思楼

目 录

第一章　观古阅今，一眼三千年

名出《史记》，源自两淝 / 3

庐州府粉墨登场 / 6

近现代以来的合肥城市规划 / 9

会读不会写的方言土语 / 14

再回首，致敬合肥城市性格 / 18

第二章　历来是兵家必争之地

发生在合肥的"著名"战争 / 25

三处遗迹透露曹操驻肥大军秘密 / 32

那口池塘，八百多年前的战场 / 38

孙权兵败合肥，一马飞跃津渡断桥 / 41

岳家军取得庐州大捷 / 44

金兀术数次攻打庐州城，讨到便宜了吗？/ 47

巢湖水师助力大明立国 / 50

庐州营署曾驻绿营军 / 53

几处重要军事要地遗址 / 56

第三章　古代合肥的耕读往事

曾经遍布庐州古城的书院 / 63

合肥县学今何在？/ 67

百年风雨小书院 / 70

府考难，四十八年才入泮 / 74

香花墩上的读书台 / 78

三育小学堂，隐藏的百年老建筑 / 82

第四章　承载在遗址遗迹上的符号

闲览《古庐州市景图》/ 89

淮河路228号去哪儿了？ / 93

两个"宰相府" / 95

仅存的高家祠堂 / 99

当铺巷由此得名 / 102

洋楼巷曾刮西洋风 / 106

名曰大夫第的武探花府邸 / 109

金斗河里的遗存 / 112

小巷里的私人报馆 / 115

庐州国术馆兴衰记 / 119

第五章　徽风皖韵非遗梦

提取少林和武当精华的阴阳双合拳 / 125

穿着汉服精心制作每一把油纸伞 / 129

庐州木雕那些事儿 / 133

80后辣妈是个糖画非遗传承人 / 136

古琴传承的艺术人生 / 140

以"渡江战役第一船"闻名的汪氏船模 / 144

一口叙述千古事，双手摆动百万兵 / 148

面团在指尖生花 / 152

安徽大鼓，重温那场旧戏 / 155

神奇的蒋氏手针 / 159

清介堂胡氏膏药 / 163

福升堂舞狮，由年轻人继承的非遗 / 167

第六章　浓浓的"文艺范"

合肥剧场原址新考 / 173

半世剧院半世戏 / 181

小平房里传出的电波 / 184

从安徽歌剧场到江淮大戏院 / 188

南淝河畔的文化绿洲 / 194

合肥图书馆变迁记 / 201

第一次的庐州光影 / 205

觅踪合肥首家影院 / 208

话剧人的快意人生 / 212

第七章　从庙堂之上走来的合肥名人

吴王似乎与合肥有缘 / 221

包公第一次当的居然是税务官 / 224

地图牵出的岳大郢岳飞后裔 / 228

朱子有别，在庐州代有传人 / 232

乡野里的大金皇室 / 235

他的祖先是第一个入正史的少数民族 / 238

徽州出朱子，庐州有蔡公 / 241

相府园旁拜天馥 / 244

李鸿章手植梧桐树 / 250

刘大麻子传奇 / 253

李府里走出交行首任行长 / 258

老段不老与小段不小的典故 / 261

第八章　数字民谣里的老城

何处寻觅一人巷 / 267

无人烧香的二郎庙 / 270

三孝子街今何在 / 273

范家修造的四牌楼 / 277

五星寺与六谷祠 / 282

丹桂飘香七桂塘 / 286

凤凰拜朝八蜡祠 / 290

九狮桥曾经蛤蟆呱呱叫 / 293

漫步十字街头 / 298

第九章　原著合肥味

从宫廷走向民间的庐州烤鸭 / 305

"刘鸿盛"重出江湖 / 309

复兴归来"张顺兴" / 312

小燕湾的粉耙 / 315

合肥最早的西餐厅 / 318

巢湖岸边的山珍与湖鲜 / 321

柘皋早茶，恰在灯火阑珊处 / 325

难以抗拒的三河美味 / 327

大弯饺与淮军军粮小红头 / 331

圆子里的庄墓 / 334

庐州有好水，好水配好茶 / 338

第十章　走读巢湖岸边

夏王桀的"流亡岁月" / 345

三千年历史沉淀柘皋古镇 / 348

烔炀镇，巢湖岸边的璀璨明珠 / 352

AAAAA 景区的洪水记忆 / 355

最年轻的城关镇 / 361

桑科铺进行曲 / 366

说是乡村，倒像公园般美丽 / 371

走进"口述史之父"唐德刚的家乡 / 375

第一侨乡六家畈 / 379

万山是个好地方 / 385

"鱼米之乡"泥河镇 / 389

合肥大事记 / 393

后　记 / 396

参考文献 / 398

HEFEI
THE BIOGRAPHY

合肥 传

第一章 观古阅今，一眼三千年

坊间有一种说法：100年中国看上海，40年中国看深圳，未来中国则看合肥。这让我想起了宋朝潘阆的《酒泉子·长忆观潮》里的一句词："弄潮儿向涛头立，手把红旗旗不湿。"

回望三千年，合肥就有这样厚重的历史和可圈可点的发展潜质。

合肥是座亲水的城市　庄道龙摄

名出《史记》，源自两淝

夏商，东方的淮夷人就已在今日的合肥一带繁衍生息，商人称之虎方，周人呼为夷虎。夏王少康后裔东楼公的一支后裔娄人随亲族有巢氏的后人南迁到巢湖附近，建都于庐邑，"庐州"之"庐"正源于此。

武王灭商之后，亦征服江淮之间的巢国，并将其析分为二：一为巢国，都于巢城；二为庐国，立都庐邑。巢国赐伯爵，称"巢伯国"，庐国赐子爵，称"庐子国"。

关于古庐子国的具体位置，史学界尚有争论，但主流观点仍是今天的合肥。

著名文史专家钱文忠教授在央视《百家讲坛》曾说过庐子国在今合肥一带，是周武王时期按公、侯、伯、子、男等级分封的封国。西周至春秋期间，庐子国渐趋解体，陆续分析出橐皋和"群舒"（被蚕食）。后来橐皋和"群舒"为吴、楚二国征服为附庸，直至灭亡。

唐朝杜佑《通典》云："庐州，今理合肥县，古庐子国也。"《风俗通义》称，古庐子国，后有庐氏。《通志·氏族略》在"以国为氏"目下载，庐氏，亦作"卢"，系庐戢黎之后。《通鉴地理通释》云："《郡县志》：庐州，本庐子国，春秋舒国之地。"

我们今天看到的合肥老城区，其范围只限于现在的环城马路以里，面积只占到庐阳区管辖区域的一部分,而且这并不是合肥最早的城池。

合肥城池经过了至少4次变迁,直到南宋以后才基本上奠定了我们今天看到的老城池的规模。在此之前,还有汉城、新城、唐城等。

我们现在普遍宣传合肥是座有着两千多年历史的城市,那是源于多年以前的一次座谈会,有专家倾向于将秦朝置合淝县作为合肥历史的开端,当时合肥属于寿春邑九江郡管辖。这个观点不知怎么不胫而走,结果将合肥历史整整缩短了一千多年。

早期的所谓诸侯国其实就是一座城池,而城池的最大特点就是人口稠密,交通便利,信息畅通。合肥城址屡有变迁,起先并不在今天的老城位置。

据《太平寰宇记》记载,汉代合肥县城"在今县(城)北",具体位置即今天的四里河附近,面积很小,为合肥侯鉴镡所筑,史称"汉城"。到了东汉末年,战乱年年不息,导致旧城废弃。

公元200年,扬州刺史刘馥单骑赴任,在"汉城"基础上重建合肥城。这一段历史在《庐州府志》也有记载:"献帝时,曹操表刘馥为扬州刺史,(刘馥)单马造合肥空城,立州治。今合肥县西二里,故城是也。"

庐阳区三十岗乡,现在以盛产西瓜著名。那里尚可看见夯土城墙残基,即历史上"合肥新城"遗址,现在那里建有一座三国遗址公园。

根据西晋陈寿《三国志》记载,魏征东将军满宠两次上疏魏明帝曹睿,建议在合肥西三十里建立新城,屯兵以抗孙吴。新城建成后,孙吴水军由巢湖到达合肥城下,还要再陆行三十里,才能抵达合肥新城。这样,孙吴的水军优势不能发挥,军需补充更加困难,使曹魏方面获得了很多战机。而曹魏可以沿瓦埠水系直通寿春,水上运输方便,有利于提高战斗力。

合肥新城于公元233年建成,孙吴曾于公元233年、234年多次围攻,均兵败而归。

三十岗乡的老百姓都知道,从前这里田地里经常可以挖出秦砖汉瓦,都知道这里以前是个古城,但具体是哪朝哪代的却未必清楚。

在合肥曾经流传着"韦睿堰水破合肥"的故事,那是确有其事。

合肥在西晋统一以后,废除了三国时所筑新城,迁回了旧址。相对于鸡鸣山麓的新城，合肥旧城地势低洼，其实并不利于防守。

到了南北朝，合肥成了北魏的天下。公元505年，南梁大举进攻北魏，派大将韦睿率军攻合肥。

韦睿进至合肥城下，见合肥城池地势低洼，遂决定作堰围淝水以灌城。淝水被堵塞，堰水渐满，韦睿启动战船，从四面攻城，战船高于合肥城。北魏军束手无策，守将杜元伦登城督战，被梁军弦弩射死。众兵士相顾悲哭，痛感大势已去，无心作战，合肥遂为梁军所破。梁军入城，"俘斩万余级"，牛马万数，绢满十间屋。南梁从此迁豫州治所于合肥。

这一战使合肥城池尽毁，但后世的史学家却赞赏韦睿之胆略。

合肥历史上经常被称为"金斗城"，连在外经商的人也被叫作"金斗帮"，后来又称为"斗梁城"，这到底是怎么一回事？

所谓"金斗城"即唐城。唐朝贞观年间，大将军尉迟敬德受李世民派遣，在合肥旧城东南高地重筑城池。因为古城内有一条金斗河，史称金斗城。时间转瞬即逝，到了南宋，1169年，南宋淮西帅郭振屯驻合肥，为防御金兵侵袭合肥，"横截旧城之半"，地跨金斗河北，使金斗河横贯城中，基本形成今合肥古城的初貌。

宋城要比唐城大得多，必须经桥梁津渡才能穿城而过，史称"斗梁城"。其中"斗"字是延"金斗城"名，"梁"字是桥梁。

庐州府粉墨登场

大家都知道庐州是合肥的别称，那么是从什么开始的呢？庐州府的管辖范围有什么变化，和今天的合肥市基本相当吗？

根据《安徽省志·建置沿革志》的记载，合肥这个地方地名出现"庐"这个字眼，最早出现在西周。周武王按照公、侯、伯、子、男等级爵别进行分封，庐国为"子"爵，故称"庐子国"，和周边的巢伯国、群舒国一起，构成了以后庐州府的大致范围。

第一次有了庐州的称谓应该是在隋开皇三年（583），彼时，全国实行的是州、郡、县三级行政体制，开始在建置屡有更替的合肥县设庐州，后来，又改庐州为庐江郡。唐武德三年（620），改庐江郡为庐州，天宝元年（742），复名庐江郡，仍治合肥，属淮南道。唐至德二年（757）十二月，复名庐州，仍属淮南节镇。唐代庐州治合肥，下领合肥县、舒城县、慎县、庐江县、巢县。

北宋初，庐州治合肥，管辖合肥县、舒城县、慎县、庐江县、巢县。至南宋绍兴三十二年（1162）时，为避孝宗讳，改慎县为梁县，治所在今肥东梁园。

北宋太平兴国三年（978），以庐州巢县无为镇建无为军，分巢县、庐江二县隶属无为军，庐州只管辖三县，即合肥县、舒城县、慎县。

元朝时升庐州为路，管辖范围最大，下辖合肥县、六安州、无为州、舒城县、梁县、庐江县、巢县、和州、含山县、乌江县、英山县等州县。

第一次有了庐州府称谓是在红巾军大宋政权时期，改庐州路为庐州府，为江淮行省省会。不久，废江淮行省，改属朱元璋设于应天府（今南京市）的江南行省。

明洪武元年（1368）八月，庐州府改属中书省，仍治合肥县。十三年（1380）正月，庐州府直隶六部。永乐元年（1403），庐州府改隶南京，又称南直隶、直隶南京（治今南京市）。

清朝江南省地图，从中可见庐州府的范围

合肥本土学者许昭堂先生在《巢湖史话》中考证说，明朝时的庐州府一度管辖六安、无为二州，以及合肥、庐江、巢县、舒城、英山、霍山六县。一直到清朝雍正二年（1723），六安升为直隶州，划英山、霍山属之，才从庐州府分出去。我们经常说的庐州府五属（四县一州），即是指自此以后的建置。

辛亥革命以后废庐州府，保留合肥县，直属安徽省。

关于合肥的简称，历来颇有异议，起码有肥、庐、合等，甚至主张用浉字等。

对于合肥而言，"肥""浉""庐""合"都是一定历史时期的符号或印记，其中，"庐"出现得最早，并与环巢湖的有巢氏文化密切相关。

"庐"的本意为简陋的房子，而合肥以"庐"为名可追溯至周武王时期。之前，环巢湖流域广大地区为巢国，包含今天的合肥地区，有趣的是"巢"也有房子之意。

2018年8月，我曾受邀参加蜀山区召开的"魅力蜀山、合肥之源"专家研讨会，对东浉河与南浉河交汇于小庙镇区域内等相关课题进行了实地考察和文献考证。其实，"浉"作为河流名称，并不止东浉河与南浉河，还有位于皖北地区的西浉河与北浉河。

有人通过仔细考证史料发现，至少从清末以来，合肥就简称"肥"。

1908年，清政府在安徽筹办谘议局，合肥的开明绅士称"此举于吾肥地方有极大关系"。

1929年，合肥发生旱灾。段祺瑞、龚心湛、王揖唐等合肥籍的名人发布告示，称"吾肥不幸，天迭降灾"。

1934年，李鸿章侄孙李国璟的《瘦蝶词序》刊登于《虞社》期刊，该文开头便是"吾肥工倚声之学者……"。

此外，民国时期很多团体发布信息，都是说"吾肥人民""吾肥学生"如何如何……晚清淮军诸将，时人也惯称淮肥子弟。

近现代以来的合肥城市规划

新中国成立后合肥城建史上著名的规划专家夏有才先生力作《合肥城市规划七十年》终于正式出版了，早在2017年我就看见过厚厚的打印初稿，最初的名字好像叫《合肥城市规划见闻录》(1949—2015)。由此我想起了与夏有才先生的几次漫谈，话题自然是合肥历史上的城市规划。

夏有才是江苏南京人。1962年毕业于南京工学院（今东南大学），曾任合肥市规划设计院副院长兼总工程师。他将毕生精力贡献给了合肥的城市规划事业，是合肥城市规划发展的见证人。

"客观地讲，抗战胜利以后，国民党合肥县和安徽省政府都曾经想过规划和建设省会合肥，并于1948年出了一个《合肥市政工程规划》，那应该是合肥历史上第一个城市规划。"

夏有才介绍说，1945年秋，安徽省会从立煌县迁来合肥，第二年即成立了合肥市政工程局。当时的民政厅长名叫韦永成，他认为合肥既为省会，就要有个省会的样子，他亲自兼任合肥市政工程局局长。当时搞出来的规划为旧城区面积560公顷，新城区面积计划1000公顷，共计1560公顷。其中，省行政区位于旧城区的城南区，与中心商业地带相距约500米。另于本区南部辟省级公务员住宅区；县行政区位于旧城区西部，以原有县政府旧址为基地。另于本区北部辟县公务员住宅区。省、县行政区面积占旧市区4%。除此以外还有文

1979年制定的合肥城市总体规划图　　　1958年制定的合肥城市规划图

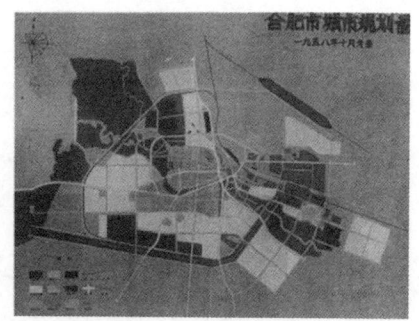

化区、商业区、绿化区、住宅区之分。合肥当时虽已为省会，但并无高等教育机构。为求政治、经济与文化配合共济，计划将城区东南部设为文化区。文化区东南靠环城东路与环城南路，北沿中山东路与住宅区相邻，西与省行政区相隔，以映典路（今宿州路一段）为界，四周清静，可安心求学。文化区面积占旧市区5%。将城区东西向的东大街、中正中路、中山中路、中山西路（均为今长江路的一部分）和南北向的德胜街、旸谷街、孝肃南北路、映典北路、鸿仙路等地带划为商业区。商业区面积占旧市区9%。在城区疏浚九狮河，由东而西，两岸筑沿堤马路。将东门内之逍遥津辟设为中山公园；于北门公共体育场侧辟中正公园；拟将西门高家花园修筑扩大，沿城脚设环城散步道；在东大街之鸿仙路、中正路交叉点设市中心区大广场，在城西区设广场。绿化区面积占旧市区12%。

那么，新中国刚成立时的合肥是个怎样的建制呢？1949年2月5日的《新合肥报》对此有报道：城内内河以北至大东门及北门外、大小岗为第一区；施马桥经和平巷、孝义巷、马塘、小南门至包公祠，东至城墙及内河以南为第二区；内河以南及施马桥至小南门以西、西至西关为第三区；大东门外至火车站为第一直辖镇；小东门外沿城河之街为第二直辖镇。

1949年4月，合肥的行政区划又有了新的变化，两个直辖镇合并成立第四区。到了同年9月，撤销4个区，分设大东门、车站、西门、北门、南门5个派出所辖区。1951年11月，撤5个派出所，成立车站、东市、西市3个区。

60年代初，车站区改称东市区，原东市区改称南市区，又改称中市区。一直到20世纪50年代末，合肥的行政区划调整非常频繁。

说到合肥的城市规划，夏有才先生特别提到了20世纪50年代："自从毛主席说了一句'合肥不错，居皖之中'，合肥这个江淮之间的小邑一下子成了安徽的政治、经济、文化中心。既为省会，就要有与其地位相匹配的城市规模。20世纪50年代，合肥两次出台了城市规划。"

第一次是1956年，那时，全市总人口28.3万，其中城市人口19.7万。到了1967年，全市总人口就达65万了，其中城市人口55万。而市区面积也由1956年的14平方千米增至50.7平方千米，人均用地90平方米。根据规划，南淝河以东、以北地区为工业、仓库区，以南淝河及其两岸树林为防护带。货运码头及停泊港应从目前东门至孝肃桥一带迁移至水厂下游及北门桥上游；南淝河以西、以南地区，包括老城区，为居民生活区。其中，省市行政机关及全市主要文化、商业等公共建筑分布于长江路、徽州路一带；大专院校、大型医院、疗养院等分布于城南、城西；其余都是住宅区。在市区，文化休息公园、体育公园、小游园和林荫道等公共绿地，应大致均匀地分布于生活区内，使居民能以较短的距离到达。

第二次规划是在1959年，当时目标总人口是100万，城市建设用地144平方千米。生活居住区主要分布于城区及其周围，再按其面积、服务对象和自然界线分成6个区，各区都有一个区中心；高等院校设在各生活区内专门拨出的地段；采用以大块园林、田圃揳入市区的办法，使其与城市中心地区的公共绿地相连，将自然景物引入城市。在西郊的大蜀山和南郊的巢湖之滨开辟大面

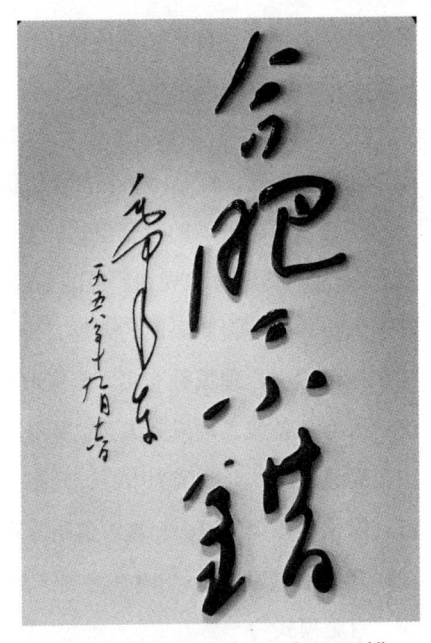

吴山铁字毛泽东主席手迹"合肥不错"

积的森林公园和疗养院；围绕城市四周（距市中心10千米左右）逐步建立若干个卫星城镇，给城市发展留有余地。

尽管第二次城市规划与第一次相比，有了巨大的变化，特别是对于合肥周边地段的规划，但总体来看，合肥仍是一个环绕老城的紧凑市区。

还有"风扇形"的合肥模式。夏有才先生曾经向我介绍1982年的那次规划。《合肥市城市总体规划》经国务院批准后，又于1984年3月制定了《关于开创城市规划建设新局面的近期目标和措施的初步意见》，确定近期建设"收缩布局范围，合理填补充实，分段改造旧区，控制征用土地"，设想在三五年内"抓好几条线，建成几大片，绿化几个面"。经过几年的市政建设，合肥城市布局呈现出以老城区为中心，向东、北、西南三翼伸展的特点，田园揳入市区，绿化带环绕市中心，城市道路分别呈井字形、环形和放射形。专家们形象地称其为"风扇形"，当时在全国产生了极大的影响，把这种城市结构方式誉为"合肥模式"。

当然，以今天的眼光看，"风扇形"的城市布局其实还是有一定的不足之处，像难以合理地组织城市交通，容易造成居民出行不便，市中心区向心力过大，三翼间的空隙难以长期保留等，但当时无论如何也想不到城市扩张会达到今天这样的规模。

还有一次，夏有才先生和我谈到了20世纪50年代规划修建三大工业区的事。当时的合肥积极实行国家的第一个国民经济和社会发展五年计划，不等不靠，除发挥本身力量新办工业外，很需要争取上海内迁一批企业来合肥。利用上海的技术、人才和企业管理经验，是一条事半功倍加快工业经济发展的重要途径。

时任建设局副局长的陈衡因地制宜，通过规划修建形成三大工业区，分别是东郊工业区、西南工业区和北郊工业区。在城市规划和建设中，坚持利用老城区的大片空地加以改造形成市中心，然后逐年向外扩展，反对废弃旧城另建新城，符合投资少，建设快。其中，东郊工业区在1952年规划中修建了和平路等四条城市道路，初步形成了和平路工业区的道路网，沟通了与老城区和蚌埠路（今长江东路）的联系，开始建设18千米铁路专用线。

老工业区变身"中国网谷"

从1954年起,首批上海迁来合肥的企业,沿大通路北,自西向东依次安排了搪瓷厂、面粉厂及针织厂,并将内迁的模型厂(后改为无线电二厂)也放在繁昌路,与这个地方兴办的农机厂(即安徽拖拉机厂)、砂轮厂、软木厂组成一个工业街坊。1955年,为抓好迁厂工作,成立了合肥城市建设委员会,与市政建设局合署办公,担负起城市规划建设工作。1956年,安徽方面又与上海谈妥了一批工厂内迁合肥,再次形成了迁厂高潮。

会读不会写的方言土语

按照中国地理南北分界线划分,合肥位于秦岭、淮河以南,应该属于南方。但由于历史上的几次民族大迁徙,合肥实际上是个移民城市,受北方文化的影响很大,口语表达上属于江淮官话洪巢片,通行于肥东、肥西、庐江、巢湖以及长丰南部。合肥市区的方言则受普通话影响逐渐趋普化,被称为"合普",正宗的方言仅在市井间可闻。

清末民初时的合肥方言曾经在全国影响巨大,因为李鸿章率领的淮军将士,多半来自合肥;段祺瑞组建的皖系军阀,其各级骨干也多为合肥人氏。民谣云:"会讲合肥话,就把洋刀挂""总理哄东西,小兵老抹资"。

曾经,合肥人一般不屑于说合肥方言,更是把当地人学说普通话叫作"撇汤"。

随着合肥这座城市的日新月异的发展,合肥人越来越自信,合肥方言开始出现在本土的电视节目、歌曲创作中,甚至有人专门在网络上开办"合肥话教学"。

不过,方言好学字难写。比如"我拿块石头砸死你",用合肥话说就是"一渣巴头订屁的你"。但著名语言学家王光汉先生笑着告诉我,这句话的许多字都写错了。

王光汉在学界自然是响当当的,但合肥人似乎对"白丁"更熟悉一些,因为他以此为笔名在《合肥晚报》上设"乡音小考"专栏，居然连载稿十几载。

王教授说："我本就是合肥人，念书工作，几乎都在合肥，说的也都是合肥话。我在安徽大学研究语言文字时，很多朋友学生就问我一些合肥方言的读写，这渐渐地把我支上了研究合肥方言的路子。"没想到这一开始研究方言就成了一辈子的事业，至今已坚持收录方言三十多年。

问起他这三十多年研究合肥方言的最大感受，他只回答了一个字——难！

方言考释的至难点是寻求方言的本字，由于方言的流传主要靠口耳相传，极容易产生语音上的变化。如果没搞明白这个音是哪个音的音变，不知道本音就没法找出本字。

比如"明天"，合肥今天说"麻天""麻个"，但在《诗经·小雅·东方未明》中"明"读 miang。

再有一个难点就是方言词的搜寻和认定。

王教授回忆，1998年时，他写了十多万字的方言考证，以为合肥话已经被自己写得差不多了，打算搁笔。但是，有天上街买菜，听卖菜的跟人争执说到了"卸把卸"这个词，王老才发觉自己收录的方言词并不齐全。

此后，王教授跑农村乡下，去周边县镇，和菜农聊天，看方言表演……多方面地去搜寻和认证方言词，这过程的艰辛也只有他自己知晓。

还有一个难点就是方言词的解释。常言道：画鬼容易画人难，方言词会读、会写都是基本功，但是如何解释好方言词，让更多的人懂得方言词所表达的是什么意思就难了。

为了精准解释一个方言词，他常常一个字都要琢磨好几天，甚至几个月。

几个合肥人在一起用方言交谈，应该只有合肥及其周边的人才能听懂，但字怎么写却鲜有人知。

比如朋友请客，东道主催促："大家都到了，你搞 sào 些！"

《庐州方言考释》给出了答案：趮。《说文解字》曰：趮。疾也。从走，喿声。今天大都注释为躁的异体字，比如"趮者不静"，音 zào。

再比如朋友聚会，席间有人说：某某又升职了，在单位混得很 gùn！合肥

15

采写《合肥传》时的工作照

方言里"混得很 gùn"即混得很好之意,但 gùn 如何写呢?

应该作"棍"。【棍】[kuən]:讽刺挖苦人臭美,自以为了不得,一副称雄的样子。

如:"今天穿得这样棍,可是有事呀?""你看你棍的,好像人家要拍你马屁似的。"也用指强硬、称雄,如:"棍就棍在我这儿是黄金地段,不然我也不敢开口就喊这个价!""他要没有那三把刷子,也不敢这样棍!"棍的本义是棍棒,引申而有无赖、恶徒之义。之所以有如上合肥方言义的引申,是因为棍棒常为无赖、恶徒所用武器;无赖、恶徒又有如棍棒一样横硬,一副凌人之态,一副"棍"的样子,因而说棍,往往多有贬义。但如本身确实过硬,确有值得强硬的理由,不苟合顺应,这种傲然卓立的"棍"就难说其有什么不是了。

有趣的一点是,今天的合肥方言里还保留了一些古音,没有较深的古音韵知识没法搞;并且古字古义多,没有对古字古义的深入了解也没法搞清楚:

1. 这个侠们(小伢们的连读)好簪(zān)。

2. 有两个钱就开始諞精(shān jīng)了。出处:王实甫《西厢记》,表达显摆的意思,偏贬义。

3. 没事干我们来聒谈（guā dàn 二声四声）啊。闲谈、聊天的意思。

4. 用勺子挖（wǎ）一下西瓜。类似挖的意思。

5. 把头揞（ken）一下，洗头了。揞头：低头，把头往下压一下。本字应该是"锁"。

6. 天天抽你诀（jué）你。诀：怒词也，在合肥话的表达的就是骂的意思。

7. 这被子有毫枵（xiāo），冻屁的了！衣服薄的意思，本字应该是浇。

8. 碗洗好把碗晾（lǎng）一下。打晾。冲一下。打晾，晾晒。

9. 这个人，韶道八孜的。韶道本意唠叨。《醒世姻缘传》第八五回："这大舅真是韶道，雇个主文代笔的人，就许他这们些银子。"合肥话里取显摆之意。南京话里面也有类似之意。现一般写作"韵叨"。

10. 走趱（sào）的。趱经常读成速毫的。《韩非子·说林下》：周趱谓宫他曰："为我谓齐王曰：以齐资我于魏，请以魏事王。"趱：快步走。

11. 匡阆（kuāng lǎng），地方比较大，类似于拟声词。鞋太大了，走路匡阆匡阆地。

12. 我一巴掌惚（hū）死你。

13. 小心潲（sào）雨。雨水到处溅。

14. 不要随嘴諃（ta）。不要随便讲话，乱讲，话多。諃諃的意思：话多，如"故愚者之言，芴然而粗，喷然而不类，諃諃然而沸"。

15. 郁闷叫：搞伤的了！恶心叫：吐的了！可爱叫：得味！漂亮叫：化的了。

再回首，致敬合肥城市性格

所谓"十里不同风，百里不同俗"，一方水土养一方人。合肥地处江淮之间，民风淳朴，兼有南北风范，既有北方的豪放，也有南方的婉约。体现在婚嫁、年俗、歌谣等生活的各个方面，甚至渗透到了骨髓里。

合肥这座城市很特别，地域不南不北，处长江淮河之间，江淮分水岭脊线自西北向东南斜向横穿合肥市，长度达140千米。但古庐州城里的水系主要还是属于长江水系，地域按照秦岭—淮河的分界线也算属于南方。这就注定了合肥是个多水而具有灵性的城市。居住在这样一座城市里的市民，注定要充分享受水所带来的福气。

而合肥人的性格里又多北方的豪放，一句"好大事"尽显英雄本色，透露出的是放浪形骸的洒脱。这是否是遗留下的楚风？

我们的城市隐忍负重，随遇即安，有过属于她的熠熠发光的时刻。

自从楚考烈王二十二年徙都寿春，这块土地就有了楚风楚韵。尽管中间曾被吴越占领，但最终仍回故国。中原的精神锻造成了这座城市的精神，那就是不屈不挠。即使是最终为秦所灭，可怀念郢都的执着延续千秋万代，直到庐州大地以"郢"相随。

今天，我们已经迈进了历史的新纪元，放眼望去，极目天舒，那一座座高楼，一条条高架，车水马龙，极尽繁华。

可我们需要的仅仅是浮华的表象吗?

生活在这座城市里的充满自信的人,才是这座城市的脊梁,他们用自己的双手成就了今日的故事,提炼出城市博古通今融会贯通的精神。是的,精神不仅来源于城市的建筑,更体现在城市的每个角落。

所以说,一座城的精神,不仅仅来自几座古建筑、几条宽马路、几座高楼大厦,或者优雅的露天咖啡馆,甚至是地标性建筑,更需要城中人的胸襟和智慧。在我看来,大城市一定不是城市大,而是目光所及之处,能提炼出城市那种坚持的信仰。城市要有宽广的胸襟和无限的潜能,在岁月变迁中沉静优雅,在快速发展中保持自我。

这是我们每个城中人的理想,面对我们的孩子,这更是每个城中人此时此刻责无旁贷的责任。

一个城市有一个城市的特色,一个时代有一个时代的辉煌。

现在特别流行用一个词来形容城市的颜色,假如一定要为合肥找一个色彩的话,绿,无疑是最贴切的了。

合肥人的先祖们从采集、狩猎时代走进刀耕火种时代,必然一路踏着绿色。绿色不仅培育花朵的万紫千红,更给人类文明奠定了物质的根基。地球上最大、最美、最善的花,是人类文明。所以,人类文明的背景也是绿色的——农业的绿色。合肥这座城市,便是其周边绿色田野呈献的果实。

在一部分老合肥的眼中,大蜀山是诗意的,林木的葱茏,像是刚洒过水,才抹过油,欲流、欲滴;是因为鸟声悦耳,像是泉水叮咚、银铃叮当;在另一部分老合肥的心里,环城公园是如画的,在那里散心,偶然间抬起头来,心情突然开朗许多。才发觉,原来,美依然在我们的身边。看,高高的天上飘浮着几朵白云,天是如此的蔚蓝辽阔,云是如此的纯洁潇洒。

即使是在那些新合肥看来,合肥也当之无愧"绿都"的美称。绿,集中代表着这座城市的特色和品牌,更是这座城市的魅力之所在。绿都绿城,一个象征生命与希望的中国汉字——绿,道尽千般神韵、万种风情。而在这座密密层层的盎然绿城中,最具代表性的,还数我所居住的西山景区,这里被称为合肥环城翡翠项链上的一颗宝石,把合肥这座城市点缀得宛若端坐在大蜀山下、巢湖之滨的一位雍容华贵的夫人，仪态万方，令人仰慕。

当然，除了绿，还有姹紫嫣红的奇花异草。比如那惹火的石榴花，一丛丛高过围墙，伸出栅栏。枝条连着院子，院子也连着枝条，亲亲热热，分不清你家我家。开花的时候，更是你家石榴花开在我家窗前，我家石榴花缀在你家门口，相偎相依。

再比如似雪的槐树花，一度作为行道树遍植于公路的两侧。以前合肥人有采摘槐树花苞的习俗，晒干了作为菜吃，也可卖钱。

如今许多小区一簇簇含苞待放的槐花苞仍让人怜爱，那是大家心中的默契，没有号召，没有禁令；那是生活富裕起来以后的市民素质，不再为一己之利破坏家园的美景，这，难道不是这座城市新的精神！

澎湃新闻曾经这样评价合肥：镌刻在基因里的开放与包容。

安徽是三种文化：涡淮文化、皖江文化和徽州文化。合肥处于徽皖之中，起到了承上启下的作用，所以合肥是包容的。近年来，合肥的"城市气质"就如同一块磁石，虹吸效应越来越明显，越来越多的人才、企业在此汇聚融合，助推合肥在高质量发展道路上阔步前行。

合肥之名，最早见于《史记·货殖列传》，其中写道："合肥受南北潮，皮革、鲍、木输会也。"郦道元在《水经注》中也提到"施（今南淝河）合于肥（今东淝河），故曰合肥"。历史上合肥便是个移民城市，经历过多次战乱。郢是楚国的都城之一。楚国最后在寿春被灭国，但是他的移民留下的这些土地，留下了很多叫"郢"的地方，比如王大郢、张大郢、何小郢等。

合肥这座城市，也在历次移民中慢慢发展起来。最大的一次是明朝初年的洪武移民。还有新中国成立初期的南下干部、南下大军，都是从北方过来的。再加上20世纪50年代的上海、南京工厂内迁，所以这地方人员构成比较杂，是非常典型的移民城市。所以合肥遗留下的民俗也好、非遗项目也好，都是南北兼容。

从饮食上看，也能体会到合肥这座城市的兼容并包。这里有用米做的饺子：三河米饺、庐江大弯饺，也有用米做的面条：扬米面。

作为一个地区语言、音乐、文学的综合性艺术，地方戏与地方剧常被视为当地文化的"代言人"。合肥本地剧种——庐剧，也是各文化交汇融合的成果。有人考证过，庐剧的唱腔中，有六安、霍山一带的山歌和沿淮的一些曲调。这些曲调糅合在一起，以合肥本地的"讨吃戏"为基础，慢慢发展起来，形成了庐剧。除此之外，合肥很多非遗项目中，也能窥见南北交融的影子，比如，既有南方特色的纸笺加工技艺，也有北方风格的各类剪纸。合肥市的省、市、区级非遗名录中，都有各类剪纸的身影。连很多阜阳剪纸艺人也来到合肥发展。皮影戏也是很多北方人喜爱的艺术形式，尤以北京天桥一带的拉洋片、走马灯最为大众所熟知。在合肥，马氏皮影便是非遗名录中具有代表性的项目。晚清之后，合肥的老百姓已可以在街头巷尾见到皮影戏。

在合肥，什么餐饮风味都能尝到，南来北往什么口味都有。五湖四海的外来人口在合肥参与城市建设，这里的饮食融汇了各方的口味。

这也是一个城市开放包容的体现。

其实，合肥的开放包容还在于对人才的渴求。科技工作者回国来到这里，投入科学岛的建设；知名企业纷纷将产业移至合肥；各项政策出台吸引人才……1997年，中科大一名姓黄的年轻人站在了人生的十字路口。若干年后，在合肥市创业基金的资助下，这名姓黄的年轻人成立了一家生产可穿戴智能装备的公司。再后来，这家公司成为首家在美国上市的安徽企业。这家企业叫华米科技，这名年轻人叫黄汪。

如今，越来越多的知名企业开始将生产基地设立在合肥这座长三角城市群的副中心城市。京东方、美菱、格力、惠而浦……再加上合肥本土创新企业：荣事达、江淮汽车、合力叉车……越来越多方便人们日常生活的产品在这里产出，再通过便捷的高铁网络、高速公路、航天空港运往全球各地。

除此之外，合肥市也越来越多地开始承载国家级高新科技产业的研发。全球人工智能语音领域的佼佼者科大讯飞在这里诞生；世界制造业大会落地合肥，也让世界的目光聚焦于这座长三角经济圈的后起之秀；量子通信技术领跑全球，首颗量子科学实验卫星墨子号便诞生于此……

合肥这些年的高速发展，有其必然性。曾经，很多中部城市如济南等，是把合肥远远甩在身后的。如今的合肥市GDP早已迈入万亿俱乐部，虽然不是长三角最高的，却是增速最快的之一。

HEFEI
THE BIOGRAPHY

合肥传

可能是合肥的战略位置实在太重要了,"南北分疆,两淮皆战场也",这也造成了这片土地上千年来逐鹿厮杀不断。

唐宋时期的攻城略地;金兵南下多次拉锯;蒙古大将兵临城下;明末农民起义军残暴屠城;太平天国占领庐州……历朝历代的战争似乎都绕不过这片神奇的土地。

从冷兵器时代兵营里响起的叮叮当当铁器的撞击声,再到嘉庆以后庐州营署里的火器,直至民国时期的飞机大炮,武器在更新,不变的是战争双方智慧和实力的较量。

历来是兵家必争之地 第二章

三国战士玩偶"庐小胖"

发生在合肥的"著名"战争

近期公布的42个全国性综合交通枢纽,合肥荣列其中。其实,历史上的合肥不仅是水陆交通枢纽,还是重要的战略要地,敌我双方在这里爆发了许多惨烈的战争。

都说两淮皆战场也,合肥是江淮之间的战略重镇,从地图上就可以看出眉目:北渡淮河可直达徐州,南渡长江可直趋南京,对西为大别山区的门户,对东为南北大动脉陇海铁路的翼侧,亦是东南沿海地区的后方和要地之一。合肥论坛上的军事发烧友总结说,稳定合肥地区,对稳定华东地区,屏障中原地区,保障南北之间的交通畅通,具有重要意义。

不光是历史小说上对合肥地区的那场著名的逍遥津之战描绘得活灵活现,其他几场战争也屡屡出现在说书艺人的口中。有一种说法为"南北分疆,两淮皆战场也",意思就是不论是跨长江而北进中原,还是踞中原而夺江南,合肥均是兵家争夺的要地。

根据《太平寰宇记》记载,汉代合肥县城"在今县(城)北",位于今天的四里河附近,面积很小,为合肥侯鉴镡所筑,史称"汉城"。到了东汉末年,战乱年年不息,导致旧城废弃。公元200年,扬州刺史刘馥单骑赴任,在"汉城"基础上重建合肥城。

这里的合肥城在刘馥死后发挥了重大的防御作用,使合肥地区长期处于

昔日古战场如今已是康庄大道　庄道龙摄

曹操的势力范围。

　　三国时期，曹魏"东置合肥，南守襄阳，西固祁山，贼来（指吴国、蜀国）辄破之于三城之下者，地有所必争也"。魏将张辽、李典驻军合肥，于建安二十年（215）八月大败孙权于逍遥津，使孙吴终不能与曹魏在中原争胜。

　　合肥的地理位置使得它在魏晋以后发生的战争多以北向南，即北方势力的南侵。南北朝时隋欲灭陈，以大将韩擒虎为庐州总管，"潜为经略"，时机成熟后，由采石渡江南下，一举攻占南京，灭了陈国。

　　让我们简单梳理一下唐宋时期的几场战斗吧：

　　889年，黄巢起义军部将孙儒，乘唐朝庐州刺史杨行密率兵围攻宣州，庐州兵力空虚之际，奔袭庐州，守将蔡俦举城投降。

　　893年，杨行密率兵围攻庐州，历四月而破城。

　　1139年，金兵南渡淮河围攻庐州，抗金名将岳飞遣部将牛皋、徐庆领兵救庐，仅率前锋数十骑冲入敌阵，击溃金军数千人马，解了庐州之围。此后，金朝又两次南侵，均攻占庐州。

　　1238年，蒙古大将蔡罕率数十万军队围攻庐州，企图以此为依托，在巢湖造舰，渡江南进。守臣淮西通判杜杲率军民拼死抵抗，守城成功。

元顺帝时，元朝左丞左君弼据守庐州。朱元璋以大将徐达两次进攻庐州。

1642年，张献忠率农民起义军由六安进军庐州，以兵将装扮成百姓混入城内，里应外合，一举破城。这一次的战斗对合肥的破坏很大，以至于合肥老百姓口中的张献忠就是个杀人不眨眼的魔王形象。

合肥人口中另一个杀人魔王应该是太平军，当年他们攻克合肥后，将城里的古建筑几乎全部毁掉，至今想起来都是庐州人家心中的痛。

太平军是在攻占安徽省会安庆以后将目标转移至临时省会庐州的。当时的庐州城"可挹江南之财，制淮上任侠（指捻军）之命"，被曾国藩列为"不傍江各城我所必争"的苏州、庐州、宁国三城之一。

1853年年底，太平军万余人包围了庐州，安徽巡抚江忠源准备固守待援。太平军以一部分兵力向庐州各城门进攻，以主要兵力在庐州外围与来援清军作战。

17日，清军寿春镇总兵玉山和原安徽按察使张印塘率步骑数万人由店埠向庐州城北太平军营地扑来，企图由拱辰门解围。太平军诈败弃营，玉山军冲进太平军营中，正在抢夺财物，太平军忽从四面袭来，玉山军措手不及，被杀得人仰马翻，玉山本人也被击毙。残兵由张印塘收拢带到店埠驻扎。

19日，清军总兵音德布、同知刘长佑、千总江忠信率部由六安方向来援，刚进至大西门一带，遭遇太平军攻击。音德布挥军杀来，太平军又诈败退走，引清军至社稷坛下，转而反攻，斩了石安邦、林世弼两个军官，音德布军即不敢再战，一气退到60里外的官亭。

清军各路援军屡战屡败，再也不敢进兵。

太平军在与援庐清军激战的同时，毫不放松对庐州城的围攻，在庐州7个城门外遍筑木城土垒，作为攻城的依托并在护城河上扎木筏搭浮桥，吹号角，向城上放枪放炮，吓得清军"人人皆惊，面上失色"，躲在城垛后不敢动弹，大批乡勇逃跑。十二月二十八日，太平军用地雷炸毁大西门城墙10余丈，被阻，未能入城。后又炸毁水西门城墙8丈余。江忠源虽挡住太平军的进攻，但面临"军饷告竭，借贷无穷，余药无多，诸物不备，援兵虽集，未能直抵城下"的绝境。不久，太平军击溃了最大一支援军舒兴阿部后，集中全力攻城。首先用地雷炸塌城墙数十丈，接着一阵呐喊，顺城墙缺口一拥而上。突破口以外的太平军，也利用守城乡勇缒城逃跑的绳子奋勇登城，很快四周城墙都为太平军占领。拂晓，胡以晃率大队冲入城内，江忠源等大小官员败退到城西北的金斗圩一带。胡以晃率百余骑紧追不舍，斩清军参将马良勋、同知邹汉勋、副将松安、都司戴文澜、合肥知县张文斌等。清庐州知府胡元炜投降；江忠源自溺而死。素称"铁打的庐州"终被太平军攻克。

一月十七日中午，护天侯胡以晃正式由大东门外驻地进驻城内，并举行了隆重的入城仪式。

太平军入城后进行了残暴的屠城，民谚里"二郎庙，无人把香烧"说的就是那个故事。

当时，有20多名老百姓逃进二郎庙躲到神龛里面。太平军把庙里搜了个遍，一个人影也未见，正准备撤走，却突然看见二郎神塑像的眼睛眨了眨。这使搜庙的太平军起了疑心，二次回头再搜，果然在神龛里面发现了那些无辜的老百姓。这些人统统被杀。这件事在庐州城里引起了公愤，但太平军不久就兵败撤离了合肥。大伙儿把怒气撒到了二郎庙的头上，谴责二郎神祸害百姓，从此，再也没有人去二郎庙烧香了。

这里还要说说国民革命军第26军合肥保卫战。

合肥居于江淮之间，民风剽悍，素有"淮上健儿"之称，为历代兵家所重。而每当遇敌入侵时，必作英勇抵抗。

1938年5月14日是个让合肥人蒙羞的日子，日军占领了庐州城。但在此之前，驻守合肥的国民革命军第26集团军配合合肥地方武装，作了殊死抵抗。

当时，国民党桂系军队与日军在津浦路南段展开胶着的拉锯战，日军第六师团坂井支队于4月23日从芜湖出发，一路连克和县、含山、巢县等重镇。国民政府军队为"确保淮南要地，阻止日军北进"，以第26集团军第10军第41师、第48师于4月25日、26日奉命由河南商城、湖北英山向合肥集结。48师第142旅布防于合肥城、店埠一线，48师144旅布防于梁园、八斗岭一带，41师布防于合肥东北元疃、靠山集、曹家店一带。合肥警备司令部司令宋世科所属保安第5、第7两团和巢湖水警总队炮兵团1营于5月5日也奉命归徐源泉指挥。徐源泉第26集团军指挥部设于合肥城三育女学（今南门小学）内。

日军攻占巢县、夏阁之后，5月10日以成松古贺所部步兵约500人，由巢湖分乘橡皮舟和民船偷渡至炯炀河；另一部步兵约1000人，骑兵五六十人沿淮南铁路向合肥方向推进。为阻击日军，48师142旅284团两个营由店埠开赴桥头集设防。5月11日拂晓，日军由龙泉山至白马山一线向桥头集发起攻击。日军先以炮火猛轰284团阵地，之后展开肉搏战。284团3营营长蒋子祥，排长邱少华、丁家斌在激战中阵亡，排长吴济民、刘兆民等重伤，其余官兵伤亡、失踪甚多。午后3时许，布置在东山口的284团第1营赶到支援，因地形不利，伤亡惨重，终不能阻敌西犯。当日夜，日军以一部分兵力牵制284团，其主力与炯炀河之成松古贺部合为一股，继续向合肥推进。

合肥城防工事曾由国民革命军第21集团军耗资约20万元经营半年之久，颇为牢靠，且有完整坚固的城墙可依托。第26集团军防卫合肥城的部署为：142旅283团和284团占领城东及东北阵地，143旅287团占领城东南阵地，288团为师预备队。

13日下午3时许，由长临河、六家畈西进之日军逼近合肥城东。五里庙王大郢东南方黄家村各有日军五六百人。287团先集中炮火猛射，继以步兵冲锋，日军被击退。奉命驰赴合肥的199师573旅（旅长方既平）于午前到达合肥，在南门外大溪岗一带布防。为防止敌迂回城西南方向切断安合公路，573旅以1个团兵力占领287团右侧王大郢以西阵地。下午5时30分，合巢公路两侧有日军1000余人，向284团猛攻，同时以一部向西运动。晚7时30分，敌以猛烈炮火向287团防守之朱家岗、王大郢阵地集中射击、反复冲锋，企图一举突破。双方激战、肉搏5次，日军未能突破阵地。

14日晨，199师574旅（旅长刘爱山）在西门外七里岗一带布防。4时50分，日军向守军阵地炮击至7时左右，共发弹千余发。朱家岗、王大郢等阵地被摧毁，287团团长赵我华阵亡，营以下官兵伤亡甚众。千余日军在炮火掩护下，向48师与199师结合部朱家岗、葛小店猛扑，突破了守军第一道防线。

为扭转战局，144旅旅长韩浚在师预备队288团守住第二道防线后，率该旅其余部队向敌反冲击，经奋力厮杀，终将第一道防线失守阵地夺回。

日军集中炮火并在6架飞机的掩护下继续进攻。283团、284团各抽一部兵力由阵地左翼、574旅由阵地右翼分别向敌反击，企图挫败敌攻势。但因敌机轰炸，步骑猛冲，守城部队伤亡惨重，早上8时许丢弃阵地向西撤退。日军衔尾紧追。守军撤退时组织不力，溃不成军，一部分日军乘机由德胜门冲入城内。

由于守军主力全部置于城外阵地，城内兵力空虚，城内又有汉奸内应，宋世科部下亦有一部叛变，城内失去控制。9时左右，城内26集团军司令徐源泉指挥部被日军炸毁。徐源泉命令48师师长徐继武、144旅旅长韩浚转至城西南地区督战，自退北门力图收容散兵反攻，但因城外各部腹背受敌，军心动摇，指挥联络失灵，难以组织有力行动。午后1时许，守军向城西、城北方向全线溃退，合肥失陷。

守卫合肥的国民革命军遭受重大伤亡，仅后来加入战斗的199师就损失1301人。

尽管合肥经历了从古至今的大小战争，但最后一战却是兵不血刃和平解放的。

曾任安徽省政府参事的郭崇毅先生回忆说，合肥解放的第二天他就随部队由官亭进入合肥。当时，合肥街头欢迎解放军进城的鞭炮此起彼伏，天空中飘满了硝烟，前来迎接的军管会战友告诉了他合肥解放的经过。

1949年1月10日，淮海战役胜利结束后，中国人民解放军沿平汉、津浦铁路大举南下，由谭启龙率领的华野先遣纵队奉命改变南下计划，乘胜追击驻守合肥的国民党刘汝明部。1月19日，华野先遣纵队率第一、四支队进驻合肥东乡梁园镇。随即用电话命令国民党合肥县长"在解放军到达合肥前，负责保护全城市民生命财产安全，维护社会秩序，不准任何破坏，听候我方接管"。

次日，纵队命四支队一大队先后向合肥进发，侦察合肥的敌情。一大队队长李锡风、政委齐平接到命令后，于21日凌晨3时许抵达肥东磨店集。7

为纪念合肥解放而建造的中国结

时许,大队到达合肥东门外飞机场边沿。约半个时辰,一伙从合肥城出来的敌人强占了飞机场附近的一高地,向一大队猛烈射击。一大队战士奋勇还击。据俘虏供称,合肥城原有刘汝明部两个团,见解放军到来,立即向巢县方向撤退。大队侦察班袭击的正是逃敌的团部,与大队交火的是敌后卫营部队。

此时,合肥城内的国民党合肥县县长龚兆庆等人早就与我党有联系,因此,他们均按解放军命令执行任务,保护仓库物资,造具清册,等候移交。对此,新华社专门发表电讯:"这个榜样,足资各地国民党政府人员效法。"

1月21日下午3时许,一大队战士排着整齐的队伍从威武门进入合肥城。2月1日,合肥市政府正式宣布成立,当时还是直属江淮行署,直到10月皖北行署成立。

三处遗迹透露曹操驻肥大军秘密

我是在采访鸡鸣山的时候,偶尔发现北面山脚下那片洼地的。从高处望去,偌大的田地里刚收获了庄稼,周边似乎还有台阶的痕迹。当地人告诉我,这是当年曹操清点士兵人数的地方。

据史书记载,曹魏大军驻扎在合肥的时候,军力大增,号称八十万。曹操显然对此将信将疑,于是才想起挖旱塘数兵士的注意。

蜀山区南岗镇鸡鸣村的民兵营长许维斌先生介绍说,这块田地有160亩之多,属于鸡鸣村陈湾村民组的。相传三国时期,这一片是曹操计量士兵数量的地方。当年的鸡鸣山上,旌旗招展,人喊马嘶,方圆几十里都是曹魏的军队。可以想象,一代枭雄或许就站在山坡上,手捋美髯,极目远眺。山脚下,策马而立的将军们,指挥着一拨又一拨的士兵,列队进入量兵塘中,纵横有序地计算着士兵的准确数字。虽然时间过去了1700多年,但量兵塘的故事却在当地流传下来。

这个地方以前属于肥西县,2006年才划归合肥市蜀山区。我在《肥西县志》上找到了相关的资料,这个地方三国时期是曹魏大军进入合肥的必经之地。肥西县原办公室主任马骐先生指出,当年曹操大军"作轻舟,治水军。秋七月,自涡入淮,出肥水,军合肥"。就是沿淮、肥水路到合肥的,所以非经这里不可。

传说中曹魏大军堆砌的撮造山如今已是一番繁华景象　庐阳文旅摄

尽管在今天看来，合工大校园里的斛兵塘名气最大，站塘也是位于市区范围之内，相对也为人们熟知一些。但若从曹操大军屯兵合肥的地理路线划分，这里无疑首当其冲，应该是最早的一处量兵塘。从面积上来看，也是最大的一处量兵塘。当然，这只是我的推测。究竟情况如何，还需要文史专家的进一步考证。

正当我感叹曾经聚集了无数曹魏大军的量兵塘，今天仅仅作为农业用地，丢失了附着在上面的历史符号，有点可惜了。许维斌先生赶紧说，这块土地今年就不再种粮食了，承包给了蜀山区的一家居委会，据说他们是要在这里建造一处旅游度假村。

听他这样说，我反而担心起来，一是随意改变农业用地是否符合政策，而是商业化的运作模式还能找回量兵塘的文化内涵吗？

许维斌先生笑着说，这里的是经过上级有关部门批准的，早在2004年，国务院就颁布了《关于深化改革严格土地管理的决定》，其中有关于"农民集体所有建设用地使用权可以依法流转"的规定；至于第二个问题，无论是普通村民还是当地政府，实际上都逐渐认识到了量兵塘的历史价值，那些精明的商

位于合肥工业大学屯溪路校区的斛兵塘

家不会看不到里面蕴含的巨大商机。

在鸡鸣山下，遥想当年，80万曹军是个怎样的阵势。而要想清点这么多的人马，一定不是这一个量兵塘就可以完成的。

时光荏苒，今天要搞清合肥周边地区到底有多少量兵塘，已经不太可能了。但现存的依然有三个，尽管名称不同，有的叫量兵塘，有的叫站塘，还有的叫斛兵塘。

曹魏大军在合肥遗留下的三处计算兵力的遗址，只有合工大校园里的至今仍然存在，并且注满了一汪清泓，成了名副其实的塘了。面积约100.5亩，比鸡鸣山脚下的量兵塘要小一点。不规整的塘畔四周林木葱葱，花草繁茂，池水清澈，环境幽静，是个读书的好地方。

那名字也雅致——斛兵塘。合肥工业大学外宣办的同志得意地对我说，他已经记不清多少次对来合工大做客的嘉宾说起斛兵塘的故事了。想当年，曹操大军号称80万，大举进攻东吴，屯兵合肥，安营扎寨时，人马浩荡，无法计数。为清点人马，便挖出了这口旱塘，作为计量将士的场所，斛兵塘因此得名。

我问他，干吗要叫斛兵塘，叫量兵塘不是更通俗易懂吗？他用半玩笑半认真的口吻说，这里是高等学府，叫斛兵塘显得多么有学问！说完，他哈哈大笑。

他又接着解释，斛，在古代是一种量具，通常学者们认为斛和石相通，多用来量大米，一斛为十斗。后来大概就作为动词，延伸为量了。

这倒符合曹操的秉性，魏、蜀、吴的三位主公，曹操应该有别于刘备和孙权，他不光运筹于帷幄之中，决胜于千里之外，而且文采四射，智慧逼人。我不知道挖塘量兵的主意到底是曹操本人想到的，还是他身边谋士的点子，但却让我想到了曹冲称象的故事："曹冲生五六岁，智意所及，有若成人之智。时孙权曾致巨象，太祖欲知其斤重，访之群下，咸莫能出其理。冲曰：'置象于船上，刻其水痕所至。称物以载之，则校可知矣。'太祖悦，即施行焉。"

斛兵塘的主意是否受了曹冲的启发，他笑着说，这倒也不一定，起码是一种思路！

我其实是第二次采访斛兵塘了，湖边的柳树依然还是那么婀娜多姿，湖心岛上的白鹭，也还是那么招人喜爱。就像歌里唱的那样：宁静的夏天，知了也睡了，安心地睡了……

突然"哗啦"一声，打破了塘边的寂静，从小岛的深处飞起了一只白色的鸟儿，直上天空，未待我们投去惊鸿一瞥，它已经无影无踪了。

合肥东边靠近二环路的地方，还有个地方名叫站塘。问当地的老百姓，都说那里过去的确有口塘，只是后来那里由乡村演变成了城市。不过那里的道路、小区等都至今还以此命名，更有流传甚广的传说，给那里增添了几分厚重，几分回味。

我很好奇地在那里寻找那口塘，可七里站街道办事处的一位女同志告诉我，那口塘早就填平了。这一带原来是广袤的田野，随着合肥城市步伐的进程，如今已经是瑶海区的一部分，昔日的农田变成了高楼大厦，过去的村民变成了市民，不变的是留在脑海深处的记忆。

站塘新村和站塘村只有一字之差，却跨越了城乡两个阶段。秦伯伯是原来站塘村的农民，他告诉我站塘村原来属于七里塘镇，1961 年全村有 10 个村民小组，8 个自然村。当时在合肥市算是个大的村落，共有 541 户，将近 2000

人。那时的站塘村土地基本上都是良田，面积有近千亩，老百姓春种秋收，日子过得非常安逸。

我问秦伯伯还记得那口塘吗，秦伯伯说，怎么不记得，那口塘实际上位于东升村境内，非常开阔，有148亩田地那么大，在当时来讲是一口当家塘，灌溉周边840多亩的土地。解放初期，合肥农村的水利设施非常薄弱，基本上是靠天收，而这里又是三年一小旱，五年一大旱，那口塘在大旱之年可立了大功。

我问秦伯伯知道那口塘为什么叫站塘吗，他说，小时候他家里的大人们讲过，三国时曹操的军队驻屯在这里，那口塘是曹操计量部队人数的。看来，三口不同名字的塘，其流传的故事内容都差不多，面积也相差无几。

站塘路无疑也是以那口塘的名字命名的，只是这条路曾经还经历过改名风波，知道的人可能就不多了。

因为不是主干道，站塘路并不宽阔，而以前更窄。几年前拓宽了一次，修路后一度改名为旌德路，但附近居民一直反映不习惯，后又改为站塘路。我问了东七派出所的一位警察，他说当时路名是改了，但时间不长又恢复了站塘路这个名字，他们给居民办理户口与身份证时一直都没有变，用的都是用站塘路。

合肥市地名规划处的同志告诉我，尽管三处量兵塘的名字不尽相同，但来龙去脉都是一样的。其中站塘还有一种说法。

"站塘"的"站"有说是"战"，传说三国时曹操为打东吴而筑菱角台，在此取土，故名；也有说作应该作"栈"，具体原因却说不出个子丑寅卯；获得广泛支持的是现在的"站"，传说与上述两处量兵塘一样，曹操在合肥招兵买马，为知道自己兵马究竟有多少，便叫士兵整齐排队于此塘，然后计算出数字。

这里我还想明确一件事，那就是大家都习惯称呼曹操为魏武王。由于合肥是三国故地，曹魏留下的遗址非常多，著名的就有古逍遥津与教弩台、三国新城、袁术墓群、筝笛浦、藏舟浦、回龙桥、飞骑桥以及斛兵塘等。许多介绍曹操在合肥活动时的文字，都称呼曹操为魏武工。这当然不算错。其实大家去

36

看看晋朝陈寿编著的《三国志》就会发现，在这部主要记载魏、蜀、吴三国鼎立时期的纪传体国别史里，刘备、孙权传记曰"传"，而曹操却是以"纪"的形式出现。原本纪传体史书里，帝王应该是纪，臣子应该是传。而三位主公，曹操是唯一在世时没有称帝的，只是在死后被曹丕追封为武帝。盖因陈寿是晋朝人，而晋承魏，他是反其道而写的。

这实际上就是说，曹操驰骋庐州大地的时候，他还是汉朝的一个臣子，只不过"挟天子以令诸侯"罢了。

那口池塘，八百多年前的战场

合肥长丰岗集牛寨村，选择这里作为我们寻"金"的第一站，是因为《岳飞传》里记载的那个传说："气死金兀术，笑死牛皋。"

"金兀术手挥金雀斧就向牛皋砸来，牛皋把手中的金双锏一扔，一把夺过斧子一拉，金兀术跌下马来。牛皋看到往日不可一世的金兀术成了自己的手下败将，一阵大笑突然死去。金兀术见自己竟然输给了平时瞧不起的牛皋，不由得气上心头也突然死去。"

这当然是一个虚构的故事，但历史上，牛皋大战金兀术，解了庐州之围，却是真实发生在岗集镇牛寨村的。

在岗集镇文化宣传中心主任席清如先生的带领下，我们来到一处池塘边。牛寨村的村支部书记和村主任已经等在那里。见我打听南宋时牛皋用牤牛大战金兀术的故事，年纪稍长一些的周书记骄傲地说，牛寨村的男女老少都是听着这个传说长大的。

故事是这样的：1134年冬，金兀术率十万大军进攻庐州城。牛皋为破金兵，在这里安营扎寨。看到敌众我寡，便心生一计，以牤牛阵来对付金兵的乌龙阵。他利用当地错综复杂的有利地形，在塘中驯养牤牛。将牤牛饿上几顿，然后在牛头上绑上尖刀，用头上的尖刃将对面穿着金兵衣服的稻草人肚子剖开，吃稻草人肚子里包着的黄豆。到了交战的那天，已饿了一天的牤牛见人就抵。金兵哪见过这个阵势，一败涂地。事后，这口塘就被称为胜塘，而金兵败退的那一大片山间的平地就被称为输冲。

历史的真相当然没有那么邪乎。史料记载，当年金兀术南下时号称领军十万，但攻打庐州城的实际上是五千骑兵。守城将军为淮西安抚使仇念，发兵千人御敌，全部战死，无一生还，于是紧急向岳飞求救。牛皋及大将徐庆奉命率轻骑两千赶往合肥，大破金兵。

长丰县作协副主席杨慧曾经专门到此考证。据说当地不仅有胜塘、输冲，以前还把将士们战前磨刀的塘叫白刀塘，战后洗刀的塘叫红刀塘。而两军交战的地方分别叫上输冲、下输冲，并建起了规模浩大、气势宏伟的牛寨寺。

传说有些夸张，但牛寨村与牛皋结缘却是千真万确的。

岳家军副将牛皋在此解庐州之围，以区区两千骑大败南下的十万金兵。当地老百姓感念其足智多谋，建寺纪念，连村庄也改名为牛寨村。席清如先生指着北面方向说，那里以前是牛皋安营扎寨的地方，资料记载："大十余亩，有土垣，高七八尺。"之前考古人员也在那里挖掘出不少的箭镞。

一旁的周书记赶忙补充说，据村里的老人相传，当年金兵在对面摆下乌龙阵，刀似雪，剑如霜，呐喊声响彻云霄。岳家军处变不惊，沉稳应对，以少胜多。

这一仗打得真漂亮，庐州百姓在此地建造了规模宏大的寺庙纪念抗金英雄牛皋。牛寨村的周书记回忆说，鼎盛时期的牛寨寺可比早期的明教寺还要大，三进大殿六间厢房，院落里遍植苍松翠柏，高大林木遮天蔽日。白塔、更楼交相辉映，生铁铸就的大钟有一人多高，牛皮蒙面的大鼓屹立在山门旁。寺里供着关公、华佗、弥勒佛和十八罗汉，最特别的就是牛皋像，身材高大魁梧，鸟眼窝、细眉宇、宽鼻梁、黑髯飘飘。头戴扎巾盔，盔耳下飘着红穗，手持双金铜，目光炯炯，虎虎生威。

牛寨寺香火最旺盛时期有和尚好几十人，周边有庙田百十余亩。周书记往远处一指："那里现在还有两口塘，村里人分别叫大卫塘、小卫塘，以前都是属于牛寨寺的。"

每年农历正月十六至二月二是牛寨寺庙会，周围十里八乡的人都到这里赶集，烧香拜佛之后，再到庙会上逛逛，曾经是当地人最盼望的事。

传说虽然众人传颂，但与事实出入很大。比如"气死金兀术，笑死牛皋"的故事，就是这样。根据史料记载，实际上牛皋是被秦桧害死的。

牛皋是汝州鲁山人（今属河南鲁山县），南宋初年聚集人民抗金，1133年加入岳家军，颇得岳飞器重。因为在抗击金兵中立下汗马功劳，被提为岳家军副统帅。岳飞遇难后，秦桧为斩草除根，于1147年密令都统制田师中在任和县（今杭州）以宴请各路大将为名，下毒害死牛皋。牛皋死前悲愤地说："恨南北通和，不能以马革裹尸！"次日卒。

十多年前，我去杭州游玩，特意拜谒了埋在杭州西湖栖露岭北剑门关的牛皋墓，墓前立有石碑，上书"宋辅文侯牛皋之墓"。

听着周书记绘声绘色的讲解，我们的好奇心都被调动起来了，多想一睹牛寨寺的芳容呀，可惜的是已经在"文革"期间被毁了。周书记出生于20世纪50年代早期，他就是在牛寨寺里上的小学。

根据（嘉庆）《合肥县志》记载，牛寨寺其实是在元朝时修建的，历经沧桑，几经战火摧残，民国时期还当过私塾讲堂。1964年长丰建县时，那里属于白塔人民公社。当时的条件比较艰苦，上级指示要办好学校，于是牛寨寺又成为牛寨小学校址。

他回忆，那时，不仅寺庙还在，周围的壕沟也是完整无缺。院墙外是成片的古树林，学生课余喜欢在里面捉迷藏。庙里的和尚每天仍然过着晨钟暮鼓的生活，和师生们相处得还不错。但1966年以后一切都变了，菩萨被打碎，寺院被拆毁，砖瓦被用来盖牛寨小学教室，树木被砍伐打了课桌椅。

我很关心寺庙里和尚的命运。周书记说，和尚大都还俗了，其中一位姓张的和尚一直活到20世纪80年代，晚年享受五保户待遇。周书记清楚地记得去家里看望他的情形，那时他已经行动不便了，村里组织村民轮流送饭，直到他去世。

周书记说，他们已意识到这是村里一笔宝贵的文化遗产，正在准备恢复重建牛寨寺呢。在牛寨小学附近，我看到一棵三杈古木，可惜的是被锯了一杈，旁边还有两块牛寨寺被拆时遗留下来的石制构件。这些和那些动听的传说一样，让怀古的游客流连忘返。

孙权兵败合肥，一马飞跃津渡断桥

对于合肥市民来说，逍遥津就是一个公园；对于全国人民来说，逍遥津就是一连串的三国故事，最著名的就是"张辽威震逍遥津"。

大家都知道"津"就是渡口的意思，可这个"渡口"的名气实在太大了，以至于我们已经习惯它移步换景的风光、生动感人的故事，潜意识里就想不到去追究一下它的来龙去脉。毕竟，《三国演义》之于我们的影响早已超过大家的想象，而作为公园的逍遥津不仅伴随着几代合肥人的成长，且已经变成了童年幸福的回忆。这个时候，思维是有一定定式的，习惯性地以为逍遥津谁不知道呀，不就是张辽大战孙权的古战场吗？不就是省会合肥最著名的公园吗？

我在逍遥津南大门前地下通道口，随便拦下了一位中年人，向他作问卷调查。他自我介绍名叫卞国庆，是一位大学老师。他对我提出的"逍遥津距离今天已经有多少年了""明清时还叫过什么名字""逍遥津公园修建于何时"等五个问题一个也没有回答出来。末了，他扶了扶眼镜说，我就住在逍遥津旁边的义仓小区，天天从这里经过，真没想到逍遥津还有这么多的说头。

逍遥津公园的工作人员介绍，合肥作为三国故地，魏、吴两国在这里争夺长达30余年，自然留下了大量的与三国有关的故址。有证可考并且有史记载的就有三国新城、袁术墓群、筝笛浦、藏舟浦、回龙桥、飞骑桥、斛兵塘、教弩台等，而古逍遥津因为著名古典小说《三国演义》中"张辽威震逍遥津"

的故事，更是在全国产生了巨大的影响，特别是新、老两次翻拍名著，里面多次提到逍遥津，可以说声名已经走出国门，远播到了日、韩和新加坡等国。

假如从220年曹丕逼汉献帝刘协退位自立为魏文帝算起，逍遥津距今已经有1804年了。事实上早在东汉末年，曹操的势力已经掌控整个合肥地区。正是吴国主孙仲谋的"玉龙"一跳，这个古老的渡口从此载入了史册，赢得古今美名扬。

我不知道215年的那一仗是怎么打的，率十万精兵的孙权居然败给了仅有数千将士的张辽，并差点做了俘虏。光从数量的对比上，中国军事史上就应该为张辽留下重重的一笔。当我徜徉在张辽的墓地，一代名将的衣冠就沉睡在这方土地上，不禁发出幽古之思，感慨时间的无情。

据说，不论是在张辽的家乡山西雁门马邑，还是在他离世之地江苏江都，皆未闻有他的遗迹，而张辽衣冠冢却在合肥逍遥津出现了两处，具体原因不得而知。有人解释古代贵族离世时，往往几处同时发丧，陵墓也造好几个，目的是防盗墓。如今的两处张辽墓，到底是衣冠冢还是别的什么已经不重要了。我猜想古淝水旁的那场著名的以少胜多的战役，不仅让张辽名垂青史，合肥的老百姓也一直引以为傲。

在张辽铜像后面200米远，是著名的"飞骑桥"，1700多年前，孙权就是在这里，单骑跃过断桥，才逃脱性命。为撰写这篇文章，我特意翻阅《三国演义》第六十七回"张辽威震逍遥津"，里面有生动的描绘："孙权大惊，急令人唤吕蒙、甘宁回救时，张辽兵已到。"凌统手下，只有三百余骑，当不得曹军势如山倒。凌统大呼曰："主公何不速渡小师桥！"言未毕，张辽引二千余骑，当先杀至。凌统翻身死战。孙权纵马上桥，桥南已折丈余，并无一片板。孙权惊得手足无措。牙将谷利大呼曰："主公可约马退后，再放马向前，跳过桥去。"孙权收回马来有三丈余远，然后纵辔加鞭，那马一跳飞过桥南。后人有诗曰："的卢当日跳檀溪，又见吴侯败合淝。退后着鞭驰骏骑，逍遥津上玉龙飞。"孙权跳过桥南，徐盛、董袭驾舟相迎。凌统、谷利抵住张辽。甘宁、吕蒙引军回救，却被乐进从后追来，李典又截住厮杀，吴兵折了大半。凌统所领三百余人，尽被杀死。凌统身中数枪，杀到桥边，桥已折断，绕河而逃。孙权在舟中望见，急令董袭棹舟接之，乃得渡回。吕蒙、甘宁皆死命逃过河南。这一阵杀得江南人人害怕；闻张辽大名，小儿也不敢夜啼。

有人赋诗歌颂张辽：

> 文远英才世间稀，
> 吴侯惶惶跳乌溪。
> 江东儿郎多才俊，
> 闻君入吴夜不啼。

当然，历代志书对此也记载不一，也有说是在今合肥寿春路东段清真寺东侧的小巷内，那里不足50米长的小巷，名字就叫"飞骑桥巷"。

为搞清现如今的"飞骑桥"是否就是孙权兵败逍遥津时的那座断桥，我来到了"飞骑桥巷"，这条不足50米长的巷子已经明显陈旧了，杂乱低矮的两层小楼，门前是搭建的小平房，根本看不出千年小巷的任何遗迹，和大名鼎鼎的"飞骑桥"相比，显得太不匹配了。

印象中的"飞骑桥巷"就是一个卖牛肉的地方，合肥市半数以上的牛肉屠宰、经营大户们都在那里摆摊设点。许多年过去了，这个牛肉市场也不存在了，留在记忆里的只有街边的小吃和熙熙攘攘的人流。

好在对面的逍遥津公园里，一座"飞骑桥"还能够引起人们对遥远的古战场的遐想。

不过，桥应该也不是当年孙权的坐骑一跃而过的那座断桥。我问逍遥津公园管理处的工作人员，他们说这座桥是老早就有的，可能是新中国成立后修逍遥津公园时建的，原来只有中间那座主桥，1996年12月，公园又在两边扩建了新桥，就成了现在的规模。

岳家军取得庐州大捷

都说"忠孝传家久",这在南宋岳家军统帅岳飞身上得到了充分体现。

为此,我们采访了他在合肥的后裔,共同追忆1134年发生在这里的那场以少胜多的宋金大决战。

桃花工业园区附近,过去有个叫岳大郢的村庄。那里的人们大多姓岳,因着他们有着共同的祖先——南宋抗金名将岳飞。"合肥岳飞精神传承研究会"秘书长岳斌先生回忆,未拆迁之前的岳大郢,"岳"字旌旗高挂,下竖一块石碑,上刻"文官不爱钱,武官不惜死,不患天下不太平"。

岳斌先生告诉我们,他们小时候就听老人说,他们是岳飞的长子岳云那一支,这在族谱里记载得很详细。他拿出新修的《岳氏宗谱》说,这是合肥岳飞后裔2009年开始的第三次修谱了,第一次是清朝光绪年间修订的,二修是在1948年。

"合肥市岳飞精神传承研究会"会长岳辅金先生是岳飞云系第三十一世,他介绍道,元末明初,岳氏一支从江西瓦屑坝迁到安徽庐州。据上海图书馆的相关文字记载为:"大蜀山西南大河之畔,小蜀山南十五里地,荒芜乡野,川平土广,卜扎于此。"当年,岳飞被秦桧陷害后,后人四散,其中岳云一支后代迁移到江西附近,而后岳飞14代孙岳华栖、岳华彩、岳华淇三兄弟转移到蜀山南定居,将村庄命名为岳大郢,在此繁衍二十余世。

庐州大捷沙盘

到了光绪年间，岳大郢岳姓执事人领头修建了"岳忠武王"祠堂。自光绪三十一年祠堂与谱牒完成之后，因战乱及时代变迁，一直未能续修家谱。1958年，"岳忠武王"祠被毁，"文革"时期又遭彻底清除遗迹。

但岳大郢人对先祖的无限热爱与崇拜之情没有丝毫磨灭，他们在肥西县桃花工业园区里建设了一个旨在弘扬岳飞精神的纪念馆。现在，每逢农历二月十五岳飞诞辰日，岳大郢的岳飞后裔都会和全国其他地方的岳飞后裔一起聚会祭奠。

说到岳飞与合肥的渊源，不能不提起那场著名的以少胜多的庐州大捷。

据（嘉庆）《合肥县志》关于宋金之战记载：绍兴四年十二月，金齐刘豫围庐州。守臣仇悆婴城（婴城犹言据城）固守，求援于岳飞。金兀术南下时号称领军十万，但攻打庐州城的实际上是五千骑兵，守城将军为淮西安抚使仇悆，发兵千人御敌，全部战死，无一生还，于是紧急向岳飞求救。

牛皋及大将徐庆奉命率轻骑两千赶往合肥，略展"岳"字旗，已使敌军面有惧色，内心动摇，于是舞动长枪直冲敌阵，敌军恐有伏兵，四散而逃，牛皋待援军赶到又追杀敌军30余里，大破金兵。

关于牛皋，长丰岗集牛寨村的人对他佩服有加，传说当年他就是在那

45

里以牸牛阵大败金兵的。史书记载他是汝州鲁山人，先隶京西制置使翟兴为射士，后隶东京留守杜充，以功迁荣州刺史、留守司中军统领。累迁果州团练使、和州防御使、安州观察使，除蔡、唐州、信阳军镇抚使。绍兴四年（1134）破随州，复襄阳，又与金人战庐州，皆获胜捷。绍兴十七年（1147），被鄂州御前诸军都统制田师中毒害。

岳辅金先生说，当时庐州地区战事频繁，战争激烈，不仅是岳家军副将牛皋，还有张浚、杨沂中等，可以说几乎南宋所有抗金名将都在庐州战场上作过战，并有出色的表现。

历史总是如此巧合，在合肥不仅有岳姓后裔万余名，还有完颜氏即金兀术后裔。

据说岳家曾有祖训，岳氏后裔与完颜家族永不往来。合肥岳飞精神传承研究会会长岳辅金表示，当年的恩恩怨怨其实是那个时代造成的，今人不必为古人所累。事实上，合肥市文联原主席完颜海瑞先生曾经就去杭州参观过岳飞墓。

关于庐州大捷，我们还有必要了解一下当年的庐州知府胡舜陟。岳辅金先生介绍说，当年的庐州城地处南宋与金国交界地段的"淮西路"，共有八州，其中有七州已经投降了金朝，此时的庐州城已经成为一座孤城。但是，岳家军在胡舜陟的帮助下，大败金兵于庐州城下，迫使金兵退兵，加强淮浙一带防守力量，才使本欲南渡的金兵始终不敢有所动作。

庐州大捷后，百姓在城内建了岳飞生祠，以纪念岳家军的英勇抗敌。而朝廷念其战功卓著，将他提升为徽猷阁待制，兼任淮西制置使、淮西安抚使，依旧驻守在当时的淮西路首府庐州城内。

金兀术数次攻打庐州城，讨到便宜了吗？

一个是出生于白山黑水之间的金朝名将，一个是横亘在江淮大地千年古城，二者看起来是风马牛不相及。但在南宋相当长一段时间，金兀术这个名字时常在庐州老百姓的耳畔响起，有仇恨，也有惊悚。

中国的疆域大，民族多。历史上在松花江和黑龙江流域以及俄罗斯西伯利亚和远东地区，生活着一个古老的民族，史书上先后记载为"肃慎""挹娄""勿吉""黑水靺鞨"等，那其实指的都是同一个民族——女真。

北宋初期的时候，女真还是一个弱小的民族，先后臣服宋、辽，甚至一度臣服高丽。但完颜阿骨打改变了女真人的命运，他于1115年建立大金，先是联宋灭了辽朝，继而金太宗期间，金兵大举南下，攻破北宋首都开封，俘虏宋徽宗和宋钦宗北上，此即岳飞《满江红·怒发冲冠》所指的"靖康耻"。其全盛时代的统治范围为：东北到日本海、黑龙江流域一带；西北到河套地区；西边接壤西夏；南边以秦岭到淮河一线与南宋交界。

在连年征战过程中，完颜阿骨打的四儿子人称四郎主的金兀术脱颖而出。他英勇善战，身先士卒，在腥风血雨中一步步成长起来。

金兀术，本名完颜宗弼。文艺作品里描写他头戴一顶金镶象鼻盔，金光闪烁，旁插两根雉鸡尾，左右飘分。身穿大红织锦绣花袍，外罩黄金嵌就龙鳞甲；坐一匹四蹄点雪火龙驹，手拿着螭尾凤头金雀斧。好像开山力士，浑如混世魔王。

北宋灭亡以后，宋高宗赵构重建宋朝，史称南宋，偏安于淮水以南，与金朝对峙。彼时，有几支重要的抗金大军，包括张俊的张家军、韩世忠的韩家军、杨沂中的杨家军、刘光世的刘家军等，尤其以岳飞的岳家军最为著名，连金兀术都感叹"撼山易，撼岳家军难"。

1134年冬天发生在庐州城北面的那一仗，就是岳家军以少胜多战胜金兀术的著名战役，一度使金兵南下的步伐停滞不前。

"昔年吴魏交兵地／今日承平会府开／沃野欲包淮甸尽／坚城犹抱蜀山回／柳塘春水藏舟浦／兰若秋风教弩台。"这是北宋礼部侍郎朱服在经过庐州城时看到的歌舞升平景象。

安徽省历史文化研究中心主任翁飞先生说，北宋时期，朝廷实行了一系列恢复和发展经济政策，庐州地区经济文化水平都有了显著提高。但南宋以后，金兵大举南下，这里成了宋金在淮河流域的主战场之一，庐州城一度易手。

合肥人都知道淮西元帅郭振扩建金斗城为斗梁城的故事。所谓淮西即淮南西路，997年，北宋定天下为15路，淮南路为其一，治所在扬州。1072年，又分为淮南东路和淮南西路，西路起先治所在寿春，管辖寿春、庐州、蕲州、和州、舒州、濠州、光州、黄州、无为军等地，直到1128年，淮南西路治所迁到庐州。

宋金自1127年至1141年的10多年间，在淮河流域进行了激烈的争池掠地，大小战斗无数。而庐州作为淮西首府，是江淮地区的政治、军事和经济中心，战略位置十分重要，自然成为宋金之战的主战场。

统率金兵争夺庐州城的就是那位四郎主金兀术，他的军队攻破了寿州，占领了滁州，将目标锁定了庐州城。可惜的是运气不好，第一次进攻就被岳家军牛皋的牤牛阵打得大败，只好退回到自己的老巢。

时间过去了整整七年，金兀术没有一天不惦记着庐州这个江淮重镇的。1141年，他率领精锐骑兵十余万"欲谋再举"，第二次进攻庐州地区。金兵强渡淮河后，首先攻破安丰军治所寿春，随即长驱直入，逼近庐州城。

庐州城里的地方长官原为南宋抗金名将刘锜，当时已经调往他处任职。朝廷接到庐州城危急的消息后，即令刘锜率2万人马驰援淮西。当时的庐州城里一片狼藉，庐州知府陈规暴病而死，守城器具奇缺，只有统制闵师古率兵2000余人勉强支撑。刘锜巡视城防，分析利弊，果断决定主动撤退，金兀术这才占领了庐州城。

要说刘锜这个人也算是金兀术的克星，早在1140年的"顺昌之战"中，就智破金兀术"铁浮图"和"拐子马"，使得金兵听到刘锜这个名字就胆战心惊。

金兀术见刘锜兵退，立即派数千骑兵追击，在今天的肥东县境内，遇见"西向列阵以待"的南宋大军，阵势浩大，旌旗猎猎，上书"刘锜"两个金色大字。攻打庐州城的金兵大都经历过"顺昌之战"，见此心有余悸。两军对峙至日暮，各自收兵。

巢湖水师助力大明立国

合肥与凤阳，地理位置上隔着200多千米，如今也就是2小时的车程。假如时光倒退600年，今天合肥北部的许多地方还属于凤阳府，山水相连的两个著名的地方，还真有不少剪不断理还乱的故事。

翻开明朝时期的地图，你会发现，当年的凤阳府真大，最多时管辖28县12州。即使到了清乾隆年间，也仍然领有5县2州。这其中就有寿州和定远县，而合肥市长丰县是1965年由寿县（寿州）、定远、肥东、肥西各划出一部分设立，这应该是凤阳与合肥的交集之一。

当然，历史上的庐州也不小，曾经管辖6县2州。除了为大家所熟悉的"五属"即合肥县、巢县、舒城县、庐江县、无为州，还有后来直隶出去的六安州、霍山县和英山县。

庐州府的设立其实与凤阳人朱元璋有着很大关系，在此之前的很长一段历史时期，庐州是以州、路建制存在延续的。第一次有了庐州府称谓是在红巾军大宋政权时期，改庐州路为庐州府，为江淮行省省会。朱元璋废江淮行省，保留庐州府建制，改属设于应天府（今南京市）的江南行省，后又和凤阳府一起改属南直隶。

安徽成立之初俗称"八皖"，很能体现当年庐州、凤阳二府的辉煌，所谓"八皖"是指庐州、凤阳、安庆、徽州、宁国、池州、太平、颍州八个府。当时每府除知府外，还配备了1至2名辅佐官。

据严斌《下塘的文武衙门》介绍，凤阳府的凤庐分防同知曾经移驻在今天的长丰县下塘集。清朝的下塘集，集市贸易承上启下，发挥着城乡之间的纽带作用。作为商品集散地和居民聚居地，当年可谓民居相接，烟火万家，贡赋财务之接递朝暮不绝。由于下塘地跨凤庐，襟带两淮，经济地位十分显耀，自然也会带来统治上的许多难题，各种因素形成的治安隐患，迫使官方不得不考虑投入大量的行政成本。

《清宣宗实录》也说："安徽凤阳府属之寿州……庐州府属之合肥一带地方，民风强悍，遇事忿争，往往号召多人持械格斗……请饬查办。"

我在《吴山，那些过去的故事》里还曾提到过桑科铺，那是清朝时的古驿站名，是连接庐州府和凤阳府的。据《清光绪十五年寿州行政区划》记载，当时寿州共设3乡，即东乡长丰、南乡裕民、西南乡保义。每乡又设12里，桑科铺就是属于裕民乡四里管辖，属于凤阳府。只是今天改叫吴山镇，属于合肥了。

说到凤阳府与庐州府的那些交集，至少在明朝成立之初，庐州府的老百姓要感谢那位出生于凤阳府的朱皇帝，因为他在即位之后做的一件够哥们儿的举动，就是减免应天府、凤阳府、庐州府三地的徭役和赋税。

应天府是大明的都城，凤阳府是天子的老家，那庐州府为什么也在减免之列呢？

这要从巢湖水师说起，有专家甚至说，没有巢湖水师，明朝的建立至少要推迟相当长一段时间。

熟悉明史的人都知道，大明水师是中国古代最强大的水上部队。从元末朱元璋渡江战役和鄱阳湖水战开始，到郑成功收复台湾，明朝立国近三百年，这支水上部队未曾打过一次败仗。

元朝末年，各地起义风起云涌，元朝统治大厦将倾。而1355这一年是朱元璋命运的拐点，红巾军首领郭子兴病死，朱元璋统领义军。大军驻扎和县，朱元璋决定渡江谋取南京，建立稳固的根据地，而攻取南京必经采石，欲渡长江，却困于水师舟船不济。

正在朱元璋焦灼不安之际，巢湖水师俞氏父子和廖永安、廖永忠兄弟致书朱元璋，俞通海三次到和县，表示归附的诚意。

有专家甚至说，没有巢湖水师，明朝的建立至少要推迟相当长一段时间。巢湖水师助朱元璋很快拿下南京，并改南京为应天府，自称吴王。又在太湖和鄱阳湖大败张士诚、陈友谅，最后统一南方，建立了明朝的根基。

这里顺带说一下，俞氏父子并非汉人，他们的真实身份在当时也许并不是秘密，但漫长的历史让后人对他们的身世来历所知寥寥，直到2005年，一支俞氏后裔寻根问祖才再次揭开他们非同寻常的身世来源。

原来俞氏父子是蒙古宰相的后裔，根据谐音改成俞氏。

俞廷玉本名秀一，姓玉里伯牙吾氏，父亲为东路蒙古军万户府元帅，知枢密院事。元顺帝为铲除异己，大兴宗党之狱，俞廷玉携家人避祸安徽寿县，后又迁居巢县，易族更名，以俞为姓。待江淮兵起，俞廷玉与其部属接寨联军，又与廖氏兄弟联络以御兵寇。八百里巢湖成为他们的训练场，姥山岛的南岸、北岸，避风的船塘至今尚存。

这支水师的确为朱元璋立下了汗马功劳，而朱元璋也是个重义之人，于是才有了减免庐州府徭役赋税之举。

庐州营署曾驻绿营军

营署一般是指营舍官署的简称。宋朝马令写的《南唐书》说，南唐的时候，都城建康发生过一次大火，烧了一个多月"庐舍、营署殆尽"。这件事被后人记录在史书里，书中的营署就是指营舍官署。

而真正作为军事机构的称呼，那还是清朝的时候。

《清史稿·邦交》讲述了英国驻台湾领事吉必勋因运樟脑被阻的史实。吉必勋命令英国将领茄当率兵攻打营署，杀伤了许多清朝兵勇。这里的营署就是清朝兵营的驻地。

庐州营署旧址在花园街与长江中路交叉口附近，根据《合肥县志·兵防志》的记载，当时庐州城里的驻军并不多，计有马兵24名、战兵36名。除此以外，还有守兵74名。

马兵，顾名思义就是骑兵；战兵则应该相当于现在的步兵。

当时驻守庐州府的军队是绿营军，最高军事首领为都司。都司原为古代的官职，明代时转化为都指挥使司的简称，为一省掌兵的最高机构。而到了清朝成为绿营军的武官职位，在参将、游击之下，相当于四品职位。从这里可以看出，当时庐州营署的士兵并不多，但最高军事长官的官阶并不低。

为什么庐州营署要驻扎绿营兵呢？

顺治初年，清朝在统一全国的过程中，将收编的明军以及其他汉兵，参照明军旧制，以营为基本单位进行组建，以绿旗为标识，称为绿营。全国绿营兵额总数在咸丰以前大约有六十万，超过八旗军，是常备兵之一，驻守在全国各地。

绿营营制分标、协、营、汛四种，总督、巡抚、提督、总兵所属称标，副将所属称协，参将、游击、都司、守备所属称营，千总、把总、外委所属称汛。庐州城里驻防的就是营一级的，属于都司级别。

当时全国各省虽然都有绿营兵驻守，但营制及兵额并不统一，其中闽广最多，安徽最少。这也解释了为什么庐州营署总共只有100多名士兵的原因，当时正是"康乾盛世"以后，作为内地的安徽，基本上是一片歌舞升平的景象，根本用不着更多的守军。

冷兵器时代的庐州营署里，响起的只能是叮叮当当铁器的撞击声。不过，最迟到嘉庆时期，庐州营署已经有了火器。除了鸟枪以外，还有我们听都没有听说过的红夷炮、过山炮、劈山炮、竹节炮、子母炮等，光是火药就有2100斤，炮药300斤，铅子也就是散弹子1026斤。

整个清朝时期，庐州营署一共经历了多少任军官，我们已经无从查考。但《合肥历史大事记》里记载了两个著名的军官，至今还可以从中窥见庐州营署将士的拳拳爱国之心。一个是都司古维藩，1842年7月的时候，英国军舰逼近长江口。古维藩与宁国营参将恩长一起，率兵防守长江边上的和尚港和采石矶，奋勇抵抗英军。还有一位是韩映奎，他原是中国近代著名的爱国将领王锡朋的部下。当年王锡朋在著名的定海之战中，与另外两总兵葛云飞、郑国鸿率领将士浴血奋战，以身殉国。韩映奎因为功绩卓著，被升任合肥营把总。

尽管伴随着辛亥革命的隆隆炮声，庐州营署也完成了它的历史使命。但作为一处城市地标，那里的故事仍然在演绎着。

辛亥革命前夕，驻防庐州的清军已经改叫巡防营了。那么，庐州营署又去了哪里？

原来，清朝末年的时候，"旗兵"和"绿营"腐朽至极，已经基本上丧失了战斗力，湘军、淮军崛起，官式名称叫作"勇营"。但甲午之战，清军一败涂地，这时清廷上下才恍然大悟，仅仅是西法练兵还不够，于是聘用德国教官，规模体制全部仿效德军，编练新式陆军。

与此同时，清廷在各省还组织了巡防营，挑选旧绿营和勇营的精壮，另招募民丁，编组而成，任务就是保卫地方。巡防营一直存在到辛亥革命时候，各省纷纷独立，把巡防营改为师旅或警备队、保安队。唯一例外的是新疆，一直到 1932 年，巡防营才裁撤。

根据夏仲谦先生的《辛亥合肥光复亲历记》里的记述，1911 年的时候，合肥城里驻扎着巡防营的一个营，管带（营长）名叫季光恩，是李鸿章的弟弟李鹤章的孙子李国松向安徽巡抚朱家宝请来的。武昌起义以后，同盟会会员孙万乘、王善德等十余人由上海、南京等地回到合肥，组织秘密机关，一面联络各地同盟会员，筹组民军，一面策动清军反正。庐州知府穆特恩是满人，吓得逃跑了；合肥知县李维垣同情革命，赞成独立；这时，关键要看手握兵权的季光恩了。看到清廷大势已去，经革命党人几番劝说之后，季光恩终于率领全营官兵归顺革命了。

龚嘘云先生在《辛亥前后合肥的革命活动与军政分府的成立》里记载，季光恩起义时，兵营里有套筒毛瑟枪 200 支，这使庐州城里避免了一场流血冲突。

新成立的军政府下设警卫队和宪兵队，一部分仍然驻扎在原先的兵营里。到了 11 月 9 日，革命党人在对面的大书院召开群众大会，季光恩、李维垣都到会，当场宣布庐州独立，组设军政分府，公推孙万乘为总司令。群众欢声雷动，鞭炮齐鸣，全城悬旗庆祝军政分府成立。

几处重要军事要地遗址

历代驻防合肥的军事机关，在庐州城里留下了不少遗址，有些已经拆除，有的虽然部分保留了，但也已移作他用。

提起洪家花园，不能不提到合肥商界大亨洪明炯，他模仿族叔从日本带来的一条东洋毛巾，生产了相似的产品360条毛巾投放市场，很快销售一空。据说这是洪老板捞到的第一桶金。

有了钱的洪家兄弟，于1931年在小东门今天的安徽省委院内购买了一大片土地，大兴土木。洪家后人撰文回忆：由主宅经过大厅到后院，进地下道，过"一线天"，然后拾级而上，方入花园之北端，再穿假山、石洞，便是生圹（生前预造的坟墓）。周围有玉石栏杆，种植松柏，以鹅卵石铺路。月牙池内有莲藕，池下通观音庙，庙顶是琉璃瓦，雕梁画栋。庙内有玉观音一座，分列十八尊罗汉。庙下又有一口清水池，中有土墩呈现海岛状。池边有一大殿，放置了桌椅，以供游客休息。生圹左上方又有一祠堂，砖墙玻璃瓦。

可能是洪家花园太雅致了，庐州城里的掌权人都先后把那里作为军事首脑机关。

最先进驻那里的军事机构是日军庐州警备司令部，他们把从时雍门至今天的宿州路地段全部列为军事禁区，并把附近的时雍门桥炸毁，严格控制中国人的往来。

抗日战争胜利后，时任安徽省主席李品仙也将公馆设在洪家花园，一直到1948年底败退而去。那时，洪家花园的灯火往往是通宵达旦，来往其间的大都是广西人，他们把这里当作桂系在安徽的大本营。

不见古城门建碑纪念之

在洪家花园的那段日子，是李品仙在安徽度过的最后时光，先是国民党撕毁"双十协定"，在鄂中、苏中和两淮地区向中国共产党解放区进攻。由于桂系军队是进攻两淮的主力，于是任命李品仙兼任徐州绥署主任。到了1948年6月，他在安徽已经待不下去了，正巧白崇禧在武汉主持成立华中军政长官公署，李品仙被撤换调离安徽，改任副司令长官。

还有长江中路上的合肥九中，书香飘荡已经有300多年的历史了。但日军占领合肥后，那里却变成了人间地狱。许多老合肥人还记得门口悬挂着一个大牌子，上边用毛笔书写"大日本皇军宪兵司令部"。

周海平先生在《我所经历的合肥沦陷》文章里对此也有描述：日本军队在城里设宪兵队和特务机关，还在小书院设有水牢，里面设有各种酷刑，如吊打、电击、狗咬、灌辣椒水、坐老虎凳等，手段极其残酷。

我曾请教过军事专家，日本人为什么要在庐州城里设宪兵队，他告诉我，占领合肥的是日军的野战部队。随着战争西移，野战部队开往前线，就要在城里建立殖民体制。军事方面一般由警备队和宪兵队负责，民政方面由特务机关负责。警备队负责城防及附近郊区的警备任务，最高指挥长官为中佐。其上级有庐州警备司令部，管辖范围为合肥附近的铁路沿线地区，最高指挥司令是少将军衔。

宪兵队其实就是军事警察，大肆镇压人民的反抗，最为残暴。他们和警备队、特务机关相互配合，利用傀儡政权，在合肥地区形成了一套定型的殖民统治体制。

黄山书社出版的《合肥史话》里有这样一段记载，在合肥沦陷的后半期，即从1943年到1945年8月，日军宪兵队有个古信大尉，因为长满了络腮胡子，大家背地里都叫他毛胡太君。

毛胡太君相貌凶恶，嗜血成性、杀人如麻。常牵着一条狼狗，巡行街上，狞视路人，稍觉可疑，就命令手下将其抓进水牢里关押起来，而一旦被捕去，很少有活着回来的。有一次，他下令把掳来的两百多名难民，用铁丝穿手，穿锁骨，押到宪兵队里，指挥宪兵先用刺刀戳小腿，然后割颈椎，由于喉管未断，被害者一时难以死去，呼号惨叫，声闻数里。

毛胡太君这个禽兽还经常玩杀人游戏，把抓来的中国人放在操场中央，解开绳绑，命令站在四周的宪兵呐喊而上，举刀乱砍，或者放出狼狗乱咬。他却坐在高台上欣赏着受难者奔跑躲让的惨状，视此为乐事。灭绝人性的毛胡子还常从水牢内提人，当他练刀的活靶。

所幸的是抗战胜利后，这个恶贯满盈的魔鬼终于得到了惩罚，被国民党军事法庭判处死刑，在蚌埠执行枪决。

我在《安徽文史资料·合肥卷》看到了一张照片，原国民党安徽省政府的大门上挂着一块牌子，上面写着"华东野战军合肥城防司令部"。原来1949年1月合肥刚解放的时候，分别成立了合肥军事管理委员会和合肥城防司令部，军管会驻地在段家祠堂，而城防司令部驻地就在原安徽省政府。

合肥市首任市委副书记、第三任市委书记李广涛回忆说，他刚到合肥时的职务就是合肥市军管会秘书长兼合肥市城防司令部政委，每天来回穿梭在段家祠堂和今天的省政府之间。而省政府那里历史上是大书院所在地，曾经见证了合肥光复。

1911年11月9日的合肥光复，主要是由本地和从外地赶回的合肥籍热血青年共同发动的。在此之前，庐州是满族人穆特恩在那里任知府，而合肥知县是汉人李维源。知府和知县在地方上可以说是位高权重，但合肥这个地方特殊，因为是李鸿章的家乡，知府和知县还要受地方官绅的制约，李鸿章的侄孙李国松是四品京卿，在合肥有县自治会总办、商会会长等头衔。为防不测，李国松竟凭着李家的声望，找安徽巡抚朱家宝檄调江防营管带季光恩率部移驻合肥。

《百年前的"庐州光复"》里写到，当时起义的最大障碍是驻扎城内的清正规军季光恩营，其他兵力不过民团120人和知府卫队、知县马捕快班若干人而已。不过庐州光复比想象的要顺利，主要是"智取"加"争取"，这里就不详细叙述了。

合肥城兵不血刃，掌握到革命党人手中后，立即决议成立庐州军政分府，推举孙万乘为总司令。当天合肥城里就沸腾了，人们从四面八方齐聚大书院，欢庆庐州军政分府正式诞生。军政分府通电中外，宣告庐州光复。

我查找了《安徽清末大事记》，书中记载了合肥群众集会庆祝光复的景象：于是庐州四境数百里内，当国变之际，闾阎安堵，盗贼不兴，人民称颂不已，而秩序井然也。

合肥光复还有一个小插曲，在孙万乘就任庐州军政分府的同时，后来成了暗杀大王的王亚樵与同乡李元甫、王传柱、张朝阳等，也成立了一个军政府，宣布独立，挑战位于大书院的军政府。两派交火后，李元甫、王传柱等被杀，而王亚樵看势头不对，逃到上海，亡命天涯去了。

大书院上空的战火在光复的当天没有燃起，却起于两派的纷争之中。所幸的是，因为力量悬殊，最终并没有殃及全城的百姓。

HEFEI
THE BIOGRAPHY

合肥传

古代合肥的耕读往事　第三章

　　现代人接受教育的地点和形式很多，而在古代，书院是主要的专供学子们读书或大家们讲学的处所。古庐州城里曾经遍布了大大小小的书院，可谓历史悠久、历经沧桑。至今，许多原址上还弥漫着书香。

书院文化从娃娃抓起 柳丝摄

向外国小朋友传授中华传统文化

曾经遍布庐州古城的书院

书院之名始见于唐代，但鼎盛时期是在宋代。最初，书院大多为民办的学馆。一些富裕之家、饱学之士自行筹款，于山林僻静之处修建学舍，有的还置办学田收租，以充办学经费。后来发展到官府也设立书院，其实已经是一种独立的教育机构，作为固定的聚徒讲授、研究学问的场所。

宋代著名的书院有四个，即江西庐山的白鹿洞书院、湖南长沙的岳麓书院、河南郑州的崇阳书院和河南商丘的应天府书院。古庐州城里的书院名气和影响力自然比不上四大书院，但也是影响了一大批莘莘学子，而且从时间和办学内容、办学成果上来说，有许多值得骄傲之处。

在今天的蒙城路与安庆路交口的地方，合肥市六中中校区的校园里竖立着一座纪念碑，是一本翻开的书籍雕塑，上面记载着这里曾经是学宫所在地，俗称文庙。最早是庐州府学，即合肥历史上第一所官办的地市级学校，距今已有1100多年，而现在的仿古建筑是新中国成立后新建的。

根据资料记载，庐州府学始建于唐朝会昌年间，宋朝时一度改为景贤书院。曾经有人撰文说"合肥最早书院为元代所建的三贤书院"，三贤书院其实就是景贤书院。元朝揭傒斯在《景贤书院大成殿记》里解释说，所谓三贤指的是宋枢密副使给事包孝肃公、太子少保马忠肃公和敷文阁直学士王定肃公。

这三人中，包公大家都十分熟悉，马忠肃公指的是庐州人马亮，字叔明，生于957年，卒于1031年，宋太宗时的进士，官至工部侍郎、兵部侍郎、尚书右丞、工部尚书、太子少保。马亮家族在北宋时为合肥第一家族，可考为官的有十几位之多，与宰相辛仲甫、吕蒙正、吕夷简、王珪等都有姻亲，《宋史》里有"马亮传"载；王定肃公指的是王希吕，字仲行，他虽然是宿州人，但担任过庐州知府，《宋史》里说他"天性刚劲，遇利害无回护意，惟是之从"，也是一位为官清廉、刚正不阿的人。

明朝时，四川省西充县人马金就任庐州知府后，特别重视教育，发展了景贤书院，培养才子。《中国人名大辞典》载文说："马金所至有惠政，民庙祀之。"时称"天下清廉第一"。

历史上，那里是几经兴替，屡遭战火。1853年，太平军进攻合肥，一把火将那里所有的建筑焚烧殆尽。后来，还是李鸿章的弟弟李鹤章重新将其修复。可以说，这里历来都是书生学者以及清官们流连忘返、研疑解惑的场所，留下了庐州众多名人的足迹，包括姚铉、窦默、蔡悉、龚鼎孳、李天馥、朱景昭、蒯光典、李鸿章等。

1929年，安徽省立第六女子中学迁到那里。抗战时，学校迁立煌县（今金寨县），改称"安徽省立立煌女子中学"，抗战胜利后才重新迁回那里，几度易名，至1956年创办完中时方定为"安徽省合肥市第四中学"。虽然校名屡经更迭，校园数次搬迁，但优良、严谨的办学传统却流传至今。

据说历史上的景贤书院规模宏大，自南向北依次建有棂星门、泮池桥、戟门、月台、大成殿、明伦堂等，另有配殿、礼门、崇圣祠等附属建筑，大成殿里供奉至圣先师孔子位，两厢配颜子、孟子等人之位。

合肥自古"学风优颖，几同邹鲁"，历朝历代都重视书院的建设，每逢盛世或每逢州守尊师重教者，都要对书院进行重新修缮。规模大者如宋嘉定时，书院有房屋三百余间；学事盛者如明弘治间，有殿、庑、门、堂、桥、斋、居、号室，"尊经有阁，明伦有堂，师生有居，游息有所"。

庐州城里除了景贤书院，还有几处书院的遗址。

一是包公书院。1916年由孙仲修、陶述彭共同编修、刊印的《香花墩志》云：书院据墩，南为大门，旧为浮图寺。明朝弘治年间（1488—1505），庐州

李鸿章重修的包公书院

知府宋鉴见小洲环境幽雅,遂将小庙拆除,改建为包公书院,并改洲名为"香花墩",让包公的后裔在此读书。当时的香花墩周围已经是"蒲荷数里,鱼凫上下,长桥径渡,竹树阴翳",墩内曲桥幽径,亭台小榭,杨柳抚波。

包公祠管理处的傅刘先生说,包公书院后来改为"包公祠",经过合肥知县左辅重修,始具规模。后来太平军攻打合肥,包公祠也毁于一旦。到了清光绪十年(1884),李鸿章私人筹措了白银二千八百两加以重建,规模依旧,增添了东西两院,即今天我们所看到的香花墩包公祠。

还有一处是正学书院,是明嘉庆年间由督学耿定向向知府喻南岳建议修建的,按照《安徽省教育志》上"安徽各县书院一览表",院址在县学的西边。而(嘉庆)《合肥县志》上对原先的县学基础有描绘:洛水桥东,前至前大街,后至后大街,东至庐州营署,西至孝义巷。大家都知道前大街和后大街分别是现在的长江中路和安庆路;那么孝义巷呢,有资料说是也叫孝女巷,因为附近有一座忠义孝悌祠而得名,位置在洛水桥东三十米处。而洛水桥就在今天的长江中路和六安路交口;至于庐州营署,据相关专家考证应该是在今天花园宾馆的位置。

还有一个兴建较晚的书院是斗文书院，时间是清朝康熙年间，文献记载十分简单，为知府王业兴捐俸倡建，地点为城隍庙左。

在现代教育制度下长大的我们，对距离已经十分遥远的书院还真感到陌生。翁飞博士说，可不能小觑书院对我国教育事业的贡献，古时候，读书人能够进入书院学习，那是一件非常荣光的事情。

书院招收的学生对象与州、县官学还是稍有不同的，州、县官学以考取的秀才为对象；书院的生源一般是贡、监生，还有未考取秀才、年龄较大、已读完"四书"五经的童生，当然，已考取的秀才准备参加乡试的，经过书院考试合格，也可到书院学习。

历代书院都制定有组织管理、学生待遇和教育教学等各项制度。单是书院负责人的名称就千奇百怪，各朝代、各地区都不尽相同。常见的有山长、院长、洞主、堂长等，以山长之名用得最久、最广。山长以教学为主，兼管院务。山长多是地方上品行端正、学问精通、有一定声望或一派大师。元代以后，政府加强对书院的控制，山长改由政府任命，成为与学正、教谕并列的学官。同时，政府还定期予以考核、奖励、提升，少数院长还有由地方长官兼任的。

说到庐州城里的书院，根据《安徽教育志》的记载，先后有五所，而最著名的是庐阳书院。

1705年，清代知府张纯修在那里创办横渠书院，继改称庐州书院。历任官员和乡绅都慷慨捐赠，康乾嘉年间数次修缮扩大，并划苇荡、学田和典当租息供书院开支。不幸的是在1853年毁于太平军攻打合肥的战火之中。

1862年，富绅褚开泰捐资重建。1879年，李鸿章等人提议将府学考棚余屋增修扩为书院，增加学田，李鸿章亲题匾额。

合肥县学今何在？

时光的流逝总是快过我们的记忆，假如说几年前我们提起合肥县学的位置还可以用"安徽省总工会那一带"来表述，如今再去，安徽省总工会也已搬离。可喜的是原先的办公楼还在，据说庐阳区在多方力量的共同协作下，由滨投集团牵头对其进行有序改扩建。

有关资料显示，当年皖北皖南行署总工会合并成立安徽省总工会时，县学的老房子还在，包括举行县考时用的考房，现在我们见到的那幢苏式建筑是后来才盖的。

因为合肥是府县两级政府所在地，昔日庐州城里自然就有县学和府学。

县学是合肥县最高教育机关，内设教谕一人，训导数人，嘱托若干。其中，教谕相当于今天的校长，在当时，教谕和训导都算官员，在志书里入"职官表"的。比如合肥县学教谕楼悌的名字就出现在（光绪）《续修庐州府志》里。

明朝开国皇帝朱元璋文化程度不高却十分重视教育，在中央设立国子监，在都司、行都司和卫所设立儒学，在府、州、县也分别设立府学、州学和县学。

按照当时的规定，明代府、州、县、都司、行都司和卫所的学校共有教官四千二百余人。府学设教授一人，训导四人；州学设学正一人，训导三人；县学设教谕一人，训导三人。教授、学正、教谕掌教诲。所属由生员、训导佐之。各级生员因供给廪膳，称廪膳生。后来数额扩充，又有增广生、附学生的编制。廪膳生在京府学六十人，在外府学四十人，州、县学依次减少十人。增广生的数目与廪膳生相同，附学生数额不定。初入学的都是附学生，考试合格后升为增广、廪膳生。府、州、县学的学习内容与国子监相似，但程度略低。

从前合肥书生里要是有人考上了廪膳生，那全家都脸上有光，不仅是衣食有了保障，更主要的是廪膳生意味着学业优良，登录科举仕途的希望更大。

《明史·选举志一》记载："先以六等试诸生优劣，谓之岁考，一等前列者，视廪膳生有缺，依次充补，其次补增广生。"

庐州城里的私塾馆虽然有几十家，但能够进入官办的县学学习，仍然是许多家长梦寐以求的。

明清时候的县学大体沿袭宋元旧制，但管理更为严密。儒童入县学读书，须参加由县官亲自主持的考试，合格者方准许进入县学，称为"入学"，并确定其生员身份。

合肥县学到了清朝的时候已经不复存在，只留下一些遗迹。乾隆四十五年（1780），合肥县令刘昆打算重修县学，不料原先的县学位置已经盖上了民居，并且已经百年有余。

按道理这里是官府的土地，可以令其拆除。但考虑到"一经拆毁，难以容身"，便让在原先县学位置上盖房的黄盛远、刘维新、刘迈群三户人家分别捐出数额不等的银两，在原先位置的前面重新修建了一所县学。

（嘉庆）《合肥县志》上对原先的县学基础有描绘：洛水桥东，前至前大街，后至后大街，东至庐州营署，西至孝义巷。

前大街和后大街分别是现在的长江中路和安庆路主要组成部分；孝义巷有资料说也叫孝女巷，因为附近有一座忠义孝悌祠而得名，位置在洛水桥东三十米处；洛水桥就在今天的长江中路和六安路交口；而庐州营署应该是在今天花园宾馆的位置。

康熙年间的宰相李天馥告老还乡回到故乡合肥，目睹了合肥县学的重建，写下了《重修合肥县儒学记》，"记鸠工庀材之事，述规制，存故实以贻来者"，使我们得以窥见当时重建县学之一斑。

合肥县学并不像现代学堂或学校那样有固定的课程,而是随岁科两试题例变更。当时县学藏书丰富,有《四书大全》《易经》《书经》《春秋》《礼记》《性理大全》《资治通鉴》《学政全书》《上谕》《十三经》《康熙字典》《廿一史》《大清律》等。除此以外,县学还有学田、赡田。

1955年,安徽省总工会在那里盖办公大楼,残留的县学建筑最终被拆除了。

百年风雨小书院

在合肥长江路上，一东一西过去各有一个学堂，西边的是大书院，东边的是小书院，地址就在今天合肥九中，其中，小书院的创办人就是李鸿章的大公子李经方。

在采写小书院的过程中，遇到一个有趣的现象，合肥市九中和一中都说小书院是自己的前身。

一中毕业的杨传榮先生对我解释说，小书院其实是合肥人的习惯称呼，是相对于大书院而言，它的正式名称是庐州中学堂。1898年戊戌变法后，清政府效仿西方建立学堂，风气一时传遍全国。1902年，李鸿章的公子李经方以合肥、舒城、巢县、无为、庐江的学田及房产为基金，年租收入为经费，先后聘请了当时合肥的名人张子开、戴寿宇为监学，英国人吉普德为英文教员，在合肥及其周边地区广招新式学生，获得了众人的交口称赞。

1908年至1934年间，小书院先后六易校名：庐州府官立中学堂、庐州中学校、省立三中、省立庐州中学等。抗日战争爆发以后，师生辗转迁往后方。抗战胜利后，在霍山诸佛庵的省立第六中学部分师生奉命返回合肥，组建省立合肥中学。新中国成立后，曾名皖北区合肥高级中学。1952年秋，正式改名为合肥市第一中学。一直到1956年秋，学校搬到了现在长江西路上的老一中校址。

而合肥九中的历史更长。1705年,庐州知府张纯修在那里创办横渠书院,继改庐州书院,历经近两百年,逐渐成为庐州最有名的学府。1902年李经方就是在其基础上将其改为庐州中学堂的,所以合肥一中和九中说小书院是自己的前身都没错,只是合肥一中在那块土地上的历史应该是起于1902年,止于1956年;而合肥九中的历史则悠久得多,准确地说是起于康熙四十四年即1705年,并且一直延续到现在。当然,合肥九中是1957年合肥一中搬迁后在原小书院的地址上成立的,这是必须说明清楚的。

庐州中学堂创办者李经方

我在庐州城里想找几个老人聊聊小书院。一中毕业的真不少,可大都是搬离小书院以后上的学。好不容易找到一位姓林的老人,他叫林丽水,退休以前是一位大学老师。林老师1938年出生于庐江县,后来随父亲到过六安、芜湖、蚌埠,但生活的时间都不长。1951年暑假,他们全家搬到了合肥。当时进中学是要考试的,而他的功课在小学时门门都是5分,自然被合肥最好的一中录取。那时,一中还在今天九中的位置。

开学第一天,班主任老师就带他们在校园里转了转,以自豪的口吻讲解了这所学校的历史,那是他第一次听到小书院这个名字。在那里的几年间,他的学习成绩始终保持在班上的前三名。当时学校开有英语和俄语两门外语,允许同学们在其中任选一科。当老师宣布这项决定只有3秒,他就写了"俄语"二字,还和其他要好的同学打招呼,让他们也选学俄语。

20世纪50年代,中苏友好如火如荼,苏联老大哥就代表着时尚、新潮,连学校的老师也是男的穿列宁装,女的穿布拉吉。可谁又能够料到中苏以后的反目呢?若干年后,和当初选择学英语的同学聊起来,大家感慨世事难料,有时就像股市行情那样,一会儿涨,一会儿跌,谁知道哪块云彩会下雨?

不过林老师对我说,他在小书院那里学的俄语日后还是派上了用场。1979

年，林老师在"文革"后首批职称评选中被评为副教授，外语考的就是俄语。

章振邦先生在一篇文章里提到过当年在小书院读书的同学50年后相会的情景。1994年，那些当年风华正茂的小伙子，再见面时已经都是垂垂老者，最小的也有76岁了。但他们还是一起去看望了他们的恩师——已经90多岁的王道平老人。

王老师活了103岁，是小书院历史发展的见证人，他还是世界著名诺贝尔物理学奖获得者杨振宁的外语老师。1992年，合肥一中90周年校庆之时，刚好那年他整整90岁，大家都想在这一天为这位唯一健在的小书院的老教师庆祝一下。那天，杨振宁教授专门到场，这使老先生感到无比自豪。而2002年百年校庆时，他的学生拄着拐杖来看望这位百岁老寿星，他微笑坦言：你们还记着我，我已经记不得你们的名字了。

王老师清华大学毕业就到小书院任教，除了抗战时期随学生转移到湖南湘西国立八中教书外，自从抗战胜利重新回到小书院，就再也没有离开过那里，一直到1956年。因小书院已经不能满足当时的教学需要，学校才搬到了长江路397号，老先生在那里任教直至退休。

2006年元旦，许多王老师的学生和同事还去家里看望他，嘱咐他好好保重身体，享受晚年高寿。可没有想到，不久老先生就悄悄地走了。听说他从来没有住过医院，那一次是他一生中唯一的一次住院。当时，小书院的上空下起了小雨并夹着小雪，雪花飞飞扬扬，或许是要送老先生一路走好！

小书院的历史悠久而辉煌，曾经培养出了一大批杰出人才，包括诺贝尔物理学奖获得者杨振宁、建筑大师戴念慈、心血管病专家何国伟、电影表演艺术家王诗槐等。我在图书馆里查找有关小书院的资料，看到了1909年《学堂官报》刊登的为小书院的学生的请奖折，还有许多对家境贫寒的优秀学生发放的津贴花名册，可以看出，李经方在创办小书院的时候，的确是花了大量心血，也为日后合肥教育的发展奠定了雄厚坚实的基础。

许多人对李经方可能还不十分熟悉，他生于1855年，卒于1934年，字伯行，号端甫。他其实是李鸿章四弟李昭庆的儿子。1862年，年已四十的李鸿章仍然膝下无子，于是将李经方过继为嗣。3年后李鸿章有了亲生儿子李经述，但仍以李经方为嗣子，称之为"大儿"。1877年，李经方与李经述在天津直隶总督衙门读书，李鸿章委托洪汝奎为他们代聘名师，潜心科举。后还随朱静山、白狄克学习英文。"弱冠补府学食廪饩"，极得李鸿章的喜爱。1882年8月，李经方考中举人，捐钱以知府分省补用。但他未到外省候补，而是留在直隶总督衙门，随李鸿章襄办外交事宜。1886年夏，随驻英钦差大臣刘瑞芬赴英，担任参赞。先后出任出使日本大臣、出使英国大臣以及邮传部左侍郎。

民国以后，李经方被罢官，先蛰居上海，后迁大连，终日闭门。1934年9月28日病逝于大连，终年80岁。著有《李袭侯遗集》《安徽全省铁路图说》等。

我在相关资料里注意到两点，一是李经方创办小书院的时间是在李鸿章死后的第二年，二是李经方将李鸿章葬于合肥大兴集夏小郢，由此可见李经方对家乡还是感情深厚的。

府考难，四十八年才入泮

历来崇尚以诗书传家的古庐州，历史上除了小书院外，还有一个大书院，地点就在长江中路原安徽省政府那一带。清朝的时候是府考的地方，谁家的孩子要是能够进入那里考试，感觉应该离状元及第差不了多少。

都说现在的孩子可怜，小小的年纪就要应付那么多的考试：期中考试，期末考试，升高中考试，升大学考试……20岁以前，基本上是与各种各样的考试为伴。

不过，了解了过去的各种考试，你就为生在当代而庆幸了。据说合肥有一位前清秀才，考白了胡子也没有高中黄榜，倒是他的孙子20多岁就留洋英国，回来后在洋学堂里谋得个教授的差事，终于为家里光宗耀祖了。老秀才撰写一副对联贴在自家的门上，上联是"县考难，府考难，院考尤难，四十八年才入泮"，下联是"哲学好，理学好，医学更好，二十四岁就留洋"。

庐州府在清朝的时候府考，举办地点就是大书院。合肥这个地方在清代的时候既是合肥县衙所在，也是庐州府治所在地。庐州府下辖4个县，即合肥县、舒城县、庐江县、巢县，外加一个无为州。当时，这几个县、州的考生在通过县考以后，都是要到大书院那里参加府考的。

府考也是科举考试的一种形式，每年四月举办一次，考中了还要参加院试，再中才可以参加正式科举的乡试、会试、殿试。史书记载，我国唯一一位县考、府考、院考以及乡试、会试、殿试均获第一名的奇才名叫黄观，就是我们安徽人，《明史列传》上就有关于他的条目。

《儒林外史》第十六回上面写着："（匡超人）到府，府考过，接着院考。"可以证明，那时安徽各地都盛行府考。而庐州府考的主考官是知府，考试科目分帖经、杂文、策论三场，分别考记诵、辞章和政见时务，总共录五十人，分甲、乙两等，前十名为甲等，后面为乙等。当时五县一州的考生虽然没有现在高考人数多，但也有好几千人，而录取的比例要比现在高考低多了。

考试的时间是卯时一刻，排成长龙的考生在经过严格的检查后才能进入考棚，连笔、墨、纸砚都不得擅自带入，一应由大书院提供。一共要考四天，尤其是策论，就是议论当前政治问题、向朝廷献策的文章，往往要花费两天的时间。

合肥城里的老百姓虽然读得起书的人家不多，却十分崇拜读书人。府考那几天，家家都不会弄出大的动静，不开锣，不放炮，不哭丧，不嫁娶，和今天的高考"禁噪"十分相似。

大书院有副著名的楹联："率五属，无、舒、庐、巢、合；进一位，公、侯、伯、子、男。"十分具有合肥特色。"无、舒、庐、巢、合"指的就是庐州府所管辖的无为州、舒城县、庐江县、巢县、合肥县；而"公、侯、伯、子、男"是清朝时期的五等爵位，当时清代庐州府已有三人有四个爵位——合肥县的李鸿章，生封肃毅伯，死封一等侯；合肥县的刘铭传，封一等男；原籍桐城而寄居舒城县的程学启，封子爵。所以，再努力"进一位"，便可以五等爵位齐全了。

大书院始建于清顺治年间，起初叫督学试院，后来改叫府试院，老百姓俗称为大书院。科举制度自从隋朝正式创建以来，合肥这个古城的莘莘学子都是青灯黄卷，许多人也是熬白了头发，随着县考、府考、院考以及乡试、会试、殿试的考试路径，一路走去。

辛亥革命以后，大书院已经失去了考试的功能。事实上，从1905年开始，科举制度就在中国废除了，大书院那里变得寂寞冷清。不过，这种情形并没有持续多久，弥漫着书香的昔日考试的场所就变成了学堂。

中国科举制度的废除实际上是西学东渐的结果。从国外留学回来的新派人物联合朝廷里的维新派极力主张要兴办新式学堂，全国各地积极响应。合肥是在1902年就根据《钦定学堂章程》创办了庐州中学堂。1908年，已停考三年的庐州府试院也就是合肥人俗称的大书院被改为师范传习所，重点培养教育人才。当时合肥兴办的许多新式学堂，都延聘了国内顶尖的大方之家，比如庐州中学堂的监督（校长）一度就是严复，连一些小学堂的英语教员，都是从南京的基督教机构聘请的。

只是好景不长，师范传习所仅仅开办8个月就关门停办了。1918年，合肥原庐州府属五县联立甲种工业学校收归省有，改办省立六师，学校设在大书院旧址上。老合肥张广厚的父亲在那里上过一年学，他听父亲说，当时用的房子还是以前师范传习所的老教室，只是稍加修缮。江淮地区的冬天非常寒冷，教室屋檐上挂着晶莹剔透的冰溜溜，下课了，同学们伸手就掰断一支，放到嘴里咀嚼。都是风华正茂的青少年学生，丝毫不畏惧没有暖气的严冬。

20世纪20年代的安徽中等师范教育办得是很有起色的，全省各地先后办起了统一排序的师范学校。省立六师原设阜阳，次年改为省立三师。原庐州府属五县联立甲种工业学校收归省有，改办为省立六师，地点就在大书院。

师范学校后来并入了小书院的省立二中，具体原因在《安徽教育史·民国时期的中等师范教育》里讲解得清清楚楚：北伐军兴起的时候，因为战争，许多的学校都暂时停办。不久，在世界教育改革新潮的影响下，师范学校并入普通中学成为必然趋势。大家都认为师范也是一种职业教育，可与农、工、商并列为高中的一个科，并取消师范生的公费待遇，以节省经费、教员和设备。同时，师范附设于中学，有利于提高师范生程度，增加选科课程。

1928年，那时的合肥庐州中学堂已经易名为省立二中，与设在大书院的省立六师合并组成省立六中。现在回头来看那次的师范与中学合并，利大于弊。资料显示，当时的安徽省教育主管部门相继将省立第一至第六师和第一至第四女师并入或改为省立中学、省立女中，其结果是师范丧失独立性，社会地位下降，师范生人数由1923年的1737人减至1931年的1025人，减少了41%，这对安徽的教育事业是个极大的损失。

大书院与书香为伴止于抗战前夕。1938年5月14日，侵华日军铁蹄袭来，合肥沦陷。在此之前，安徽省政府已经从安庆迁往六安，不久又迁到立煌县。

其实在此之前，合肥城乡中小学校除三育女中小学部外，已经相继停办。省立二中与设在大书院的省立六师合并组成的省立六中先是搬迁到立煌县的省立第一临时中学，后又踏上流亡的征途，西去武汉，并入著名的国立八中。

抗战胜利以后，当时的安徽省政府并没有迁回安庆，而是就近搬到了合肥，省政府驻地就在原来的大书院。

香花墩上的读书台

香花墩，一个充满诗意的名字，不论是在古老合肥城里的凤凰桥巷，还是如今的包公祠，因为和包拯这个名字连在了一起，普通的一处风景也得以流传千古，风靡百世。诗云：念当年铁面冰心，颂清官只有先生。

合肥这座巢湖岸边的古城，因为水而多了些许的灵动，香花墩就是让水绕着的。墩是当地土话，意思就是小土堆，而香花墩这个土堆却是堆积在河里的，准确说应该是河中的小洲。在小洲上漫步，随便停留在哪一处，池塘的波光就晶莹地闪了过来，冥冥中仿佛来到了江南园林，烟雨缥缈的风味端的受用不浅。

都说盛世修志，而方志之书大多一省一城市，少有林泉美胜。但香花墩是担得起如此殊荣的，早在丙辰年（1916），孙仲修、陶述彭就共同编修、刊印了《香花墩志》，其中的《香花墩考》对香花墩的来龙去脉有所交代。据说，在此之前，癸卯年（1903）就有了第一本《香花墩志》，是舒成人李恩绶撰写，可惜只有手稿，尚未刊印。

明崇祯朝的府志记载，包公的故宅在镇淮楼西凤凰桥巷子里，那里有个读书台，是昔日包拯读书的地方，人们把那里就叫作香花墩。后来，合肥屡遭金兵入侵，可能在那时毁于战火。

现在的香花墩按照《江南通志》的记载，在古庐州城南濠水中。所谓濠

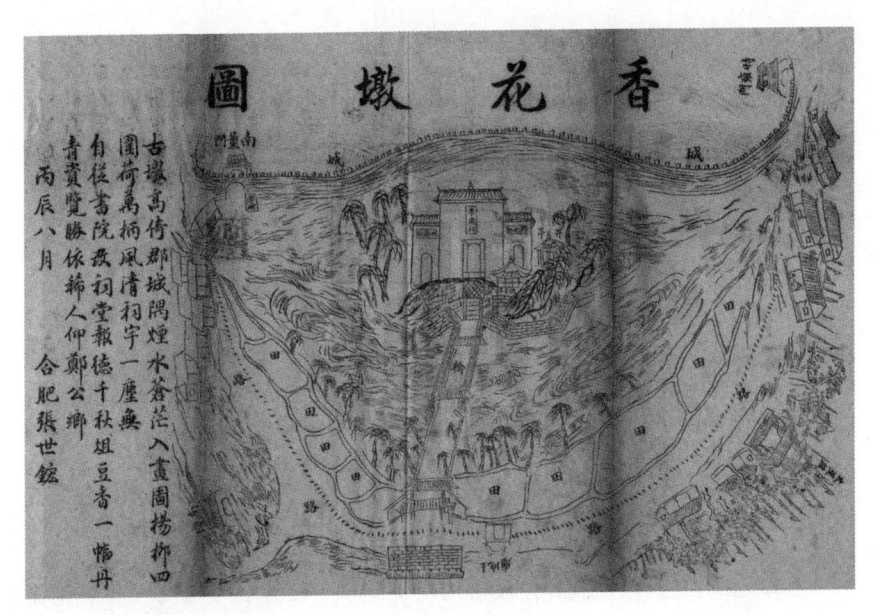

古籍里的香花墩图

水即护城河，当时，河上小洲还没有名称，洲上有一座很小的梵宇。明朝弘治年间（1488—1505），庐州知府宋鉴见小洲环境幽雅，遂将小庙拆除，改建为"包公书院"，并改洲名为"香花墩"，让包公的后裔在此读书。当时的香花墩周围已经是"蒲荷数里，鱼凫上下，长桥径渡，竹树阴翳"，墩内曲桥幽径，亭台小榭，杨柳抚波。

由此得知，在明弘治之前，这里并不叫香花墩。而把此处解释为少年包公读书的地方，更是以讹传讹了。不过，这是一个美好的想象，就像包公的形象在戏剧小说里已经程式化一样，人们总是希望他的灵魂和精神在所有与他有关的地方延续。而在香花墩这么美妙的地方，自从明弘治开始，就注定要和包公联系在一起。

冬季的香花墩，自然没有了春夏时的姹紫嫣红，但杨柳依依，微风吹拂，空气是寒冷的，日光却是暖暖的。只因置身于如此惬意的名胜，遐想故人在流芳亭里轻掩书卷，不由得悠悠做起流连此间的酣梦了。

香花墩经过历代修葺，后改称"包公祠"。清嘉庆六年（1801），合肥知县左辅重修，始具规模。后来太平军攻打合肥，包公祠也毁于一旦。到了光绪十年（1884），李鸿章私人筹措了白银二千八百两加以重建，规模依旧，增添了东西两院。传说当祠堂落成之时，李鸿章曾写一匾额，不料中心地位已为乃兄李瀚章捷足先登，挂上"色正芒寒"的横匾。李鸿章只好另写一篇《重修包孝肃公祠记》，刻石立于祠后。

今天我们所看到香花墩包公祠，就是李鸿章重修的，整个祠堂为一个四合院，前后几进院落，左右几道回廊，孝肃公执笏握笔端坐在那里，眉目严峻，无一丝笑痕，真的是铁面包公。真正的包公长什么样，那时没有照相机、摄影机之类，自然难觅庐山真面目。好在祠堂里有一块石刻包公像，是晚清一位安徽学使，以包拯的画像为范本，请人临摹刻成。而那幅画像据说是包拯在开封府任上，请画家画下的真容。

在享堂的西边有一座临河而建的小亭，名叫"流芳亭"。小亭三面临河而筑，相传是包公幼时读书之后休息玩耍的地方，这当然也是传说。但至今仍然有游人玩累了，依坐在亭内的"美人靠"上，小憩片刻，把卷阅读。

站在香花墩上，望着这位千岁老人，每一个来到此地的人都会有所感触吧！

都知道那口廉泉的故事，传说赃官和不肖子孙喝了这口井的水会头疼、闹肚子的。后来有一个姓臧的人来合肥任知府，他不相信廉泉的井水有这么大能耐，又想显示一下自己为官清正，便从廉泉的井中打了水，喝了一大口。说来还真应验，他立即头疼，越疼越厉害。不久，就悄悄地溜走了，不敢再在合肥为官。

包公祠管理处的傅刘先生向我介绍说，旧时还有清心亭、直道坊，皆取包拯《书郡斋壁》诗意而名。原诗曰：

清心为治本，
直道是身谋。
秀干终成栋，
精钢不作钩。

仓充鼠雀喜，
草尽兔狐愁。
史册有遗训，
毋贻来者羞。

这首五言诗是包拯三十九岁出来做官时写下的，据说是目前保存下来的唯一一首包公的诗作。

世事兴废，古迹多变，但香花墩却越来越人迹频至，游人如织。他们徘徊在庭院间的树荫下，默坐于亭台上的倚栏中，遥想远去的岁月，不管是求学、从商、为官，都不能不有所感触，尤其是手中握有重权的人，都会表现出仰慕之情，因为，从某种程度而言，尊崇包公就是彰显自己为官清廉。不信，你去读读那些凭吊后留下的文字：

凡吾辈做官，须带几分骨气；
谒先生遗像，如亲三代典型。

——同治二年（1863）庐州府知府唐景皋敬题

一笑河清，乡国旧闻传谏草；
千秋墩在，岁时薄酹荐香花。

——光绪癸未（1883）七月李鸿章敬撰

……

在香花墩采访，恰逢几个外国女孩驻足于"包拯历史文化长廊"，在翻译的讲解下，这些来自异国他乡的金发少女是否可以读懂这位黑老包，我不得而知。但在她们略显严肃的面庞上，我还是感觉到了一丝尊敬，一缕迷惘，毕竟刚正不阿的美德是没有国界的，而宋时中国发生的故事多少有点令这几个异国女子不解。

三育小学堂，隐藏的百年老建筑

"它被认定为百年老建筑也就是今年春天的事情。"

南门小学教导主任王昌余把我们带到学校南边围墙旁，指着一墙之隔的那幢老房子的屋顶向我们介绍。

"一开始是老师们之间的传言，大概也就是20世纪80年代的事情。老教师们传说那个房子是南门小学的老建筑，但当时并未被考证，只是大家口口相传的传言而已，我们也不知道对不对，更不知道这传言是否真实。那时候大家的文物保护意识还不是很强，因此大家也都没太在意这个传言。"

三育小学堂

合肥市南门小学是一所历史悠久的学校。自1897年创办起，已经有121年的历史了。南门小学的前身三育小学，是一所教会学校。至今仍有一幢老建筑保留在安徽省农委大院内。一百多年过去了，它的每一砖每一瓦仍有很多的秘密等待着人们去揭开。

王主任告诉我们，因为南门小学的历史比较悠久，故近年来南门小学在做校园文化改造的时候，需要补充一些历史性的资料。在查阅资料的过程中发现，南门小学在历史上确实有一栋老建筑，并且老建筑所在的这一片地方曾经属于南门小学。但是，究竟是何种原因使这个建筑现在存于省农委的院墙内，王主任表示他不清楚。

百年前的三育小学堂

"近来我们多次去看这个房子,房子很老旧,但仍有居民居住。也不知道算不算是危房,以后会不会被拆除,如果真的是文物,被拆掉就很可惜了。"

因为南门小学的前身是一所教会学校,于是我们采访了宿州路教堂的薛牧师。

"我们之前在编修教会史的时候,也搜集过相关资料。但因历史过于久远,资料十分有限。听闻那个房子是南门小学的老建筑,据说在一面墙壁上还有一块碑文,于是我们还特意跑去寻找。大概是好几年前的事情,但是去了两次都没有找到。

"隐约记得好像有一次去看的时候,是从南门小学这边走过去看的,但是具体的也记不太清了。现在这老建筑是什么时候在省农委的院墙内,我就不清楚了。"

满怀着好奇,我们特意绕道走进安徽省农委去看了看这个老建筑。

从南门小学方位看过去,老房子近在咫尺。可进入省农委的大院寻找却颇费周折,一路打听,拐了好几个弯。

民国时期三育女子小学堂的女教员们

在一片狭小的空地上,红砖和泥土的小路边长满杂草,旁边还有一个普通的平房。两排平房中间,白色泡沫箱里种着青菜,湿衣服被晾在难以见到阳光的地方。挂在墙上的空调外机嗡嗡作响。

灰色的墙砖,青色的瓦,从颜色上乍一看似乎和旁边普通的小平房没有区别。但是离近了再看,屋檐用的木头材质和搭建结构很明显不是新中国成立后常见的房屋样式。

如果站在高处来看,一眼便能看出不是简单的小平房了,屋顶形成的十字形结构十分清晰。十字形的左右两个短边上方开有小小的矮窗,比一般的平房显得更加精致。

王大姐就生活在这所老建筑里,是这个房子的租户之一。每天早上都从这个老建筑里醒来,推着卖鸡蛋灌饼的小推车出门做生意。

听我们说这房子是百年老建筑,她十分诧异:"这房子肯定是个老房子了,但真的有100年吗?这我还真的不清楚呢,从来也没听说过。我看和旁边那个平房都一样啊,没看出来有什么区别。"

王大姐告诉我们,这个老建筑大约有5家,全部都是租户。房租也很便宜，就几百块钱。他们也不是很清楚房主叫什么名字，也没有联系电话。

因为租户们都出门去了，我们便在房子周围随意转了转，没有进入，也没有看到那块碑。

在两会时期征集民意的时候，这个建筑的相关问题被反映到合肥市庐阳区政协办公室，相关领导做出批复。

由于历史的原因，合肥老城区里百年以上的老建筑已经不多了，环城路以内，除了最新发现的这个建筑以外，仅剩一个很小的老当铺、高家祠堂、李鸿章家当铺、李府五处。如何保护好仅存的老建筑，越来越引起有关部门和热心市民的关注。

合肥市文管处副处长路文举分析说："那栋楼目前处于南门小学和省农委的中间，属于省农委大院的围墙内。当时我们请了省文物考古研究所的专家来看。那是一栋教堂风格的建筑，是十字形的。一般的十字形建筑上面出头要短一些，但是这栋建筑十字上下的长度相当，不符合一般教堂的布局。而南门小学前身是所教会学校，专家根据南门小学提供的以往的影像资料，发现这栋建筑与南门小学校史记载的建筑相符合。"

路副处长告诉我们，这栋建筑有别于传统江淮地区的建筑，具有明显的西洋风格，但不符合一般教堂的建筑样式。

"我们又根据这栋建筑的柱子结构、砖的砌法和层高，推断这是民国时期的老建筑，并且根据南门小学提供的证据来说，这栋建筑应该与南门小学有所关联。"

但是很可惜的是，传言中的那块碑，专家们尚未找到。

已经被认定为文物的这个老建筑，至今仍有许多疑问没有得到解答，它的神秘面纱尚未被完全揭开，而文物如何得到更好的保护也成为一大问题。

南门小学校长费广海对我们说："作为有着120多年办学历史的学校，以前校园里有很多有价值的老建筑，可惜陆续消失了。这栋建筑得以保存，不仅是南小的幸事，也为合肥保留了历史文化记忆。"

王昌余主任接着说："目前可以判定的是它为民国时期的建筑。按照南门小学的人来说它应该属于校园的一部分，但是这栋建筑究竟是什么时间、因为什么原因导致现在存在于省农委的院墙内,我们不太清楚。它的产权属于谁不太清楚,一般来说是谁使用谁负责维修。因为这栋建筑现在仍有居民住在里面,具有很大的安全隐患,我们已发函给庐阳区相关部门,提出整顿要求,要求解决消防安全隐患的问题。"

  百年老建筑,承载的不仅是南门小学的历史,也不仅是地方的文化教育发展史,而是一个城市、一个地区的风雨兴衰。希望这位"百岁老人"能够得到良好的保护。在未来的日子里,它会继续守望着这座城市,注视着这片土地的变化和繁荣。

HEFEI
THE BIOGRAPHY

合肥 传

承载在遗址遗迹上的符号

第四章

古遗址遗迹是一个城市文明发展的历史印记，在这些文化遗产身上，背负的不仅是特定历史时期的发展成果，更是一段文明发展历程。

《古庐州市景图》(局部)

闲览《古庐州市景图》

假如你登临合肥的清风阁二层，一定会被四周墙壁上镶嵌的那幅巨幅国画所吸引，上面形象地再现了古庐州的地理风貌，将观众的记忆一下子拉回到遥远的过去……

《古庐州市景图》是在绢上作画，难度很大，采用的是工笔重彩的方式，再现了古代合肥的自然和人文风光。画面高两米多，长三十多米，为有史以来着重描绘合肥全貌的最大幅壁画，大家习惯上称其为合肥的《清明上河图》。

我费尽周折想找到这幅画的作者，给合肥美术家协会和安徽省美术家协会打电话，都说时间太久记不得了。谁知"踏遍铁鞋无觅处，得来全不费工夫"，在一次朋友聚会上提到了此事，当时"安徽文化网"负责人、高级工艺美术设计师鲍雷先生大叫一声，那幅画的设计人就是我呀！

我简直不敢相信自己的耳朵，没想到会这么巧合。立即掏出采访本，连珠炮似的向他请教。

散场后，他特意带我来到清风阁，指着壁画介绍说，这幅长卷构图采用的是中国画散点透视的原理，由左向右分别展开，从大蜀山开始，面向正北展开合肥全貌，直至南淝河流入巢湖。由于画面主要突出合肥本地景色，"庐阳八景"并未全部列入，如四顶山、巢湖（巢湖夜月）等，如今已经不属于合肥区域了。

我想起北宋张择端的市井风俗画《清明上河图》，整体风格上还真十分相似。《古庐州市景图》采用浪漫主义写意方法，将汉唐直至民国期间的合肥地理景色囊括于一幅作品之中，故称《古庐州市景图》；同时，画面又具有现实主义的特点，即使从当代的焦点透视的视角观看（上北下南左西右东），一些名胜的方位，也是基本正确。

我在上面寻找，闻名遐迩的合肥地标名如稻香楼、包公祠、逍遥津等景色跃然纸上。

谈起《古庐州市景图》，鲍雷先生是踌躇满志，仿佛回到了1999年。

那一年是合肥人引以为豪的老乡包公诞辰1000年，为纪念他的公正清廉，就在包河公园里盖了清风阁。内部装饰采用的是公开招标。当时，安徽许多艺术家都参加了竞标，4、5、6层的设计小组是安徽省艺校美术系主任庄威、设计师陈伟忠等；而鲍雷和合肥市雕塑院院长徐晓红、安徽省美协雕塑家周峰是一个设计小组，承接的是1、2、3层，其中二层的壁画《古庐州市景图》是由鲍雷独立设计的。

鲍雷自豪地对我说："我是第一个在合肥用三D虚拟现实做投标的人！"当时大家做的基本上还是平面设计，只有他拿出的是电脑三维设计图。

不过，由于最后画面要呈现在绢质材质上，这是他不擅长的，便请来了安徽师范大学美术学院教授、国画系主任、硕士研究生导师吴同彦先生，这位获得中央美术学院硕士学位画家也是合肥人，对家乡充满了浓厚的感情，在充分理解设计者的意图的基础上，将家乡的一草一木生动地呈现在画布上，定格在包河之滨，供来此游玩的嘉宾赏析。

鲍雷说，为了创作这幅作品，尽量真实地再现古代合肥地理风貌，他查阅了大量的史志资料，请教文史专家，走访了许多的老合肥，最后依据清（嘉庆）《合肥县志》记载：当时"谷米之出入，竹木之栖泊，舟船经抵县桥，或至郡邑署后，百货骈集，千樯鳞次，两岸悉列货肆，商贾喧阗"，将画面的横向轴心，定格在金斗河（现淮河路）两岸，以古老的明教寺为中心，左右展开合肥全貌。也正是创作这幅画，让他从此热爱上合肥的民俗和民间文化，"安徽文化网"就是他在这条路上多年跋涉的结果。

站在《古庐州市景图》前环顾四周，上面的画面似乎呼之欲出，金斗河畔，人声鼎沸。逍遥津上，樯橹连云。还有那庐州八景，画里收纳了六景，让我们依次来熟悉一下。

蜀山雪霁

《八景说》文曰："山形单椒，秀泽不连，岭以自高。"昔文人墨客每游至此，登高远眺，触景生情，总要吟咏一番。

镇淮角韵

此乃当时"镇淮楼"，为宋乾道五年（1169）淮西路帅郭振驻肥时建。楼高五丈三尺，上有铜漏壶、铜钟。铜钟厚三寸，高五尺，有文："宋大中祥符八年造。"民间传说：时郭振建楼时，为做"人和"文章，征得十对新婚夫妻所献铜器9斤9两，于楼顶建一铜号角架，每日清晨，号手站于其上，吹号报时。号角之声清雅悠扬，故有"镇淮角韵"之称。

藏舟草色

藏舟浦在古城金斗门外，与淝水相接，宽十丈，广八十丈，昔曹操藏战舰于此。浦内有岛，花竹繁茂，风景秀丽，为一天然佳境。根据史料记载的方位和距离，此藏舟浦应该是现寿春路以南，蒙城路以东，今第一人民医院菜市附近。

梵刹钟声

梵刹钟声景致得名于兴国禅院，"城中古刹凡六，刹刹有钟，而独兴国禅院，一钟小楼以悬之，高出于屋之危而止，轩举畅豁，取以闻远也"。有文史专家考证说，兴国禅院即今天明教寺大雄宝殿基址上的原建筑，唐朝时叫作"兴国禅院"。

教弩松荫

三国时，曹操为抵御东吴舟师来犯，筑教弩台，教练五百强弩手于其上。另植松林，以荫壮士。后"岁月既久，柯化龙鳞，针成鹤翼"，松荫密蔽，遂成庐阳一景，名曰"教弩松荫"，胜极一时。

三国以后，时移景迁，昔日松荫密蔽的教弩台渐成为荒台。今日之教弩台，经精心整修，面貌焕然，往昔之松荫景观，已见端倪。

淮浦春融

淮浦位于今淮河路桥、长江路桥一带。古时，这一带绿草如茵风光秀丽，春日融融之时，为仕女踏青胜地。《八景说》文曰："庐郡处江淮之间，南临江北距淮，故凡水之在境内者，皆可以江之淮之也。亦犹金城，城下出金酒泉，泉内出酒，因一城一泉而名一郡矣。"

除此以外还有稻香楼、飞骑桥、九狮桥、香花墩、南淝河等著名的地标性景点。

淮河路 228 号去哪儿了？

沐浴了百年风雨的金融街，直到中华人民共和国成立后，那里才有了第一家人民自己的银行——中国人民银行皖北分行。其前身是华中银行合肥分行和中州农民银行（行长龚意农），1949年5月1日成立，地址位于合肥市淮河路228号。

80多岁的王忠琪先生是1951年进入秘书科工作的，当时的皖北银行虽然是厅局级单位，但下面还没有设处，所有的职能部门都以科室相称。王忠琪先生是在《皖北日报》上看见招聘启事的，许多青年都前去报考，当时考场设在小书院，没想到他被录取了。

那时的皖北分行办公地点还是李鸿章的哥哥李瀚章的家宅，后来扒了盖起了一座楼房，那在东门大街上可谓是鹤立鸡群，十分抢眼。王忠琪穿着中山装，胸前插着一支钢笔，每天沿着金斗河来到那幢漂亮的大楼里上班，心里别提有多自豪了。

王忠琪先生介绍说，有趣的是后来皖南分行也随皖南人民行政公署迁到合肥，与皖北分行合署在那幢楼里办公。两个分行内部合为一个机构，对外仍保留两块牌子、两个公章，行长职务不变，行文办事合称皖南北分行，两分行同时用印，两行长共同签署。

他曾经向皖南分行的同志打听接收国民党中央银行合肥分行的事，那是

1949年5月12日，屯溪市军管会组建了中国人民银行皖南分行，并派军事代表组织金融接管组负责接收包括中央银行合肥分行、中国银行屯溪支行、交通银行屯溪办事处在内的13个金融机构，其中，中央银行合肥分行最惨，库存里居然只有等于废纸的金圆券4120.58万元。好在人员账册基本齐全，只有经理一人在逃。

我偶然看到中国人民银行皖北分行的一则通告：

"本行自五月一日起开始以人民币为本位币，北海币及华中币为辅币，今后一切债权债务清理均以人民币为计算单位，请各户自五月五日起与本行往来之条据，一律改为人民币。人民币与华中、北海之比例为一比一百（即人民币一元等于华中、北海币壹百元。）"

那应该是皖北分行成立不久，针对合肥城里多种货币并存采取的措施，尤其是许多南下的干部带来了其他解放区的货币，而当时人民币已经正式发行，急需在即将成立的共和国范围内统一使用。

人民币是中国人民银行于1948年12月1日首次发行的；而北海币则是由创建于抗战初期的北海银行发行的，在抗日战争时期是山东革命根据地的主币，在解放战争时期成为山东解放区乃至华北、华中解放区的本位币；华中银行于1945年8月1日在今安徽省天长市张铺镇宣布成立，并在当日发行华中币。

华中银行币始发于抗战胜利前夕，停发于1948年12月1日。先后发行的华中银行币有13种面额、56种版别，全国解放前后，都用人民币回收后销毁。由于本回收认真彻底，现在各版华中币存下来的都很少，在收藏市场上价值很高。

两个"宰相府"

李鸿章清道光三年（1823）出生于庐州府合肥县东乡磨店。24岁中进士，后以合肥地区的团练武装为基础，组建了庞大的淮系政治集团，官至直隶总督兼北洋通商大臣，参与掌管清政府外交、军事、经济大权，成为清末权势最为显赫的封疆大吏。

站在修缮一新的李鸿章家族故居里，我们被墙壁上图文并茂的解说词所吸引。李鸿章轰轰烈烈的一生被概括为"少年科举，壮年戎马，中年封疆，晚年洋务"。看着称霸中国几十年的淮系集团，那些声名赫赫的将领、文官和幕僚，构成了一个权倾一时的家族掠影。可惜的是生不逢时，虽位居要职，最后却只能去做那割地赔款的屈辱之事。一位参观者在留言簿上写道：

在那样的条约上签字，就是普通大众都会觉得羞愧难当，更别说一个曾经接受了灿烂文明教导而中科举，进而封疆的大吏呀！他是怀着怎样的心情在那些丧权辱国的纸上写下自己的名字的呢？无从知晓，但现今想来，可能真的是痛彻心扉吧。

大家都知道李鸿章祖先是在明朝时从江西湖口移民到合肥的，可很少有人知道那时的李鸿章家族并不是姓李，而是姓许。李鸿章家族故居陈列馆馆长

曾经李府半条街　庄道龙摄

吴胜对我们说，一直到八世祖许光照的时候，李鸿章家族在合肥才有点起色，在当地开了家酒糟坊。

许光照，字银溪，与同庄的李心庄既是姻亲，又是好友。心庄无子，请求收养银溪次子稹所为嗣，银溪慨然允诺，这样才改袭李姓。从此，合肥流传着这样的说法："李许是一家，两姓百世不通婚。"

李氏到了李鸿章高祖的时候，靠勤俭持家，有了二百亩田地的小产业，而李鸿章的祖父李殿华在分家产的时候分得的土地财产不多，家境一般。李鸿章曾在给兄弟的信中写道：以前我们的祖父穷困潦倒，到年关时要债的人像过江的鲫鱼一样多。

李鸿章飞黄腾达以后，其余兄弟五人也身居高位，他的家族在合肥更是显赫一时，他们聚族而居，当年鼎盛时期深宅大院可以覆盖今天淮河路步行街的一半，时称"李府半条街"。李鸿章死后，那里的建筑历经百年变迁，国民党时期曾经计划修建江淮路，测量、拆迁时牵涉到李鸿章家族故居，他的族人花钱买通了相关人员，道路在那里拐了个弯，但有些部分还是被拆了。

家住撮造山巷的刘爷爷告诉我们，抗战以前，他和小伙伴们经常围绕着李府高大的院墙玩耍。后来那些漂亮的房屋陆续遭到不同程度的损坏，到了新中国成立前夕，已经是伤痕累累，破旧衰败了。20世纪50年代，李鸿章家族故居临街的部分分别被改建成淮河路百货商店和其他商店，为了适应经营需要，门面墙以及内部作了大的改动。后面的房屋先是被皖北人民银行和安徽省人民银行使用数十年，后划归合肥市工商银行，做了他们的宿舍。

现在我们对李鸿章给予客观的评价，他被视为中国开放第一人，兴办洋务运动，第一个把电报引入中国，废除了延续几千年的驿递制度，在天津办起电报总局大楼，主持修建了中国第一条自建铁路等。但由于他代表清政府签订了《辛丑条约》等一系列丧权辱国的不平等条约，在"文化大革命"期间，被简单地称为卖国贼。

今天回头来看，当年要不是李鸿章家族故居已经挪作他用，那是无论如何也逃脱不了被打砸的命运的。

李鸿章家族故居被老合肥习惯称为"宰相府"，那应该是庐州城里仅存的"宰相府"。不过，历史上李鸿章家族在合肥地区还有另一个"宰相府"，位于合肥市东郊长乐乡。

彭余江先生在《李鸿章及李氏家族遗迹》里详细介绍了长乐乡"宰相府"的来龙去脉：1870年，李鸿章当上直隶总督后，和三弟李鹤章在长乐乡共同建造庄园，起名叫李家楼，当地人称其为"宰相府"。据说当时的"宰相府"共有400余间房屋，前有照壁辕门，后有花园亭阁，中以风火巷为界，西宅是李鸿章的，门楣上有光绪帝御赐的"肃毅伯府"等匾额；东宅是李鹤章的，门楣上也是御赐的"甘肃甘凉道府"等匾额。可惜的是1938年的时候，被侵占合肥的日军毁灭了。

《长乐志》上对此也有记载，那时的长乐乡南圩还叫温家大院，因为那里居住的36户农民都姓温。当时温姓人家有一位姓余的女婿，长受老婆娘家的气，便向李鸿章家族人诉说。哪知李府见财起意，设下圈套，买下了余家的房屋，又采用手段霸占了温家大院，在那里大兴土木，这就是后来的李家楼。

盘桓在李府的周围，我为这位清朝重臣多面的人生困惑了，就像一位网友剖析的那样，李鸿章在那个时代难过两重门：第一重门是清朝皇家掌握的绝对权力，是为体制之门；第二重门是落后的清朝军事实力与掌握科技力量的西方帝国无法抗衡，这是帝国之门。这样看来，这位"糊裱匠"只能是历史造就的那一个了。

村子里的老人告诉我们，以前的"宰相府"里有副李鸿章亲笔题写的对联："受尽天下百官气，养就胸中一段春。"那应该是李鸿章当时真实的心灵写照。

仅存的高家祠堂

历史上的合肥老城区有许多祠堂，比如龚家祠堂、段家祠堂、张公祠、李公祠、刘公祠、二王祠等。时过境迁，如今却只剩下长江中路附近的高家祠堂。

高家祠堂的复建者叫高懿丞，又名高凤德、高复生，是李鸿章的远房亲戚。他原供职于上海机器织布局。1893年，上海机器织布局毁于大火，便长期闲居在家。

1903年，他受李鸿章长子李经方之托，接手了杭州南浔富商创建的通益公纱厂。至今，杭州还保留了高家花园，那里竖着一尊高懿丞的铜像，手上揣着"通益公纱厂"的账簿。

高懿丞后来又组建起自己的鼎新纺织股份公司，成为杭州富商。1946年因病去世。

合肥高姓支族原系南宋名将高若纳后裔，元末时为了躲避战乱，四世孙高良带着他的子女，从江西流落到江苏句容，后迁徙到合肥。

明朝初期，高氏后人在小东门内的万寿寺东修建高氏宗祠，名为"积善堂"。可惜在太平天国攻入合肥时被毁，1912年续修的合肥高氏家谱记载："嗣遭洪杨之乱，祠宇焚毁一空……现所建而存者仅：瓦房两路，房屋数厢。"

作为合肥高家大房第17世孙，是高懿丞出资在合肥复建了被毁的高家

高家祠堂　庄道龙摄

祠堂。

那是座典型的徽派建筑风格的建筑，灰砖黑瓦、马头墙，飞檐翘檐，大门成八字照壁式，大小额枋上均有木雕缠枝花草、人物故事等，后檐下梁撑为木刻透雕龙凤纹饰，雕刻技艺精湛，做工细致。南北屋面结构不同，正脊两鸱吻为瓷器碎片镶嵌而成，垂脊下端飞挑，似展开的鸟翅。

高家祠堂在民国时期以及中华人民共和国成立后，先后为映典小学、省妇联筹委会、省文联筹委会、省文办等单位办公所在地。

据相关资料记载，1952 年，皖南皖北行署合并，成立安徽省文学艺术工作者联合会筹委会，省文联从安庆路搬至高家祠堂。

当时的院子里一片荒草，房间阴暗潮湿，蛛网尘封，杂草丛生，省文联的工作人员进来时第一件事就是清除这些荒草野蒿和瓦砾。在这个虽是大家族却已破败的祠堂里，诞生了《安徽文艺》（后来改为《江淮文学》）。

著名作家鲁彦周在《忆安徽文联成立前后》写道："至于（文联）为什么选择在高家祠堂，我一直没弄明白，也许就是因为它是一座空着的古老的大房子，除了祠堂本身还有一个很大的荒凉的大院，有一些破旧的房子可以利用。"

20 世纪 80 年代，先后在其周边盖起了省妇女儿童活动中心、省直机关活动中心、长江大厦等建筑，高家祠堂仅存的部分隐藏在高楼大厦之间。

高氏后人高度关注祠堂的去留，社会各界也呼吁要修缮、保护祠堂。1985年7月，高家祠堂被政府立为合肥市重点文物保护单位；2006年初，合肥市政协委员陆勤学专门为此写了提案。

2009年6月，高家祠堂终于动工修复。9月28日，竣工验收。

在高家祠堂的门前，可以看见新立的碑上刻着："高家祠堂始建于明初，太平天国时期毁于战火，后于清末重建……2009年9月，合肥市文物管理处进行了维修。"

当铺巷由此得名

今天要想在合肥寻觅当铺巷的身影已经很难了,不过查找一下1948年的合肥地形图,距离德胜街(今金寨路)120米的地方有一条小巷,南北分别通向今天的庐江路和红星路,因为巷子里有一家李鸿章家族开的当铺,小巷便由此得名。

在红星路177号原外贸一生活区大院里,有几间写满了沧桑的老式平房。这组典型晚清江淮地区建筑风格是否就是有关史料里记载的李鸿章当铺?如果是,那么大名鼎鼎的当铺巷又位于何处?

据相关资料记载,历史上李鸿章家族在合肥一共开了三家当铺,最早的两家是在东门大街上,分别叫义和当和德成当。其中义和当是李鸿章和他的弟弟李鹤章合伙开的。

1872年的时候,李鸿章就任直隶总督,便想在故乡做点善事,出资要李鹤章在合肥开个当铺,以方便家乡的老百姓。起名为义和当的用意就是指对乡亲要讲义气,对穷人要讲和气。这是李府在合肥开的第一家当铺,大家称其为老当铺。

合肥另一位大人物段芝贵就曾在义和当做过学徒,不知是否沾了"老母鸡"的运气,他真的应了"会讲合肥话,就把洋刀挎"那句俚语,后来官居北洋政府陆军总长要职。不过当年离开义和当的原因却是赌博中输了钱,不得不出去躲债。

而德成当是李家的下一辈李经羲于1909年开的，当时他当上了云贵总督，用大家的祝贺礼金在家乡新开了一家当铺，具体位置在今天的李府西边西邻，中间也有一条巷子名叫五圣楼巷。

这里需要特别说明的是，当年德成当也被大家称作新当铺，而五圣楼巷也俗称当铺巷。李府的新老当铺很会做生意，月息只收一分多，逢年过节让利五厘至一分，年三十通宵营业，至大年初一寅时，才放爆竹迎接财神后关门。

现在那几间已经十分破旧的老式平房里居然还住着文珍大妈一家，她是1970年搬到这里的，当时整体建筑还很完好，院子里有一个圆形砖砌的门楼，里面是花坛，非常气派。文珍大妈把我带到她家里，两扇大门上各有一个可以开合的小窗户。文珍大妈把头伸进去比画着说，过去人们前来当东西，就是通过这里交易的。我注意到她家卫生间里居然有一口井，探头一望，里面清水照人，应该可以饮用。文珍大妈说这口井以前是在院子里，后来家里房间不够用，就在那里搭了一间披厦，权且当作卫生间了。

我问文珍大妈，知道这里房屋是干什么的吗？她很干脆地说，是李鸿章家的当铺，市里文物部门都来过好几趟了，好像是叫"同兴号"当铺。

翻开《合肥春秋》，上面记载在红星路原外贸一生活区东南角有一条巷子名叫"当铺巷"。我又查找了1948年的合肥地形图，上面标明在距离德胜街（今金寨路）120米的地方有一条当铺巷，南北分别通向今天的庐江路和红星路。

其实早在2007年，合肥市文物处就对此进行了考证。1890年，李鸿章家族在合肥城南的小马场巷与官盐巷之间开设了一家规模庞大的"同兴号"，合肥人也称其为"新当铺"。

据说"同兴号"是当年庐州最大的一家当铺，经营范围包括珠宝玉器、文物古董、名人字画、古籍图书、金银首饰等。"同兴号"除了接收合肥城乡居民的典当外，周边巢县、无为、庐江、舒城、六安等地的一些小当铺也都将收当的价格较高的贵重物品送到这里来转当，利息则由两家当铺分成提取。

李府家族在合肥开设当铺的初衷可能还有点积极意义，但追求利润最大化的商人本性，使得不论是义和当和德成当，还是"同兴号"，都在庐州老百姓的脑海里留下了酸楚的记忆。

据《合肥金融志》记载，合肥的典当业早在清乾隆年间就已存在，到嘉庆年间城里已有当铺十多家。那时流转着一句顺口溜："若要富，开当铺。"事实上开家当铺并不容易，一是要有雄厚资本，二是要有官家支持。而到当铺典当的，绝大多数是贫苦人家。他们为生活所迫，不得已把仅有的家产伸向高高的柜台。

李府家族的当铺一开始还讲究"义""和"二字，但在挤垮别家当铺以后，没有了竞争对手，逐渐变得心狠手辣起来，月息也由当初的一分多抬高至二分以上，当期则由三年缩短为一年半。过期即为"死当"，当品不准赎回，归当铺自行处理，被老百姓骂为"阎王当"。1885年寒冬，有位穷苦农民因付不起利息赎不回当过的棉衣，在当铺门前上吊自杀，人们纷纷指责当铺，逼得当铺关门歇业几天。

"同兴号"的规模算大的了，三间一字排开，以至于连门前的那条巷道也被称为当铺巷。不过，李府家族最大的当铺还数"德成当"，一共四间大门面，两边各写有八仙桌大小的"当"字；巷口还高悬一块"当"字招牌，大门上是"德成当"黑地金字招牌。当年鼎盛时期，"德成当"有雇工100余人，从事估价、收当、管账、保管、跑乡等职。

据文史资料记载，北伐以后，合肥县商会进行改组，总共成立了18个同业公会，其中，典当业和钱业是由商会直属的会员。当铺的经营者财大气粗，不仅在庐州城里，周边较大的乡镇也有他们的分号，比如长临河、撮镇、梁园等。一直到抗日战争爆发，各家当铺都处于惨淡经营境地，陆续关门。

当年合肥的当铺有自己的行规，不管什么东西，都只能"当半价"，且由当铺一锤定音，从无二价。典当人必须在规定的期限赎当，赎时除交原当金外，还得交付约定好的利息。那时还有一个规定叫"月不过五"，用今天的话说就是"霸王条款"，就是在每满一个月零五天内赎当，仍作一个月计算。过了五天，第六天起取赎便要加上一个月收利。

我们在电视上看见的当铺都是一个高高的柜台。合肥的当铺却不一样，大都是在门上开一扇窗户，典当物品就从那里递进去，你根本看不清里面在干什么。除此以外，大的当铺还有自己的仓库，一般有四五层，一层放些不易变质的小玩意儿，而那些珍贵的物品以及容易受潮变质的古玩则放在二楼以上。典当仓库最明显的特征是每层楼的墙壁上都对称地开了五六个小窗口，在外层安装了铁门、铁闩，有的在内层还安装了一扇推拉的小木门。既可以通风、透气，又能有效防止贼人入室盗窃。

洋楼巷曾刮西洋风

这张照片拍摄于1948年,是合肥基督医院成立五十周年时全体医护人员的合影。这所医院成立于1898年,解放初期被人民政府接管,更名为和平医院,即今天的安徽省立医院。

庐州城里第一次有了西医是在1894年,德国人戴尔第在德胜门天主教堂设立"圣心诊所"。四年后,有个叫柏贯之的眼科医生在今天的省立医院家属区开办了一家西医院,起初就叫柏贯之医院。1914年,柏贯之离开医院,南京基督教总会派美国传教士韦格非接任院长,把那所医院改称为合肥基督医院。

合肥基督医院创建初期租赁了12间房屋,既是行医场所,又兼作教堂。因患者渐增,房屋不敷应用,后来经中华基督会南京总会同意,与当地绅、商各界人士暨县知事等联络,购买了1.6万平方米土地,于1902年开工建造了一幢二层楼西式病房,外加西式平房门诊部一幢和西式职工宿舍三幢,同时医院里还建造一些附属用房,均为砖木结构。

经过几十年的建设,基督医院附近已经陆续盖上了好几十幢西式住宅,因为建筑式样和庐州城里老百姓看到过的楼房明显不一样,大家习惯称之为小洋楼,那条不长的巷子自然也就称为洋楼巷了。

洋楼巷,在今省立医院以北,它的东西两端原先叫南门土街、小南门街,

洋楼巷里基督教医院的医生和护士们

也就是今天的宿州路和徽州大道。这条小巷早在清代就存在了，不过当时叫作"左圣宫巷"。据（嘉庆）《合肥县志》记载，当年合肥城里的寺庙观宇非常多，号称六观、七寺、八庙、九宫、十三庵，其中九宫里的左圣宫就位于那里，小巷也因此得名。

1938年5月14日，古老的庐州城沦陷了。1942年初，日军占领医院，全部职工被赶出，院内医疗设施、仪器设备全遭破坏。

1945年日本投降，同年9月，一位名叫汪其天的牧师和原合肥基督医院职工张木东一起接收了该院，恢复诊疗业务。至解放前夕，不论是医疗设备，还是医护人员的数量，仍然不能适应庐州城里居民的需要。

1951年3月，皖北行署卫生处正式接管了合肥基督医院，更名为皖北行署直属医院。后来由皖北行署卫生处命名为和平医院。关于和平医院命名其实是与当时的政治气候相关，那是抗美援朝时期，为了保家卫国，争取和平，在"雄赳赳，气昂昂，跨过鸭绿江"的歌声中，和平医院的牌匾挂在了小洋楼的门楼上。

抗美援朝结束后，那时安徽省已经建省，医院自然直属于安徽省卫生厅。1955年，医院由宿州路旧址迁入庐江路17号现址，改名为"安徽省立医院"。

在路南面紧挨着包河公园的地方，盖起了一大片在当时算是合肥最好的门诊部和病房楼。

20世纪60年代中期，由于众所周知的原因，许多主治医师、教授一起被下放到五七干校，医院也解散停办。1969年3月，省卫生厅从原省立医院、安徽医学院附属医院、安徽中医学院附属医院和合肥市医疗单位抽调人员，重新组建了安徽省人民医院，一直到1978年才恢复了安徽省立医院的名称。

中华人民共和国成立初期，不仅当时省内最大、最先进的医院建在这里，共青团安徽省委、皖北行署工业处等机关也在洋楼巷里办公。50年代《安徽青年报》创办时，社址也在洋楼巷里。

昔日的小洋楼只能作为一个记忆符号，留存在泛黄的照片和老人们的回忆中了。而历经百年沧桑巨变的洋楼巷，也成为见证合肥西式医院发展变迁的历史标签。

名曰大夫第的武探花府邸

大夫第，顾名思义指的是古代官员的私宅。清朝时期，合肥真的有个叫作大夫第的地方，地点就在今天的蒙城路南段，据说是武探花董金凤的府邸。

董金凤，字向桐，因武艺娴熟，考中乾隆戊戌武科一甲第三名进士（俗称武探花），授乾清宫侍卫，于是他就在前大街府学云路街东侧三十米处（即今飞凤池巷西侧三十米），盖起探花府，荣耀非常。门前立有上下马石碑，官府士庶至此均要牵马下轿，步行通过探花府门前表示尊敬。由于他建有战功，乾隆皇帝追封其曾祖董子上"太学生，封武义大夫，晋赠武功将军"；祖父董玉为"太学生，封武义大夫，晋赠武功将军"；父举人董起朝，"封武义大夫，晋赠武功将军"，其叔董林也被封赠为武义大夫，因此在城隍庙西侧便路北首古金斗城北垣遗址上，即昔日劳动巷北首下坎处，沿路西建起了一座高大的武义大夫府第，一些绅商富户在此路两侧建居形成街道，曾煊赫一时，灯红酒绿，热闹非凡，年深日久民间就习惯地将这段叫作大夫第，原来的巷名也就湮没了。几经兵灾，繁华一时的大夫第也就此衰败，旧时大夫第街两头有闸门，清晨开启，大夫第名字至今流传。

（嘉庆）《合肥县志》二十四卷"人物传"里关于董金凤的词条是这样的：董金凤字向桐。乾隆为戊戌武科一甲第三名进士，授乾清宫侍卫。甲辰，授河南归德营参将。值柘城县饥民行劫，聚众数千，金凤以五十骑平之。丁未，署河北怀庆镇总兵。辛亥，升福建兴化副将，招抚洋匪翁泉等之骚扰者。历署建宁、福宁两营总兵。福宁有南澳，地方幽邃，居民数百家为洋匪售赃。金凤俟匪船进澳，领兵断其归路，得贼首林亚生等数十人。焚其树木，由是匪无匿船处，南澳遂为善地。调台湾北路副将。有陈锡宗者，纠党谋逆，杀害巡检，总兵爱往剿，误中贼伏。金凤领兵冲杀，围始解。锡宗旋亦就歼。奉旨议叙，着来京引见。适赴淡水捕艇匪，冒风寒，死。荫一子承恩。

这里详细地叙述了董金凤一生中做了哪些官，立有何等战功，甚至连怎么死的都交代得清楚明白。

而《台湾通志》列传武功里有如下记载：董金凤字向桐，安徽合肥人，乾隆四十三年（1778）进士第三，以侍卫官河南归德营参将。六十年夏，柘邑饥民构乱，金凤往剿平之，擢福建兴化营副将。降洋匪翁泉等，署福宁镇总兵。嘉庆二年（1797）调台湾北路副将。嘉义兵警，金凤剿之，诛其巨魁。以病卒于官。荫其子承恩通判。

虽是寥寥数语，却可以和（嘉庆）《合肥县志》的记载互补，至少我们可以知道董金凤的一个儿子继承父荫，并且职位是通判，即"通判州事"或"知事通判"的省称，当时是州郡官的副职，著名的书法家、诗词家苏轼就出任过杭州通判。

合肥历史上出过许多进士，田仁先生在《千年合肥出过多少进士》里，从各种史书典籍里综合查找、考证、统计、分析，发现合肥一共出过148名进士，与董金凤同朝代的有66位。可是笔者翻遍文章也没有看见董金凤的大名，可能田仁先生说的进士专指文科进士，没有包含武科。

不过，清代合肥出过的武进士还不止董金凤一人，据《重修安徽通志》记载，顺治六年（1649）的武探花为薛藻。但这存在争议，因为有学者指出，《清始祖实录》记载，顺治六年的武探花应为浙江绍兴的茹黑。这可以留待专家学者的进一步考证。

大夫第不在了，但另一处位于拱辰街79号董家宅院开始引起政府部门的重视，被提上保护的议事日程。

合肥拱辰街，是一条很小的巷子，也叫拱辰街菜市场。菜市场位于街巷上，这种现象在合肥其实并不多见，大概只有三五处。不过近几年道路拓宽和新建的极多，菜市场也规范化了，导致如今合肥位于街巷上的菜市场，只剩拱辰街一处。

查 1974 年合肥地图，拱辰街叫北门大街，是一条主干道。它的北段跨南淝河，有两座大桥。左边为现代桥梁，当时通公交车，右边为古代桥梁，应该是石拱桥。如今两桥都不存在了。之所以也叫拱辰街，是因为南淝河是以前北门的护城河，而北门叫拱辰门。

董家宅院为晚清建筑，为董金凤后人董季平、龚维云夫妇所有。1951 年 8 月，因董季平、龚维云均不在合肥，其女董善涵将 29 间房屋出租给中国人民银行安徽省分行。1952 年 7 月，租期届满，双方均没有办理续租手续。现在房屋产权不明，屋主的后人也在国外发展。29 间房，一大半都拆除建了红砖楼房。大门的门枕石，已经看不出原先的模样。而那口古井也被封存起来不用了，因为 20 多年前有租户患了癌症跳古井自杀了。

拱辰门内原有两户名门望族，一户是清初礼部尚书龚鼎孳的后代龚积炳；另一户是清初合肥"武探花"董金凤的后代董季平。董季平后来迎娶龚家四小姐龚维芸为妻，在拱辰街置有九进大宅，29 间，500 多平方米。时至今日，曾经富甲一方的董家早已搬离大宅，房屋由银行托管。

金斗河里的遗存

都说合肥是个文化厚重历史悠久的城市，那是有大量史迹证明的。其中，考古发现是重要佐证之一。著名古陶瓷鉴定专家、中华全国古玩商会常务理事、中国科技大学人文学院特聘教授李国刚老师，向我们展示了合肥"金斗城"时期的珍贵遗存。

首先得搞清楚何为"金斗城"和"金斗河"。

所谓"金斗城"即唐城。唐朝贞观年间，大将军尉迟敬德受李世民派遣，在合肥旧城东南高地重筑城池。因为古城内有一条金斗河，史称金斗城，后来成了合肥的别称。

而金斗河在（嘉庆）《合肥县志》有记载："唐杜刺史作斗门，引肥水入金沙滩，故名。由西水关东注，汇诸池圩水，迤南为筝笛浦，过谢家坝为藏舟浦，又东过蜀源桥、惠政桥、镇淮楼桥、九狮桥出东水关。"

昔日金斗河畔"百货骈集，千檣鳞次"，两岸"悉列货肆，商贾喧阗"，几十座石桥横跨河面，两岸杨柳依依，有小秦淮美名。

李国刚老师指着合肥老城区地图告诉我们，据六安人潘镗在《闭水西关记》里面记载，明朝中叶，刘六、刘七发动农民起义，庐州知府徐钰担心合肥城西北水闸难守，于是下令将水关堵塞。于是，流经城内的金斗河一段再无水源，日渐淤塞。

至今，还有不少人对当年填平金斗河颇有微词，但看过民国时期金斗河老照片的就会理解了。20世纪40年代末50年代初，金斗河已经是死水一条，被称为合肥的"龙须沟"。

合肥作为历史上江淮之间首屈一指的政治、军事、经济重镇，成为南北交换过程的中转站，南方的船到此换北方的船继续向北进发，北方则反之。因此很多东西在运输过程中被打碎，而当时处理这些破碎物最简单的方法便是将其扔进河道里。

出于对瓷器收藏的爱好，李国刚老师前后用了十年时间，几乎每一天都在寻找，从金斗河里发掘出大量当时被遗弃的陶瓷碎片，并在北京举行大规模展览，意义与难度之大被业内评价为"需要一群专家经过数年努力才能完成"。

"从隋唐到宋，中国瓷文化占据很重要的地位，我们可以从瓷片中看出，合肥在隋唐期间曾经的辉煌和古老的文明。"李国刚老师说。

他把自己心爱的宝贝展示给我们看，从其中挑拣出一块黑底上有茎叶纹路的瓷片，用手指摩挲着不规则的茎纹："这是宋代福建建窑产的建盏，叫黑釉木叶纹茶盏。"

这种茶盏有束口、斜腹、圈足的特点，通体黑釉，釉色温润，晶莹光亮，底足露灰白色胎，内壁饰木叶纹，从工艺上说，属于贴花的一种。具体方法是待天然树叶浸水腐烂后，将留存的叶脉贴在已施过黑釉的胚胎上，敷黄釉经高温一次烧成。

烧成后的桑叶呈黄色，与黑色地釉之间形成对比色，树叶的形状、茎脉在黑釉衬托下清晰可见。这种取材自然，极富写实风格，朴实无华，却意境悠远，具有强大的艺术魅力。

在宋朝时期，中国人讲究饮茶风尚，上层阶级将斗茶作为一种文化传播方式，盛行一时。黑釉茶盏便是当时盛茶的器具。

人们的饮茶习惯是将茶经过蒸煮后发酵，用茶碾子敲碎后调成糊状，放进茶盏，用刚烧开的水冲进去，形成的茶是乳白色的，并且能够闪烁出明快的五彩光，与黑釉茶盏颜色形成对比。

"人们所谓的斗茶就从这口味及颜色中争出高下。"李国刚老师又挑出由景德镇最先烧制的湖田窑，由此在元代之后，明、清的官窑都在景德镇烧制，使之成为中国瓷都。湖田窑的特点就是"洁白得像玉一样"，他评价道。

之后他又相继拿出一对来自福建青云窑具有民族特色相对完整的瓷碗，一块印有部分鬼谷子下山图的元青花碎片……

面对我们"原来金斗河里有这么多好东西"的感叹，李国刚老师说："合肥有了金斗城和金斗河，我们就从瓷片上看到了骄傲。合肥传统文化遗存保留下来的很少，元青花在当时只能被达官显贵拥有，可以反映出合肥的盛况空前，经济地位是不一般的。"

合肥当地人学习古陶瓷的过程主要从金斗河开始，从这里开始一点一点进行认识。李国刚老师说："陶瓷里的知识取之不尽，是知识的海洋！"在李国刚老师取"修学严谨"之意的"修敬堂"里，陈列铺展了大大小小数不尽的瓷片。其实在早年间，他潜心修炼书法，渐渐从书法的笔画中得到启发，想要追本溯源，探索中国一些线条的形成与变化，便涉足瓷器。从研究金斗河遗存到现在，他从十多万瓷片中精选出一两万具有代表性的精美瓷片，哪个窑产的，哪个年代的，属于什么种，全都详细完整地记录下来。

当我们问起这金斗河里什么窑的瓷最多时，李国刚老师回答道，八大窑系中吉州窑、湖田窑、耀州窑、磁州窑、龙泉窑等基本都有，但是宋的五大官窑则很少。

不过属于官窑中的定窑却很多，李国刚老师说，这是因为定窑"官民皆用"。官家命令民间烧窑，供给官家。除此之外为了窑炉生存，瓷器也对外经营，因此产量巨大。

小巷里的私人报馆

解放前从合肥威武门进来的那条大街，名叫东大街。在街边的一条小巷里有一家报馆，名叫《公正报》。那是一张进步报纸，并且非常能够抓住社会热点，当年在合肥民众中间产生过很大的影响。

中国的报业历史可以追溯到战国时期，而早在1902年，近代第一份全国发行的官方报纸——《北洋官报》就在天津设立总局。不过，合肥那时只是一个小县城，报业起步相对较晚，直到1924年，才有了第一张报纸。

当时的报纸大多是民办，可能是小县城消息闭塞，人们反而渴望从报纸里得到外部的消息。于是不几年，居然一窝蜂地出现了十几家报馆。尤其是抗战胜利以后，国民党安徽省政府从战时省会立煌县迁来合肥，新闻传播量增大了，传播渠道拓宽了，官办报纸和民办报纸同时得到发展，各种通讯社应运而生，甚至连外埠的报纸也在这里派驻分支机构，相当于今天的记者站。

那时的报纸客观上还是起到了一些舆论监督作用。老合肥夏正操先生以前在报纸做过校对，他给我举了两个例子。一是20世纪40年代初，一名妇女晚上从花园街旁的江家巷过，不幸遇到一位蒙面歹徒，结果脖子上的金项链被抢走，要不是碰巧有人从那里经过，后果真的不堪设想。这件事被一家报馆的记者听说了，气得要把经过写成新闻报道。合肥县衙的官员们闻讯十分紧张，这要是登在报纸上，那合肥县治安状况的恶名就要远扬了。于是赶紧找到报馆以及那位被劫的妇女,软硬兼施才算平息了事态的发展。

还有一件事是发生在1945年年底,刚刚搬来合肥的省警察厅的一位官员,开着警车撞死了一位市民,几家报纸都给予了报道。为平息事态,省警察厅不得不做出姿态,处分了那位警官,出钱抚恤死者家属。

《公正报》也是在抗战胜利以后创办的,从安徽省档案馆保存的资料看,具体时间应该是在1946年6月28日。刚开始为周二报,每周二、六各出一期,不久就改为日报。据报纸创刊词里介绍,他们的办报宗旨是"宣扬主义,促进政党"。要知道,当时的政治氛围是"莫谈国事","少谈些主义"。《公正报》在那样的情形下,公开标榜自己的新闻主张,是需要胆识的。

笔者在老城区寻找当年《公正报》报馆的影子,可能是岁月流逝得太匆忙了,连一砖一瓦也没有留下。老城区经过几十年的改造,早已不是旧时模样。好在见识过当年报馆的老人还有不少健在,夏正操先生回忆说,《公正报》是在东大街12号成立的,后来搬过一次家,好像是在明教寺的东边,距离城墙不远,门牌号码是5号。当时他在另一家报馆工作,因为有一位亲戚在《公正报》当编辑,所以多次到过《公正报》报馆。

细雨绵绵,将淮河路步行街飘洒得干干净净,空气里的水汽让干燥了一冬的人们畅快地呼吸到了一点湿润。

民俗专家牛耘先生带笔者来到步行街的东头,指着那一片门面房说,以前这里都是平房,《公正报》坐北朝南,共有编辑室、经理室、发行室、通讯室好几间房子,还有一间大一点的是会客室,主要用于接待来访的读者和投稿的通讯员,也是编辑、记者聚会的地方。

牛耘先生当时喜欢撰写一些散文,大多是亲自送到编辑手里,由此和那些编辑很熟悉,特别是副刊编辑。

在报纸上开辟副刊是当时中国报纸的一大特色,据说起源于1921年北平《晨报》上的一个专栏,当时叫作"晨报附镌"。后来由于这个专栏改为单页,特地聘请一位精于隶书的著名书法家来写题名。但隶书内压根儿没有"附"字。于是这位书法家灵机一动挥毫写了"副"字。

新中国成立前的许多报纸,副刊的含义非常广泛,既有传统的小说、诗词、戏曲，也有现代内容的影剧、读者服务、漫画、摄影、妇女、青年、旅游，连时事新闻背景介绍以及评论往往也被列入副刊的范畴。

《公正报》为了吸引读者，在副刊上也是下了功夫的。除了培养通讯员队伍，找名家约稿，还经常在报社举办沙龙。牛耘先生说他最喜欢参加文学沙龙，不光是可以和编辑、记者面对面，更主要的是桌子上摆有各式各样的水果，那时可是稀罕物，每次都是放开肚皮大吃一顿。

当时合肥城里其他报纸也开办有副刊，但容量没有《公正报》大。我在相关资料上看到，《公正报》当时一共有四个版面，副刊版是放在二版的。主要专栏有"扬子江""周末文艺""学生公园""学术专刊"，同时还有小说连载。

牛耘先生当时还是学生，自然给"学生公园"投稿较多，有一篇散文是写合肥城里中学生的，题目是《学府风光》，在师生中间还引起过争论，产生过一定影响。

他还给我讲了一个笑话，也是《公正报》工作人员的故事。当时报馆里有一项活计叫叠报，就是将印好的报纸对叠一下，以方便送报。他认识的一位朋友就是干这个的。新中国成立后，这位朋友和他一起进入工会系统工作。1955年开展肃反运动时，有人举报这位老兄是国民党的谍报人员。组织上找牛耘先生了解情况，牛耘先生一听就笑了，赶忙解释，此"叠报"非彼"谍报"也，才消除了一场误会。

《公正报》的大门虽然朝着东大街开，可主要的建筑物还是开在小巷里，那就是已经消失的北马道巷。当时的报馆，大多数都有自己的印刷厂。起初是油印，后来逐渐引进机械印刷设备。《公正报》从创办之日起就将印刷厂开在报馆后面，即北马道巷里。

因为不是太平盛世，大家都很关心时局，特别是做生意的人，更懂得时局的变化对物价涨跌的影响。为投其所好，从前的报纸是经常爱发行"号外"的，街头巷尾经常可以听见报童稚嫩的叫喊声："号外，号外，刚出版的号外，里面有最新消息！"

战事上的进退，外交上的变化，是《公正报》关心的重点，他们专门有人收听广播，而印刷工人也经常要加班。报馆为了安抚大家，只要发行号外就给工人们加餐。久而久之，加餐成了出号外的代名词了。

1948年发生的一件事是永远被载入史册的，那一天，《公正报》的印刷工人走上街头，高呼"反饥饿、反压迫、求生存"口号，宣布罢工，从而被《合肥大事记》记录在案。

其实，从创办之日起，《公正报》就像它的名字一样，尽量采取公正的立场，多次揭露了社会上的阴暗面，包括抨击衙门机关的官僚作风。这当然也是有其原因的，首先是报纸的创办人为广西人张鸣，当时的安徽省主席李品仙是他的老乡，官场上对广西人是惧怕三分；其次是《公正报》的编辑、记者许多都是民主党派，他们是一股不可忽视的进步力量。

从《安徽民主党派史》中可以得知，当时的民主党派主要是民盟会员，1946年在合肥发展的第一批会员中，广西人占了很大一部分。

作为一张进步报纸，《公正报》十分注重重大新闻事件的报道，比如在报道审判日本战犯及日本向中国赔偿军舰的消息，就得到了报业同行以及合肥市民的赞许。

1947年，南京军事法庭开庭公审原日本陆军第六师团中将师团长、南京大屠杀主犯谷寿夫。《公正报》在经费紧张的情况下，毅然决然地派出记者，到南京进行跟踪采访，并于3月4日、11日和4月27日进行了连续报道。

这是相关资料里对当时《公正报》新闻稿件文字内容的部分记录：

（南京3月2日电）南京屠夫谷寿夫今日五次公审，定10日宣判。谷不予承认，诡辩17分钟，反复狡辩。检察官陈光虞指出，被告乃真正犯人，证据确凿，主张判处极刑。旁听席上掌声四起。经5小时辩论，至7时37分终结。

《公正报》存在时间不长，1948年底停办，发行量也很有限，但却在合肥报业史上留下了精彩的一笔。

庐州国术馆兴衰记

1933年,在今天合肥中菜市靠近九狮街的地方,有一座专门教授武术的馆舍,那便是合肥县国术馆。直到1938年5月14日合肥沦陷,师生们才被迫离开,馆舍关闭,从此再也没有恢复。

据说,"六艺"是圣人孔子提出的。从西周开始,儒家就要求学生掌握礼、乐、射、御、书、数。其中的"射""御"应该属于体育的范畴,有人开玩笑讲,那在当时就是"国术"。

不过,国术一词是近代才有的概念,广义包括武术、杂艺、技艺、医疗与养生等,狭义专指武术。20世纪30年代,南京曾经有个中央国术馆,宗旨就是培养武术师资,推广武术教育的。

要感谢曹操屯兵合肥,尚武的风气可能从那时在庐州扎下了根。史料记载,唐朝时这里有了武科和武班;宋时,更是出现了武学;汪杰先生在《解放前后的合肥体育》里说,到了明清时期,各种门派、各式套路的武术流派都在合肥融汇,城乡开始有了教练武术的地方,当时叫作拳馆或拳场。

庐州历史上最著名的武术壮士有两位:一是贵为王侯的唐末大力士杨行密,史书上说他"手举三百斤,日行三百里";另一位是清代乾隆年间董金凤,因武艺娴熟,考中乾隆戊戌武科一甲第三名进士,授乾清宫侍卫。

杨行密早已化作一片云烟,只在吴山镇留下了一座坟茔;而董金凤更是雨打风吹去，昔日金碧辉煌的大夫第也消失在历史的长河中，空留下武探花的名头让人凭吊。

不知道大家是否听过穷学文、富习武的俗语，那是有一定道理的。

过去穷人家要想摆脱贫困的境地出人头地，最有效办法是参加科举考试；而富裕人家因为家道殷实，都希望强身健体，同时，有武艺在身，还可以自卫。

庐州国术馆旧址

民国时期的庐州城里，许多大户人家都聘有家庭武术教师，不仅每月支给银圆，有的还管吃管住。有的人家是自己学艺，也有的是为了教家里的子弟。

"未曾学艺先试礼，未曾习武先明德"。那时非常讲究师生之间的传承关系，讲究武德。但也有武师比较保守，只对徒弟传授七分功夫。因为他们信奉"教会徒弟，饿死师傅"，所以基本上看家的本领是不会教给外人的。

1928年，当时的国民政府正式将武术定名为国术，此后迎来了中华武术界的"黄金十年"。不仅首都南京有中央国术研究馆（中央国术馆前身），各省、市甚至县都设立国术馆，有些地方，市长、县长还兼任馆长。当时的报纸评论说："国术馆组设，原本救国之热诚，以期强种强国，而循至于民众均国术化。"

安徽的国术馆设立较其他地方为弱，由于经费困难，只有省会安庆设有国术馆，其他各县均没有设立国术馆。

不过，合肥县在安徽是个特例，这得益于一个叫吴重光的习武之人。他四处奔波，筹得资金，于1933年即中央国术馆成立的那一年，在九狮桥附近，成立了合肥县国术馆。不久，又搬迁到前大街的高家祠堂。

吴重光亲自担任馆长，并聘请了几位专职教师。而更多的是义务教习武术的师傅。那时的合肥县国术馆不仅教授武术，也讲授文化课。学生毕业后，既可以参加中学考试，也可以保送省国术馆深造。

1938年5月14日合肥沦陷，县国术馆的师生依依不舍地离开了朝夕相处的馆舍，从此，再也没有恢复。

民俗专家牛耘先生还记得在小时候在古教场观看由县国术馆表演的武术节目，那时，国术馆的名师有吴重光、刘挤民、周哲夫等。

合肥县国术馆最推崇的武师是唐殿兴，教授的课程就有唐殿兴传下来的"短打""查拳""六架式""上指头""下指头"和"西凉掌"等。那时流传着一句话："走东京到西京，谁人不识唐殿兴。"

曾经担任过合肥市人民代表会议协商委员会副主席的万选初，撰文回忆小时候见到唐殿兴的印象，江湖上传得神乎其神的头号大镖师，"原来是一位身材矮小瘦削的小老头儿。身着一件褪了色的竹布长衫，布鞋、布袜，裤管口用黑布条扎起来，下半截裤腿松囊囊地垂在腿肚上"。但却双目炯炯有神，步履轻盈，举止利落，语音洪亮、清晰。

合肥武术界关于唐殿兴的传说很多，有人说他常住合肥是为了躲避仇家。也有人不同意这种观点，说他并没有隐姓埋名，不像避仇的样子。

县国术馆里对他的武艺已经到了神话的地步，师傅绘声绘色地给学生讲听来的故事。一日，唐殿兴在院子里陪朋友们喝茶闲聊，晾晒的冻米、元宵面之类引来了几只叽叽喳喳的小麻雀。唐殿兴突地站起来，纵身一跳，把臂一伸，手一招，便把从屋檐下飞来的一只麻雀抓在手心，其快、其准令人叫绝。

李鸿章家仓房的管家，人称李二胖子，拜师唐殿兴习武。抗战以前，许多老合肥都在茶馆里听他说过亲眼见唐殿兴在逍遥津抓过小燕子。

1938年，唐殿兴随李二胖子移居三河，后来病逝于那里，享年82岁。

而合肥县国术馆在关闭以后，唐殿兴、吴重光创立的六套拳术仍流传于民间。有人说，今天的包河之滨、逍遥津畔，时常可以看见练习六套拳的身影。

HEFEI
THE BIOGRAPHY

合肥传

徽风皖韵非遗梦　第五章

合肥市共有国家级非物质文化遗产4项，即庐剧、巢湖民歌、纸笺加工技艺、洋蛇灯包公故事；省级和市级、县级非物质文化遗产就更多了，比如刘铭传故事、火笔画、葫芦烙画、吴山铁字、钯明砚、抛头师、庐州大鼓、门歌、庐州木雕、庐州吴氏船模、三河羽扇、纸粘工艺、紫蓬山庙会、吴山庙会等。

非遗项目打铁花 程文浩摄

提取少林和武当精华的阴阳双合拳

今年 70 岁的韩荣春精瘦却显得很有风骨，屈指可数的几根白发，让他看上去比同龄人年轻了很多，走起路来也利落干脆。他就是 600 年传承阴阳双合拳第 15 代传人，他的这套拳法也入选了安徽省非遗项目。

韩荣春从小身材瘦弱，特别容易生病。懂一些武术的父亲就想着让韩荣春学习一些武术，一是为了防身，二也可以强身健体。没想到，韩荣春特别喜好武术，刚一开始接触就对武术特别痴迷。

父亲看在眼里，也很高兴，于是给韩荣春找到了一位名师——余华龙。

"那时候我师父在江淮大戏院旁边开了一家跌打损伤馆，他同时还是合肥市武术队的武术老师。我父亲第一次带我去的时候师傅并没有答应收我，还是家里有位亲戚和他有一些渊源，提到亲戚的名字以后，师父才肯收我。"韩荣春说，当天，余华龙就带着他去了合肥市武术馆。

那是 1962 年，韩荣春才 12 岁，寄住在五里墩亲戚家，每天徒步前往合肥市武术馆，一天往返四趟。本来就有一些武术底子的韩荣春又特别勤奋和刻苦，这让他比同班的师兄弟们显得优秀了很多。

仅仅在合肥市武术馆学习了三年，到了 1965 年，由于韩荣春表现非常出色，就被推荐去安徽省武术馆，最终却因为家里成分问题，在那个特殊年代又让他错失了这次机会。

他选择继续留在合肥市武术馆,直至 1968 年。即使后来离开了合肥市武术馆,他也没有放弃武术,依然每天练武。

这让原本不愿意收他为徒的余华龙非常感动。

余师傅决定将自己的所有功夫都教授给这个最小的徒弟,包括师祖独传下来的这套阴阳双合拳。

"这套拳法从祖师爷创立直至传到我这里,一直都是每一代只传一个人,就这样一代一代传下来。我是第 15 代传人,目前也是全国唯一的传人。"

说起这套阴阳双合拳,不得不提的就是这套拳法的创始人。韩荣春说,祖师爷们没有留下所谓的拳谱,所有的招式都是口口相传,包括余华龙师傅也是这样传到他手里的。

最近几年,韩荣春开始着手整理这套拳术,他将一招一式都整理成文字和图片,以便被更多的人所了解,让阴阳双合拳发扬光大。

韩荣春解释说,中华武术分两大"家":外家与内家。外家如少林功夫,阳刚有力;内家以武当太极拳为代表,阴柔绵长。阴阳双合拳吸取了二者精华,以阴阳相互交融而得名,刚柔并济。

韩荣春听师父说,阴阳双合拳是元末明初的民间武术宗师杨艺所创。

元末明初,河南有一个穷人家的孩子叫杨艺。在杨艺 8 岁那年,父母双亡,两个哥哥也抛弃他去外地讨饭。在家无处可去的杨艺也只能出去讨生活。当他走到嵩山脚下时,饿晕在那里,正巧被一位下山的和尚看到,将其背回少林寺调养。

苏醒后的杨艺没有马上离开少林寺,而是在少林寺帮忙打水做饭。每天晚上他看到少林僧人们习武锻炼时就跟着学。少林寺的大师父看杨艺如此刻苦,就开始也让杨艺一起跟着学。

这一学就整整学了 12 年。杨艺 20 岁那年,师父让他下山去谋生活。出了少林寺,杨艺又去了武当学道两年。

后来,杨艺凭借着少林的武术和武当的道学,自己悟出了这套阴阳双合拳。

"从双合拳的动作来看,就能体会刚柔并济,它将少林功夫与武当功夫合二为一，取二者之精华。"

韩荣春现场为我们展示了几个招式，演示拳法的特点。

听韩荣春介绍，阴阳双合拳的另一个特点就是颇具医理，拳术中随处可循中医的牵、拉、拽、引、螺旋缠绕、敲击振穴等功法，能促进五脏六腑、八脉十二经络良性循环，平衡阴阳，强身健体。

"习武至今，我几乎没感冒过。"他拍拍结实的臂膀，自豪地对我们说。

年轻时候的韩荣春也是一腔热血，喜欢搏斗和爆发性的锻炼。但是，师父却告诉他："你一直这样进行爆发性的训练，到老了是不行的，血管脆弱，容易伤身。你要多锻炼阴阳双合拳，进行保养。"

只是年轻时候的韩荣春哪知道师父的这番苦心，并不喜欢联系阴阳双合拳。直到自己中年生了一场病以后，他才意识到保养的重要性。从那个时候开始，韩荣春开始想要把这套拳法让更多的人知道。

"以前我们都讲究单传，即只传给一个千挑万选出来的人，但是我觉得这套拳法既然这么好，能调息养生，我为什么不把他传授给更多的人呢？"

从此开始，韩荣春意识到自己要去做一些普及、传承，把这套拳法发扬出去。

在朋友的推荐下，他找到了当时的肥西县文化馆，将他的这套拳法经历说给工作人员听。

工作人员经过详细了解，告诉他"你这个能报非遗项目啊"。

韩荣春兴奋极了，立刻开始准备申报县级非遗的材料。可没想到，材料刚报上去，他所居住的小庙镇的行政区域被划到了合肥市蜀山区，于是他又将材料送到了蜀山区。2013年，韩荣春的这套拳法就获批蜀山区区级非遗。2014年，阴阳双合拳又获批合肥市非遗。

由于韩荣春的名气越来越大，慕名来学习阴阳双合拳的人也越来越多，韩荣春的徒弟也越来越多。

"我希望更多的人来学习这套拳法，让大家都能有个健康的身体，比什么都强。"

2019年5月6日，安徽省文化和旅游厅公布了第六批省级非物质文化遗产项目代表性传承人名单，合肥市共有 13 人入选，这其中就包括韩荣春的阴阳双合拳。

虽然获得了这么多殊荣，可韩荣春收徒却一直秉承着两个原则：第一，收徒弟一定要看对方的品德如何；第二，收徒却不收费，完全是免费教学。

穿着汉服精心制作每一把油纸伞

"撑着油纸伞，独自彷徨在悠长悠长又寂寥的雨巷，我希望逢着一个丁香一样的结着愁怨的姑娘……"

这首诗是20世纪中国诗人戴望舒的代表作《雨巷》。自此，油纸伞、丁香、雨巷便成了烟雨江南的特定符号。油纸伞也被赋予了复古、怀旧又神秘的特点，给人以无限的遐想。

一席素色棉衣，盘着复古的发髻，一身汉服着装已经渐渐成了习惯。人们看见她时也总是拿着一把油纸伞，像极了这首诗中描绘的场景。她就是蜀山区级非遗黄氏草染油纸伞制作人黄丽娜。

油纸伞本是中国古老而传统的日用雨伞，使用历史已有1000多年，因伞面是用涂过桐油的纸张做成，故而有这样的名字。

如今，人们已经习惯了现代工艺的钢架伞，再加上油纸伞的制作工艺复杂，成本高，渐渐淡出人们视线了。

可人们看见黄丽娜时，她总是带着伞。无论天晴还是下雨，抑或是出街摆摊。她做的油纸伞就叫黄氏草染油纸伞。如果你常去半边街或者三里庵集市可能看见过她和她的油纸伞。

黄丽娜卖的每一把伞都是自己亲手做的，今年39岁的她，2003年毕业于石河子大学农林经济管理专业，从事教师工作5年后嫁到安徽，跟随丈夫从事中医打杂。

丈夫一家是安徽的中医世家，她耳濡目染也喜欢上了中国传统文化。起初，黄丽娜自己学习古筝，后来因为在汉服文化的影响下，突然对油纸伞产生了兴趣。

2014年，黄丽娜开始跟着网上的视频学习，从伞架到伞面都是自己制作。

"我自己到山里去砍竹子，回来以后一根一根劈开，做伞架子。"

黄丽娜说，虽然很辛苦，但是因为自己喜欢，也就不觉得辛苦。可是自己跟着视频学习，总是觉得有些地方不对，试验了很多次，最后成型的伞总还是会有问题，拿不出手。

2015年她慕名找到了苏州油纸伞厂的一位老师傅，希望能拜他为师，好好学习制作油纸伞。可是，老师傅却没有办法收这个徒弟，只是表示愿意跟她讲一讲这做伞里面的一些细节。黄丽娜没有气馁，把自己在制作过程中的一些问题向老师傅请教。就这样学习了一年，黄丽娜制作的油纸伞终于有了模样。

没有学过国画，黄丽娜凭借自己的韧性，一点一点地自学。

"我觉得艺术都是相通的，我之前学过古筝，都是中国传统文化，我对这些东西有感觉，所以学起来也还不算困难，很快我也就能上手了。"

繁体的伞字为"傘"，由5个"人"组成，取"多子多孙"的吉意。所以，制"伞"应该是一件用心的事。

黄丽娜制作的油纸伞，除了每一根伞骨都是自己在山里砍回来的竹子外，她所用的纸张也是从泾县购买回来的宣纸，另外她用的颜料也都是非常原生态的染料。

在她家里的沙发上堆放着各种颜色的半成品油纸伞，如果不是她说，你很难想象得出，这些颜色都是猪血、蒲公英草、墨汁、柿子汁等生活中能使用到的这些原料来染的。

"这些染料很环保，很生态，不会对人体有伤害。"

中国制伞历史悠久，而追究起源却众说纷纭。大众比较认可的，是与鲁班有关。

鲁班（公元前507—前444）被奉为中国木匠师傅的祖师爷。相传，有一次他和妹妹到西湖游玩，不巧碰上下雨，兄妹二人觉得很扫兴。妹妹就对鲁班说："哥哥，我们来比赛，看谁能在天明之前想个办法，让我们可以在雨天照样游西湖。"

鲁班觉得这难不倒他，于是找来工具和木料，很快就建好一座亭子。这样不停地，一个晚上鲁班围着西湖造出了十座亭子，他想自己肯定能赢过妹妹。

天亮了，鲁班得意扬扬地对妹妹讲述自己的成果，却只见妹妹手里拿着一样东西向上一撑打开，就和他造的亭子顶一样。鲁班很好奇，从妹妹手里接过来仔细研究起来，原来是用竹子和丝绸做成的，用的时候撑开，不用的时候可以合起来，又轻巧，又漂亮。

鲁班心服口服地认输说："妹妹，你的'亭子'不仅能挡雨，还能移动。我输了。"从此，就有了可以让人挡雨的伞。

后来，纸张出现后，就用更廉价的棉纸代替了昂贵的丝绸。为了防水，人们把桐油刷在棉纸上，形成油纸，于是就有了现在的油纸伞。

唐朝，随着中外交流的增多，油纸伞传到日本、朝鲜及越南、泰国、老挝等周边亚洲国家和地区，结合当地的习俗及文化，又有了各自的风格和名称。比如，日本就将油纸伞称为"唐伞"，现在依然是舞妓、艺妓的标志性配饰，也是茶道表演必不可少的道具。

在外国被热捧的油纸伞，在国内却遇冷。黄丽娜说，现在她摆地摊一把也只能卖上个45元左右。

"我基本上一天也就能卖个七八把的样子，一个月的收入也只够勉强维持我的摊位费。"

然而，黄丽娜制作伞的过程却是远远超过这个价格的。

首先，她要去找竹子。"六七岁的竹子才是手工油纸伞最好的年龄。"黄丽娜拿出一根用剩下的竹子头，这样一根竹子的直径足足有几十厘米。砍回来的竹子，劈开做伞骨，需要32根大的和32根小的。之后，分别在伞骨上穿洞，再用细线将大小两个伞骨固定起来。

接下来还要做伞跳子，也就是我们所说的开关，最后在伞柄上开槽安装，再加上提前削好的伞头。这样一个伞架子才算完成。

后面还要做伞面，刷油，上色，画画，上胶，晾干……这一把油纸伞才算做完。按照黄丽娜这熟练的速度，一把油纸伞也要用上四五个小时的时间。

"我有很多汉服群，有些外地的年轻人都说要跟我学做，但是他们也只是嘴上说说，我说我要去金寨深山里砍竹子，可能条件比较苦，他们就都不说话了。"

黄丽娜说，虽然她也很想将自己所学交给别人，可是一想到做传统手工艺这么辛苦，就没有人愿意去学了，"何况，这个真的赚不到钱，毕竟稀罕它的人不多"。

庐州木雕那些事儿

一个周六逛庐阳区崔岗集市，偶遇非遗木雕传人王勇，听他聊庐州木雕那些事儿，以及他对本土文创产业的一些思考。

这位出生于乡野之间的汉子，用一把雕刻刀，把形状各异的木头，精心打磨雕刻，蜕变成一件件精美的艺术品。

三十岗有几样著名的东西：三国新城遗址、崔岗艺术家村，还有就是王勇的木雕。

与其他木雕不同，王勇的徽派文房用品木雕作品只会出现在文化人的书斋里，或把玩，或欣赏，着实有点"文艺范儿"。王勇说木雕已经是他生活的一部分，是自己辛苦哺育的孩子。

他自幼喜欢绘画，上学期间一有空就画，有这份基底，于是开始拜师学艺，跟着祖籍木雕之乡浙江东阳的张参忠大师的脚步学习。起初，木雕可能是一门谋生的手艺，尽管全身心投入，到底是一门技艺，是自己谋生的路子。随着学习的深入，王勇对文玩越发感兴趣，尤其是文房四宝，文人的小摆件，深深地让王勇着迷。

他告诉我们说，童年村里没有什么好玩的。那时候有木匠打家具，对小时候的王勇来说，那是神奇的魔法，妙手生花，一根根木头，打造成板，雕刻上花，活灵活现地成了一张张桌子、椅子。

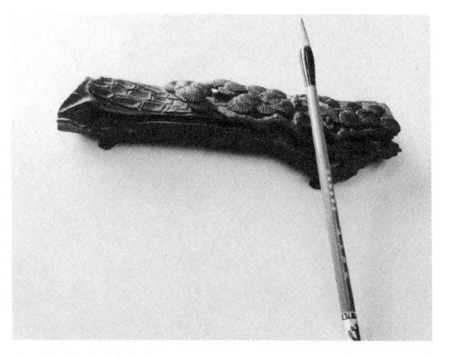

木雕技艺传承人王勇　　　　　　　　木雕作品毛笔架

王勇出生在合肥市庐阳区三十岗乡风景村牌坊生产队，村子前面的牌坊是清朝一品大员李天馥的。虽然历经风雨洗礼已有些残破，但遗留下来的石人石马，纹样精美绝伦。可能是地方独有的文化底蕴，也可能是生性酷爱画画，不论是什么原因，形形色色的接触感染，让出生于乡野人家的他走上了木雕之路。

其实在学习之路上，王勇徘徊迷茫过，甚至有一段时间放弃了雕刻。在那段痛苦的日子里，他做过皮鞋，卖过大白菜，推过大板车，做过很多零零散散的工作，但心里终究是舍不得，放不下。于是在家人的支持下，他重新拿起雕刻刀，一刀一刀刻过年华。转眼坚持了二十多年，如今俨然是一位年轻的"老师傅"。

我们这次来采访让王勇很高兴，和我们聊木雕，也聊聊茶道、香道。

在他的工作室里，文房类的作品真的很多。例如笔架，在一般人看来，笔架就是普通的山形状，但王勇简简单单地就给我们展示了三种不同的笔架：藕形状的笔架，拙中见巧，加入了自己的艺术语言；枯木逢春笔架，很枯的松树，镂空，加以深浮雕，寓意很好；独特的瑞兽笔架，传统中透着现代语言。

聊到特别满意的作品，王勇拿出一件"年年交好运"。在一块残缺的原料上加以艺术的创作，用木灰打底，筛一层金粉，砂纸打磨，显得自然一点。莲蓬，镶以莲子，做成一个文盘，可以当作香插用，也可以放个茶壶，当茶盘使用，还可以当装饰品摆在家里。蕉叶莲蓬相称，寓意丰满，使用、把玩、作摆件都可。通常的文盘就是一个盘子，直白，而这个文盘实用价值观赏价值兼具。用红木制作而成，而红木又彰显了古代文人的内敛精神，同时也契合了儒家思想。

王勇和我们说了一件雕刻的趣事，一次雕作品时，雕刻刀不小心划破食指，穿了一个洞，不知道是雕入迷了，还是怎么了，当时没有感觉，反应过来时，还一个劲儿在疑惑，这是怎么了，怎么手指在流血呢……这可能是入了雕刻的魔障了吧！

对于王勇来说，就想让更多的人了解"庐阳木雕"，从而成为三十岗乡甚至庐阳区、合肥市的一张文化名片。

王勇推崇明清时期文人把玩的木雕作品，每一个上面都凝聚着匠人的心血，作品都一代代传下来了。王勇希望自己的作品能够秉承先人的灵气，最终让当代和后人认可。

今天，当人们的物质、经济达到一定程度，精神层次肯定有所追求，因为人是有思想理念的。现代快节奏的生活总难免有点枯燥乏味，而文玩恰恰满足了人们的现实需求，闲来时把玩品赏，不失乐趣。

三十岗乡正在积极打造文化旅游品牌，作为家乡人的王勇自然踊跃参与。同时他也会进校园向学生们宣传，进社区向居民展示，以期让更多的人了解中国传统木雕技艺。

他平时在家对自己的孩子也会说说文玩的一些知识，传承父辈的文化。政府在关注，庐阳区也在大力支持。不光是他这一代，他还希望有更多的年轻人对此感兴趣，因为传统技艺是需要一代代传承下去的。

木雕，小小的工艺品，没有功夫磨不出来，没有时间雕不出来。

80后辣妈是个糖画非遗传承人

她是80后的年轻妈妈,经营着一家啤酒批发部。闲暇之余,她还会参加各种市集。在市集上,她总是那个被孩子们团团围住的阿姨。她有着一门非物质文化遗产技艺——糖画。她手里的麦芽糖能随着她手腕的蜿蜒流转变换成不同的样子,深受孩子们的喜爱。

在蜀山区学林雅苑小区门口,或许你偶尔能看见她的身影。一张桌子上面支起炉子和锅,里面"笃笃笃"的熬着麦芽糖。李丽熟练地从锅里舀起一小勺融化的麦芽糖,然后一点一点地铺在一块铁板上。

"一是要掌握火候,二是要对自己想要画的东西心里有数,从哪儿起笔,从哪儿落笔,收放自如,最好一笔完成。"

李丽说,对于一些熟练的糖画,她画得很快,但在集市上则更加考验和磨炼自己,因为孩子们要的东西千奇百怪,常常让她措手不及。

别看李丽手里的这些家伙事儿不算复杂,小小糖画好像也没什么特别的,可是她本人却是蜀山区非物质文化遗产传承人。

凭借着她手里的麦芽糖,她将传统文化带进了校园,带到了集市,带上了各种非遗活动现场,让越来越多的现代人又重新认识糖画这门古老的手艺。

"可以说,我是吃着麦芽糖长大的,从年幼时起,神奇的糖画就给我留下了深刻的印象。"

10多年前，李丽便萌生了学习糖画的念头。一次偶然的机会，她在杏花公园认识了糖画大师、合肥市非物质文化遗产韩氏糖画传承人韩正友。为了能跟他学习糖画，李丽整整花费一年时间，最终感动了韩正友。李丽正式成为他的徒弟，也是韩正友在合肥唯一的传承人。

李丽没有辜负这个身份，没有学过一天绘画的她非常勤奋。

"刚开始的确画不好，心里想的东西到手上就不知道从哪里下手，那时候就临摹，别人怎么画我就记在心里，然后一遍一遍慢慢地、反复地练习。"

李丽说，她一个人默默地苦练，在练习了两年后，她终于能画出一些简单的图案，例如一些小动物，尤其是属相。

有了基础，李丽更加勤奋了，她开始接触一些非遗传承人，因为参加社会活动多了以后，她也能从中学到更多。

"每次我们参加一些社会活动或者社区活动，都能和一些其他领域的非遗传承人接触到，然后我就虚心讨教。"

李丽现场画了一只兔子。她说，这只兔子身体原本应该是平的。她从剪纸师傅那里学到了镂空的技艺后，她将兔子的身体改良成了现在的镂空状。改良后的小兔子，不仅外形更加立体，整体看上去糖画也更加晶莹剔透。

现在，她不仅仅画这些动物和抽象的糖画，甚至她还开始挑战人物的侧面剪影。

"有些孩子喜欢一些明星，我就开始琢磨，这些明星侧面有什么特点，现在在尝试。"

说起糖画这门技艺，可能很多80后的人小时候还经常能见到，最近这些年随着社会发展，会这门手艺的人越来越少。像李丽这样还愿意去自学传统技艺的人也越来越少。为了更好地学习提高糖画制作技艺，她特意对糖画追根溯源。

关于糖画的起源有个传说，相传唐代四川大诗人陈子昂在家乡时，很喜欢吃黄糖，不过他的吃法却与众不同。他首先将糖融化，在清洁光滑的桌面上倒铸各种小动物及各种花卉图案，待凝固后，拿在手上一面赏玩一面食用，自觉雅趣脱俗。

后来陈子昂到京城长安游学求官，闲暇无事时便用从家乡带去的黄糖如法炮制，以度闲暇。一天，陈子昂正在赏玩自己的"作品"，被从宫中出来的小太子看到了。

这一下可不得了，太子吃完就吵着还要。皇上听完原委，立即下诏宣陈子昂进宫，并要他当场表演。陈子昂便将带去的黄糖融化，在光洁的石板上倒了一枚铜钱，用一支竹筷粘上送到小太子手中，小太子立即破涕为笑。皇上心中一高兴脱口说出"糖饼儿"两字，这就是"糖饼儿"这一名称的由来。

据考，糖画起源于明代的"糖丞相"。清代小说家褚人获的《坚瓠补集》里载，明俗每新祀神，"熔就糖"，印铸成各种动物及人物作为祀品，所铸人物"袍笏轩昂"，俨然文臣武将，故时戏称为"糖丞相"。到了清代，糖画更加流行，制作技艺日趋精妙，题材也更加广泛，多为龙、凤、鱼、猴等普通大众喜闻乐见的吉祥图案。

《坚瓠补集》中有一首诗，真实记录了糖画盛行的情况："熔就糖霜丞相呼，宾筵排列势非孤；苏秦录我言甘也，林甫为人口蜜腹。霉雨还潮几屈膝，香风送暖得全肤；纸糊阁老寻常事，糖丞来年亦纸糊。"

李丽笑说，自己算是"跨界"学糖画。9年来，李丽在忙工作的同时，不忘苦心钻研糖画技艺。

"不仅废寝忘食，还经常练得胳膊都抬不起来。"

在她的耳濡目染之下，10岁的儿子也对糖画产生了浓厚的兴趣。

在学习传统糖画技艺的同时，她还坚持创新，用融化的麦芽糖写书法。比起作画来，写书法难度更高。好在她有着扎实的书法基础，所以创新之路还算平坦。在不断精进技艺的同时，热心的李丽还非常乐于传承糖画技艺，一有时间，热心的她便走进校园、社区，向孩子们传授制作糖画的技巧。

"城市的快速发展，生活的步伐加快，现在走街串巷的糖画师傅越来越少，流传了几百年的老工艺如今掌握的人屈指可数，这些我们祖先留给我们的最宝贵的财富让守护的我来传承和感染身边的人，给快节奏的人们带来忙碌后的一点休闲元素。"

李丽说，她在教孩子们学习糖画的过程中，也会口述一些中国传统的民间故事，让孩子们在快乐中学习中国传统技艺，让糖画这门古老的技艺一直传承下去。

古琴传承的艺术人生

一琴，一人，一杯茶，放下所有外界的烦扰，静下心来抚一曲《平沙落雁》，这就是古琴的魅力。浑厚低沉的音色，赋予了它独特高冷的气质。因为不是舞台乐器，也让它显得更孤独。弹古琴的人自然也显得孤独了许多。这些孤独的人会聚到一起，承担起了古琴传承的重任。

古琴的历史可以追溯到三千年以前。载有公元前 11 世纪至前 6 世纪 305 首古代乐歌的《诗经》，充分反映出当时琴乐的广泛流传。从最早的道家法器，到后来的王公贵族专属乐器，一直是中国传统文化的标志符号。

梅庵古琴派是近代民国初年时所崛起的一个新兴琴派，它的创始者是山东诸城人王宾鲁。山东诸城王氏是一个大的家族，世代都有善琴的传人。到了清末民初的年代，王氏家族中更先后出了五位杰出的琴人。

王燕卿先生在民国初年时，经过康有为的介绍，接受了南京东南高等师范学校（即中央大学的前身）校长江易园的聘请，在东南高等师范学校设帐教授古琴。

邵大苏和同邑至友徐立孙先后负笈东南高师，有机会拜列王燕卿门下学琴，而在众多的学生中，仅徐立孙、邵大苏二人学成，成为得到王燕卿先生心传的弟子。

"梅庵"是王燕卿在东南高等师范授琴之所，位于北极阁下，原是清末临川名画家李瑞清在两江师范时所建，取名"梅庵"。徐立孙与邵大苏在编纂琴谱后，将其改名《梅庵琴谱》也是取纪念之意，"梅庵琴派"也由此而得名。

1949年风云变幻，梅庵琴人中有纷纷远走海外者，其中有去美国者，也有去香港或台湾的。彼时，刘嵩樵则在南通师从徐立孙。受到父亲的熏陶，刘赤城幼时就对古琴艺术产生了浓厚的兴趣。5岁开始，当同龄的孩童还在山野间奔玩时，刘赤城已经端坐在琴案前"一板一眼"地练琴。刘赤城曾在接受媒体采访时回忆，当时自己几乎整天坐在案前练琴，手指磨出老茧不说，夏天时因为汗水的浸渍，臀部溃烂出两个洞。靠着这等苦练，刘赤城8岁时就能熟练演奏《平沙落雁》等古琴名曲。

因为对古琴爱得深沉，1958年他考入上海音乐学院首届古琴专业。几经蹉跎，他调入安徽省歌舞剧院专研古琴。为了梅庵派古琴技艺的传承，刘赤城在安徽教授古琴，从一开始只有一名学生，到后来慕名前往求学，梅庵派古琴在合肥深埋扎根，还开出了一片花园。

彭韬出生于庐州城内的一户书香门第，从小受到母亲和姨妈的影响，对古琴情有独钟。

"那时候妈妈抓着我的手，带我在琴弦上拨弄，我还记得弹的第一首曲子是《东方红》。"

彭韬至今仍记得第一次听到古琴的感觉，被它低沉的音色吸引了，从此便不可自拔。

1986年，他经亲戚介绍，找到了当时正在安徽省歌舞团工作的古琴大师刘赤城。

"因为我没有琴，那时候刘赤城老师是拿他珍藏的唐代古琴给我学习，打好基础指法才开始教曲子，一支曲子要反复练习大半年。每次练习真是如切如磋，如琢如磨。直至老师满意才教授第二支曲子。"

就这样，青年彭韬不厌其烦地练习琴曲，在反复琢磨中领略到了古琴的意境和曲中蕴藏的精神，也为彭韬以后的古琴演奏打下了很好的基础。

"那个时候古琴比较小众，老师只带我一个弟子，老师经常带我遍访古琴名师，纵谈琴论，切磋技艺，使我领悟到各家琴派的高妙之处，这对我后来在继承基础上的创新产生很大的影响。我一直跟随师父学习了 17 年，直至师父离开合肥。"

彭韬老师说到这里，眼中泛起激动的泪光。

为了传承"梅庵琴艺"，彭韬老师先后于 2004 年、2016 年陆续开办了"大椿堂琴馆""彭韬古琴社"，借此与国内外琴人交流学习。

他在刘赤城老师教授的传统指法基础上，精心编纂了一套教学方法，引导学生不仅学会梅庵古琴的技艺，更要领会梅庵古琴"流畅如歌，绮丽缠绵"的琴韵。

他还经常组织学生参加琴会，与国内外知名古琴家同台交流，至今已有百余场。

彭韬还于 2018 年在安徽省图书馆成功举办了《梅庵琴韵》彭韬个人古琴音乐会。15 年来，他已手把手教学了学生三百余位，其中既有文化工作者、企业家，也有小学生、大学生、老年古琴爱好者。有的学生在跟随彭老师学习后成为古琴专业学士、硕士；有的远渡重洋，在国外继续传播梅庵古琴艺术；还有更多的学生分布于全国各国学传播机构，任古琴老师，把梅庵派古琴艺术带进千家万户。有的学生自己也拥有几十位学生。梅庵古琴已经桃李满天下。

说到多年的古琴艺术的传播，彭韬老师为很多学生把古琴融入生活中感到欣慰。

"有一个学生是一家大型企业的老板，他即便是出差凌晨才到家，也要弹上一个小时的琴才去睡觉。古琴已成为他生活的不可或缺。"

彭韬老师说："管仲有言，五音不同声而能和。而古琴就是用来启迪人们创造和谐的。"

如果说，钢琴、小提琴、吉他这些乐器能在舞台上展示不同的特色，那么古琴则是完全相反，它没有办法"合群"，更没有办法成为"主流"。

"大多数喜欢古琴的人都是能享受孤独的。"梅庵派古琴传承人王徽宁 2004 年拜师刘赤城。从小耳濡目染中国传统文化，学习古琴，王徽宁显得非常聪慧。2017 年，她也成为蜀山区古琴非遗传承人。

王徽宁虽然没有学过乐器，但是对于古琴却一直很有感觉。师从刘赤城后，每周一次的课程，无论刮风下雨，她从不懈怠。

"整整7年，其实中间有瓶颈期，无论怎么弹都觉得没办法再进步了。那时候再去上课就像是在完成一个任务。后来我明白这就是一种孤独，那时候我没有体会到。"

王徽宁说，直到后来刘老师去了杭州，有人找她想学习古琴，她为了不耽误学生，自己一边教一边学，突然有一天就突破了这个瓶颈。

2013年，在王徽宁的发起下成立了翠微琴社，至今共举办了大小雅集63场，"翠微琴社公众号"将这些演出的视频传播开来，让更多人去了解古琴。

2017年，王徽宁又组织成立了安徽省古琴学会，她整合合肥、安徽省各地琴社。连续四年于涡阳老子庙、九华山等处进行"道家与古琴""释家与古琴"文化的传讲解与传播，每年一次的全国重点高校的"大学生游学"古琴文化讲述；古琴学会还参与非遗大赛古琴弹奏活动；纪念曹雪芹300周年诞辰主办《琴梦红楼》大型古琴音乐会等等交流活动。

"我们为的就是想通过这种方式让更多人去了解古琴，把古琴这个在中国传承了三千多年的技艺继续传承下去。"

以"渡江战役第一船"闻名的汪氏船模

汪氏船模传人汪峰出生在巢湖市（原巢县）中庙镇，祖辈就以做船、操船为生。

他向我们介绍说："解放前我爷爷汪启业与其兄弟在巢县中庙开设造船作坊，制作、修补大船。解放后我父亲与他兄弟到城市工作，业余时间制作家乡帆船模型。我自小随长辈学习木工技艺，研究造船。"

1993年，他遇车祸致残（一级残疾），由于不能外出工作，在家里赋闲几年后，于2000年左右开始制作家乡巢湖帆船模型，

其实，汪峰三叔从20世纪60年代就开始访问许多老船工，搜集了大量关于木帆船的资料。有感于父辈们对于木帆船的深厚感情，汪峰也学着陆陆续续制作了一个又一个木帆船模型，记录下了这段特殊的历史，可以说，他喜欢上了船模的制作很大程度上是受其三叔影响。

对于巢湖上各种木帆船的来龙去脉，汪峰早已熟稔于胸。抗浪性强的"巢湖划子"原产于中庙，航速较快的"黄梢子"原产于桐城和枞阳，而适宜吃深水航行的"挑驳子"原产于舒城……无论是怎样的航道，都有它们独特的船型。

不仅如此，相同的船型也有大有小，适应水况不尽相同。因此，行船的人家有句老话，叫作"天下闸一丈八"。不过，在汪峰的记忆中，老人们说巢

渡江战役第一船模　　　　　　　汪氏船模技艺传承人汪峰

湖最大的船能装1260石，由于船体过大，竟过不了江阴闸。

　　自古以来，居住在巢湖岸边的劳动人民发挥他们的聪明才智，创造出各种各样的船只，有的用于捕捞，有的用于运输，这就形成了源远流长的木帆船文化。

　　只是随着时代的发展和科技的进步，政府修建了巢湖闸枢纽工程，彻底改变了流域内的水运状况。湖区水位一般平均在6米至10米之间，载重千吨的大船来去自如。随着钢铁船只的逐渐普及，木帆船的时代一去不复返了。

　　巢湖地区有着悠久的造船历史，船舶种类繁多，据《巢湖志》记载，主要有巢湖划子、挑驳子、黄梢子、良划、摆江子、五舱子等等。而在渡江战役中第一艘登陆的木帆船，就是巢湖地区特有的"黄梢子"。

　　千百年以来，通过发达的水系，这些船只来往于巢湖与长江南北，源源不断地运送着各种货物与商品，保证了物资运输，互通有无。

　　一旦掌握了船只，就等于占据了战略优势。历代的军事家无不深知这一点。在渡江战役中，巢湖沿岸的各个港口就总共组织了大大小小一千多只帆船，"渡江战役第一船"只是其中的一艘。

　　随着飞机、高铁、公路运输的发达，现在巢湖已经很难看到千帆竞渡的壮观景象了。但是，对于世世代代生活在巢湖地区的人们来说，这却是他们永远无法忘怀的深刻记忆。

　　于是，一些热爱帆船的发烧友，决定用制作模型的方式来留住这段珍贵的历史。

　　从小在巢湖岸边长大的汪峰是其中的佼佼者。他是中庙镇人，那里都是靠水吃水。在他的记忆中,巢湖水面上总是游弋着各种各样的帆船。在汪峰的家乡,不少村民还作为民工,参与了惊心动魄的渡江战役。

近年来,出于对巢湖木帆船文化的热爱,汪峰开始陆陆续续制作一些具有代表性的帆船模型。他发扬了老一辈的技艺,用气钉代替了圆钉,使表面不露钉眼,更显整洁。

汪峰的帆船模型制作技术越来越为外人称道,当渡江战役纪念馆邀请他制作"渡江战役第一船"模型的时候,他毫不犹豫地答应了。

1949年4月20日,由于南京国民政府拒绝签署国内和平协定,当晚8时开始,中国人民解放军百万雄师万船齐发、乘风破浪,规模空前的渡江战役开始。解放军以排山倒海之势,摧枯拉朽般地摧毁了国民党军队苦心经营了三个多月的铜(陵)繁(昌)江防。

那么,67年前的"渡江战役第一船"到底在哪儿呢?

在滨湖渡江战役纪念馆里,汪峰把我们带到一艘模型船面前说:这就是"渡江战役第一船",原船收藏在中国国家博物馆。

由于时间过去得太久了,当年的战线又长,所以多年来关于"渡江战役第一船"的说法纷繁多样,至少有5种:江苏江阴的"京电"号机电船;英雄马毛姐的船;军旅作家吴强所说的王东诚的船;首先在芜湖三山区夏家湖登陆的无名船工的船;巢县张孝华父子的船。

不过在中国国家博物馆二楼北区的"复兴之路"展厅里面,陈列着的那艘木制帆船,正是巢县张孝华父子的船。

"渡江战役第一船"并不大,整个船身连桅杆的高度总共只有6.7米,全长8.8米。船的一侧,摆放着中国人民解放军缴获的国民政府总统办公室的木牌、日历,以及蒋介石的签名印。

据汪峰介绍,渡江战役前夕,为了阻止解放军过江,国民党下达了"封江"的命令,毁坏了几乎所有的渡江船只。在这个关键的时刻,正是大江两岸的人民群众,用自己所拥有的船只,将数十万名解放军战士送过了滚滚长江。

这艘船的主人名叫张孝华,是巢湖岸边的一个渔民。当时他带着儿子张友香,驾着这艘被当地人叫作"黄梢子"的帆船,冒着纷飞的炮火,将26名解放军战士最先运到了长江南岸。

隆重纪念渡江战役十周年的时候，这艘帆船被送到了当时的中国革命博物馆中。时至今日，当我们看到这艘木帆船身上遍布的弹孔，依旧不难想见那一晚惨烈的战斗场面。

汪峰制作的"渡江战役第一船"得到了广泛认可。2014年他被吸收为中国船史研究学术委员会会员。此会员中有多位会员是各省、市的非遗传人，同年他向蜀山区文化馆提出申请加入蜀山区非遗项目。2017年和2018年两次获得安徽省工艺美术"徽工奖金奖"，在2017年全国"第一届中式木帆船大赛"中获得两个三等奖。近年来，他又将研究船模范围扩大到长江流域，并且写成几篇相关的文章。

不过，乡愁和记忆是需要长驻我们心间的，古老的巢湖上的传统帆船陆续退出了历史舞台。值得庆幸的是，今天我们仍然可以欣赏到汪峰制作的小小船模型，并从中了解那段历史。

一口叙述千古事，双手摆动百万兵

传统的皮影戏可能是电影最早的雏形，昔日，合肥人把皮影戏称作"影子戏"或"灯影戏"，即用灯光照射在剪影上以表演故事的民间戏剧。艺人们在白幕后面操纵戏曲人物的同时，用当地流行的曲调唱述故事，还配以打击乐器和弦乐，有着浓厚的乡土气息。

马飞皮影戏工作室位于三孝口女人街里，在那里，我们领教了什么是"一口叙述千古事，双手摆动百万兵"。

11岁登台，魂牵梦绕皮影戏

"看俺老孙怎么打死你这个妖怪。"初次进入马飞皮影戏工作室时，他正在演绎皮影剧目《西游记》。我们的到来，让他放下了手中的操纵影偶。他泡上一杯茶，跟我们聊起了马派皮影戏。

马派皮影其实起源于皖北农村，至今已经有100多年的历史。全盛时期最多有24个皮影班子，其中马家就有4个。马飞回忆道，他从小就是听着皮影戏长大的，一家人都是靠皮影戏为生。他的太爷爷靠着演出皮影戏养活了一大家子的人，11岁的马飞就跟着四伯父登台演出，一演就是3小时。

记得那个时候，每天早起练声、刻影偶、锻炼身体是他必做的事情。他解释说，从小练声就是为了以后配上打击乐器和弦乐可以唱出好的曲调，而锻炼身体是因为皮影戏是一件体力活，没有好的身体根本坚持不下来，刻影偶更

马派皮影戏传承人马飞先生　　皮影戏里的戏剧人物

是每一位皮影戏人必须学会的事，即使没有画画基础，但是皮影人物形象必须烂熟于胸。

随着年龄渐渐长大，1990年那年马飞组建了家族的皮影团，开创性地使用了3.3米的大影棚。可是皮影团经营并不顺利，因为那个年代电视开始在农村普及，新鲜事物让原本搬着板凳看皮影的农人们把板凳搬回了家。

迫于生活的无奈，1991年，马飞放弃皮影做了很多份工作，比如装卸工、门窗工，甚至还当过厨师，为了生存，他又跟随父亲学了牙医，在上海立足。马飞坦言在上海做牙医的日子里，可以说吃穿不愁了，但是他心里总是空落落的，因为在他的心中皮影戏总是让他魂牵梦绕。

他认为皮影戏是家族的一份传承，不想马派皮影从此以后没有了后人。在经过一番深思熟虑后，加上夫人和朋友的支持，2010年那一年，马飞回到家乡，重新拾起皮影戏。

每一场演绎，满头大汗独自完成

马飞目前表演最多的剧目应该就是《西游记》，他说自己的皮影之路也像是去西天取经一样，要经历八十一难，好在总有贵人相助。他说"皮影艺人演绎着戏里的嬉笑怒骂百味人生，我更应该用我的双手让戏剧人物'活'起来"。

我们在马飞皮影戏工作室里看到一个很大的箱子，马飞笑着说："这是我吃饭的家伙，也是我的百宝箱。"打开箱子可以看到各种各样的人物、风景等，都是马飞亲手刻出来的。

由于皮影戏是让观众通过白色幕布，观看一种平面人偶表演，所以说，这每一个人偶都需要仔细雕刻，尤其讲究细节大胆塑造。

马飞手上有不计其数的老茧和伤痕，那都是刻人偶时留下的伤。而学皮影影偶制作，绝不是一两天的工夫，不仅要有一双做皮影影偶的巧手，还要有足够的耐心。

雕刻好后，还要经过造型设计、制作、上色、刷油、安装成型等步骤，从选皮到影人最终成型需要经过30多道工序。有的影人镂空部位比较多，制作过程中需要刻上千余刀，细节部位的连接处线条极细。

初见马飞时，他戴着一顶花帽子，桌布色的衬衫，头发些许发白扎在后面，倒是颇具艺术家风范。带着皖北口音的马飞，一看就是性情豪爽的人。他兴奋地说："说再多，都不如来一段，我给你们来一段。"我们立即拍手叫好。

皮影艺人可不简单，一个人又说又唱再加上表演，他在后面翻三圈，观众看着就像是飞了十万八千里。不仅仅要用手让人物"活"起来，还需要配合声音，和着打击乐器，还有脚上也要根据节奏来回走动。

大概表演到15分钟时，马飞已经开始流汗了。

"每一场演出，演完之后基本都是全身大汗淋漓瘫坐在座位上。"那种感觉就是筋疲力尽，马飞每次表演一场戏，都要构思影偶人物形态和上色，并在牛皮上精心刻出一张皮影。在演绎时，他需要用唱功唱出人物的喜怒哀乐，用双手去操控人物动态，更重要的是要用心去融入角色，把自己当成手里的那个皮影。

遇上好时候，不担心没有继承人

面对娱乐形式空前多样的时代，我们还真替马飞担心，传统的皮影戏敌得过电影大片、网络游戏吗？他突然眼睛瞪大了，语气坚定地说："其实现在大家的娱乐需求是多种多样的，有的喜欢看电影，有的喜欢看戏，还有的专门寻找传统的东西欣赏，特别是一些来合肥旅游的人。"

聊到马派皮影戏传承问题，他拿出一本家谱，上面记载着他的小儿子已经在继承学习了，而且可以独立上台。现在马飞的混血小孙子也出生了，马飞说家里人一直同意从小就教他皮影，让他把这个技艺带出中国去。

让我们想不到的是，现在许多年轻人也对这个中国传统技艺感兴趣，像中科大、安大、合工大等一些大学都有马飞收的徒弟。虽然他们目前刚刚学到一些皮毛，但他们的影响力不可小觑。

2015年，包河区外国语第二小学聘请马飞为校外辅导员，教授学生皮影。

面团在指尖生花

中国的面塑艺术历史源远流长，早在汉代就已有文字记载，经过几千年的传承和经营，早已是中国文化和民间艺术的一部分。

从传承到创新，蜀山非遗传承人刘明凤想给现代面塑带去更多生机。在刘明凤的手中，面团在指尖被捏出各种形态，它不仅仅是一个玩意儿，更被赋予了浓烈的现代气息。作为蜀山非遗传承人，刘氏面塑继承了家族面塑的传统。

"那个年代生活都很穷，外婆做面塑更是一绝，每逢喜庆节日总是被人请去帮忙做些面塑作为馈赠礼物，她在面点上装饰各种花草，纹饰吉祥图案，颇受村里人喜爱。"

从小受外婆的影响，刘明凤的妈妈也学会了很多面塑技巧，开了一家面点店，栩栩如生的形象在当地也很受欢迎。在外婆和妈妈两代人的熏陶下，刘明凤对刘氏面塑作出了很大的贡献。她开设了培训教育，参加各式社会活动，将面塑传统文化发扬和传承下去，深受合肥周边的百姓喜爱，逐渐形成了有自己特点"刘氏面塑"。

和昔日非遗项目传承人不同的是，刘明凤的起点较高。她从小跟着母亲学做面点，大学时学习了工业美术设计，毕业后又去学习烘焙和雕塑，这为她的美术造诣打下了很好的基础。

"这些都跟美术有关,我都喜欢,但是都没有坚持下去,直到我碰到了面塑。"

刘明凤说,几年前她在浙江找到了一位面塑老师,跟着学习了一段时间。因为她有很好的美术功底,所以进步很快,很容易就上手了。

刘明凤没有仅仅停留在传承上,而是在传统面塑的基础上结合时代元素进行创新,用的材料也从面粉发展到彩泥、陶等。在制作过程中首先选取软硬适中且适量的彩泥先捏出作品的轮廓特征,再利用娴熟的技法慢慢捏出作品的细节,动作轻柔一步到位,每一步形态要把握准确,否则影响下一步的制作,整体完成后,再用颜料上色。

专家评价说她的面塑作品用色独特,工艺细腻雕琢、形神兼备。

"我希望一方面继承传统面塑精髓,另一方面在传统基础上开拓创新,立足东方传统民族文化,融汇西式艺术手法,在传统魅力与现代雕塑的艺术思想中寻找共鸣。"

合肥独特的文化底蕴丰厚,为"刘氏面塑"这一传统技艺在民间的生存和传播提供了养分。刘氏面塑就是用面粉加彩后,捏成各种小型人物与事物。面塑上手快,只需掌握"一印、二捏、三镶、四滚"等技法,但要做到形神兼备却并非易事。

在捏面之前,先准备所需的材料,有时还要采用羊毛、羽毛、丝线等材料,来制作人物的胡须、头发、冠顶之类,增加面人的生动性。刘氏面塑通过揉、搓、挤、压、团、挑、按、拨等造型技巧,先把面人的头部或身体作出来,再加手,配以相关的道具。顷刻之间,就把千姿百态的人物、动物形象完成了。这些人物和动物妙肖传神、活灵活现,令人赞叹不已。

将现代美学元素和传统面塑技艺完美结合,不仅能够捏出各式传统的活灵活现的人物、动物等艺术形象,还可以将面塑做成一个个生活用品和配饰,让它们站在桌上,躲在瓶里,躺在盆里,例如冰箱贴、胸针、发簪、多肉植物等。甚至能够用简单的材料创作出一幅幅精美的艺术装饰画或创意作品,让艺术品进入生活中的每一个角落,深受爱好者喜爱,在合肥大学城一带广有知名度。刘明凤更是大胆跨界,创新推广,利用面塑的手法特点与传统美食花样面点与西方翻糖的结合，提升到一个新的艺术境界。美食的美感引起青少年的喜好关注度，明显提升了面塑的知名度，融合传统单一制作的应用也进一步加强。

由于社会的发展，人们审美观念的多元化，面塑这项民间技艺逐渐萎缩，由于生产少、产量小，创作者以身口相传，不足以支撑整个家庭的开销，"活"，变成传统中最脆弱的部分，参与传承的人越来越少了。刘明凤想用刘氏面塑传承人的身份不遗余力地宣传面塑这一传统手艺，"现在我把这些手艺和想法教给学生，他们只要愿意学，我都是倾囊相授"。

曾经有一名男士来找刘明凤，想做一个面塑挂画送给女朋友。那名学生拿来一幅二人的照片，在刘明凤的帮助下，这名从来不会画画的男士也能自己动手做上一幅面塑画。

"后来他女朋友看到了很高兴，这个画其实也很有意义，毕竟是他亲手做的。"

"礼从宜，事从俗"，现实生活的需求直接促进了面塑的发展，面塑也被赋予不同的吉祥含义，这或许是它的生命能够得以延续的密码。

安徽大鼓，重温那场旧戏

唐老爷子右肩上搭着六根等长的细长红棍子，用绳子扎成一束，前头用一只手扶着，后边坠着一个红袋子，里面放着一个牛皮鼓和一只小竹根鼓棍以及一副简板，他说当年演出就这么一挑就能走，找个场子就能唱上三个小时。

安徽大鼓是一种安徽省的汉族戏曲剧种，主要流行于淮北、长江两岸和江淮之间的广大乡村和城镇。安徽大鼓起源于安徽泗县一带，原名泗州大鼓，相传是在清代中期受北方的河间大鼓影响发展而成。后来借淮上交通之便流行到淮河两岸，又名淮河大鼓，以后逐渐遍及安徽全省。其表演形式大多为演员一人自击鼓、板，配以一至数人的乐队伴奏演唱。

唐照煌的大鼓书，就是一人撑起一场戏。右手拿板，左手击鼓，"咚，嗒，咚咚咚，嗒，咚咚，嗒！"板鼓那么一响，表演就开始了："众位观众，要听我讲一段事，咚咚嗒，说那有个岳家庄，庄里有个人物叫岳飞，为人忠诚又善良……"一句唱词后接一段板鼓敲击，唱词板鼓交替，就是一出热热闹闹的大鼓书。大鼓书唱词都是用方言演唱，配上牛皮鼓和简板的节奏，浓厚的地域特色扑面而来。仿佛置身电视剧里看街头卖艺的场景，真想捧个碗钵绕场一周，配上经典的那句"诸位有钱的捧个钱场，没钱的捧个人场"再合适不过。

"我们那时候都是哪边热闹往哪里去，半小时跟观众收趟钱，每个人五分，有的人听高兴了，还给得更多，一场下来能收不少哩！"唐照煌回忆道：

"那时候每年都去两趟李陵山,赶庙会,人特别多,一次是二月十一,一次是七月三十,唱大鼓的都会过去,每个人唱半个小时,就让给人家,边上围得里三层外三层的,人可多了。"庙会对大鼓艺人来说可是一年里的大事,庙会人多,观众就多,意味着收益也多。"挣多了钱,等下午庙会散了,就买点好菜回家加餐,一家人都高兴!"

唐照煌家本是庐剧世家,爷爷那辈就是表演庐剧的,从小在这种环境的熏陶下,他对庐剧、杂剧、大鼓都有所涉猎,唱腔、节奏、表演艺术均融会贯通,所以在二十岁时专学大鼓并没有遇上什么难事。唐照煌7岁时上私塾,因而能识字断文,他唱的经典曲目中的故事都是从书上看过梗概后,再自己加工而成。

大鼓书最特别的地方就在于没有特定的唱词,同一部《岳飞传》,每个人唱的都有所不同,甚至同一个人唱同一故事都不是场场一样。除却人物、地点、事件这些重要信息不能有误,其余细节都靠艺人自己填充演绎,"大鼓书好不好看,都看每个艺人自己的艺术怎么样。我师傅就很厉害,"讲到他师傅,唐照煌很是崇拜,"我师傅艺术很高,人家说他是吃石头饭的,他走在路上,踢到一块石头,就能用这块石头讲上五天,讲这块石头是哪个妖怪变的,在哪

撮街庙会 程文浩摄

大鼓书艺人唐照煌　　　　　　唐照煌的外出演出证

里做了坏事被变作这般模样，降服它的人从哪里学了什么高超的本领……"信手拈来，随机应变，这不就是那个年代的 freestyle 即兴说唱吗？"就你们在场的这三个人，只要半个小时，我就能编出个故事来唱一出！"即兴创作，这是每个大鼓书艺人都会的本领，真是令人拍案叫绝。

后来手艺人都被收编到了生产队，每个人发了一本演出证，凭证可以接到各个乡镇演出的任务。那个年代，没有手机，没有电影，甚至电视都很少，群众陶冶艺术情操，闲时的娱乐，可都靠这些艺人表演。鼓点一响，邻里都是奔走相告，集聚来看。"最长的时候，我一连唱了个通宵，观众都舍不得我撤场，一直在喊要再来一场，再来一场。"

村镇包场的费用和街头表演又有所不同，直接包一场给两块八，加演的时候一天能得五块多，一个月下来，至少能有二十几块的收入。"那时候钱大，干部一个月才十几块工资，我们挣得比干部还多！"唐照煌讲起来靠手艺吃饭的那些日子，脸上是掩不住的骄傲。

唐朝煌手里这口鼓是自己蒙的牛皮，已经用了几十年了，上面的漆已经斑驳脱落，小竹根的鼓棍也是自己挖来的，长年累月的摩挲下，已经变得光滑润泽。聊天的时候，说话需要大声些或多重复几遍他才能听清，但是唱起大鼓来，依旧声音洪亮，唱腔昂扬，一点都看不出来今年已经 78 岁。扎鼓架时他干脆利落，一根绳上下翻飞，就用六根细长棍支起来一个鼓架，简板一打，鼓一响，又是一场精彩的大鼓书。收起鼓时，他是缓慢又仔细地，捧着手里的鼓，怅惘地告诉我，"现在大鼓书都被电视挤掉啦，也没人学了，到我们这辈，要失传了。"

其实大鼓书并非一成不变的，早年艺人们经常唱《岳飞传》《杨家将》《封神榜》等剧目，后来老戏不让唱，艺人们随机应变，改唱《红灯记》《沙家浜》《平原游击队》等，现下又依据新环境唱《紫蓬新貌》《歌唱蜀山产业园》……但是依旧面临失传的困境，浓重的地方口音和单一的艺术形式，使安徽大鼓无法扩大受众群，而越来越多高刺激的娱乐方式也分去人们的注意力，安徽大鼓即将只存于老一辈人的记忆里。

唐照煌将行当一一收起，搭在肩上，就像每次要出去演出时那样。"现在都只有一些我们这辈的老戏迷会到家里来听听了，最多家里逢年过节的时候唱上一段，知道的人越来越少了，可惜了，唉……"他扶着用来架鼓的细长红木棍，和我们一同出门，不知下一次，再把这些行头搬出来演一出大鼓书，会是什么时候了。

神奇的蒋氏手针

2017 年 9 月 20 日，《合肥市人民政府关于公布第六批市级非物质文化遗产名录的通知》中，蒋氏手针赫然在目。蜀山区政协文史委员会主任罗昕告诉我们，在此之前，蒋氏手针已经被列入合肥市蜀山区非物质文化遗产。

手针疗法是以传统经络学说为基础，用针刺手部穴位来治疗疾病的一种医疗方法，属于中国微针疗法的一种。

人体手部经络穴位十分丰富，除了六条经脉穴位，还有很多经外奇穴，人体五脏六腑的情况都会通过经络反映在手上。因此，通过手部穴位便可以观察到脏器的健康状况，按摩或刺激相对应的穴位，可以起到保健和治疗的作用。

蒋氏手针的传承人名叫蒋守正，已是耄耋之年的老先生仙风道骨，有着一口洪亮的嗓音。

"我老家原在河南开封，抗日战争前父母在上海做生意，所以我是在上海出生的。"

从蒋老的口中我们得知，1953 年，他从无线电学校毕业后，先是在西安发电厂工作。当时特别想调回到上海，但那个年代调动工作十分困难，最后只好来到距离上海不太远的合肥牛奶厂工作。

一直到 1978 年，蒋老才初次接触手针，也是因为亲身感受到手针疗法的神奇，点燃了蒋老学习手针的热情。

"那时也不知道为什么，就感觉脚后跟疼，也不红也不肿。当时去诊所看病，医生说是神经痛，天天吃药打针，但是快一个月了都没有好，决定换家医院看看。正好在安医一附院碰到一个朋友，他建议我去看手针。"

回忆起当时的场景，蒋老哈哈大笑："我当时就觉得他在开玩笑，脚疼用手针干什么？朋友说，你信我没错。于是就带我去了徐老的诊疗室。"

蒋老口中的徐老便是原安徽医科大学第一附属医院的徐少承教授，徐老的父亲也是江阴知名的老中医。

蒋老声情并茂，介绍起当时的趣事。

"那时候，我刚进入办公室就准备脱鞋。徐老就说不用脱鞋，把手伸过去就可以了。我当时和徐老说：'徐老你是不是搞错了啊，我是脚疼，不是手疼。'徐老就说：'哎呀，让你伸手就伸手嘛。'结果他一按，把针一扎。我当时心里呀，还有些生气呢，心里还想不是哪里疼扎哪里吗，但徐老都没收我看病钱了，我也不好发火。结果他说：'你站起来跺跺脚，还疼不？'我听了这话可高兴了，站起来拼命跺脚，嘿！果然不疼了。"

蒋老当时就佩服得五体投地。徐老又让他出门多走走，看看还疼不疼。于是，蒋老在医院跑上跑下好几层楼，发现真的是一点也不疼了。

从那一刻起，蒋老就对手针充满了好奇，每天一下班就跑到徐老的诊室里看徐老施针，想要拜徐老为师。

但是徐老说是科研项目不能教，更不方便收学生。

这当然难不倒蒋老的决心，他一有时间便去安医附院部诊部，看到徐老有需要帮忙的地方，他就赶快帮忙，扫地、擦针消毒……有什么活儿便做什么活儿。

也许是蒋老的诚心感动了徐老，每当别人来看病，徐老当时也会讲一讲。

"那时，也有人问他说：'小蒋怎么样？'徐老每每说：'他很热心的，有什么事也很愿意帮忙的。'"

半年以后，徐老终于忍不住了问他："你学这个干什么？"

蒋老回答说："现在看病好困难。我学会了，保证免费帮别人治病。"

徐老只是笑笑，仍然没有作任何表态。

大约偷师了七八个月后，蒋老自己买了个像钢笔帽那么大的小玩意，跑去问徐老："这个装针可以吗？"

徐老当时就笑了，可能被他的诚意打动，送了蒋老20根针灸用的针。

两年以后，根据徐老的建议，蒋老买了许多经络的书来看，自己学习和研究。

又过了几年，蒋老才开始算是比较正式的学习手针疗法。大约从1986年开始，每当有同事头疼脑热的，蒋老就免费帮忙诊治。领导也总是笑他不务正业。

时光到了2003年，徐老已经在手针治疗方面积累了丰富的经验，他便弄了很多材料，想在医院申请单独开设手针科室，后来也因为种种原因没有成功。

蒋老说："没想到2006年徐老就去世了，这对他来说可能也有点遗憾吧。"

手针治疗，不吃药不打吊针，相比于其他医学治疗方法来说，较为简单方便。

蒋老介绍说："蒋氏手针的发明者其实是徐老。手针分为皮内针和揿针。针灸是中国自古以来就有的治疗方法，但是手针和我们传统意义上的针灸也不太一样。比较轻的情况下，用针按压手部穴位也是可以治疗的。如果病得重一点，可以选择埋针。"

埋针所用的针，比一般针灸用的针要短很多，而且尾部没有针柄。将针埋在手内后以免针滑落，还需要用类似胶带的东西包起来。外面再加一层保护的东西。虽然针在皮下，但是只有扎针的时候才会觉得像打针一样地疼一下，洗衣服、打字等都不会受影响，日常生活中行动也不会觉得痛。

因为手针治疗的便利性，蒋老将一小根不锈钢包起来，又把筷子削短，自制两个用来点压手部穴位的工具，且更加方便随身携带。每当坐公交车或者在火车站和马路上看到有人牙痛感冒咳嗽的，蒋老便主动义诊，按压相对应的手部穴位，减轻他们的病痛。

"84岁那年，我有一次摔倒了，胳膊上、腿上很多伤痕，又红又肿。都说

合肥市级非遗项目"蒋氏手针"传承人蒋守正

每当坐公交车或者在火车站和马路上，看到有人牙痛、感冒、咳嗽，蒋老便主动义诊，按压相对应的手部穴位，减轻他们的病痛

七十三、八十四是个坎儿，也不知道是不是这样。摔倒后，我拿起随身携带的手针，给自己扎针。两天以后，身上的红肿便全消了。"

说到这里，蒋老拿出一份材料，上面是他所记录的许多病人的看病情况。他介绍说，类似这样的记录，他已经记录了三四个小本子了，打算积累多了将这些出一本书。

"我现在年纪大了，主要就在家里看病，有时候病人多，忙得来不及吃饭。"

蒋老很希望能把蒋氏手针传下去，他想招学生。

"我不收学费，家里还有一间空房子，可以提供住宿。学生只需要自己做饭吃就可以了。在人生的最后这几年，我想大力发扬手针治疗，解决缺医少药的山区治病困难的问题，也减轻群众生病的痛苦和减少治病的费用开支。"

蒋氏手针是传统医药的非物质文化遗产，从徐老的发明到蒋老的传承，体现了中国古老的医学文化在新时代下的改革和创新。可能对于徐老而言，当年对蒋老的免费诊治微不足道，但是从徐老到蒋老，从一次举手之劳的免费诊治到学有所成后的马路义诊，更是医者仁心的精神传承。

清介堂胡氏膏药

漫长的历史长河中，民间中医药在百姓中享有极高的声誉，技术也是辈辈流传，民间秘方验方合理有效，为广大群众治病提供了方便有效的途径。

清介堂胡氏膏药就是众多民间中药秘方中具有独特医药价值的制药工艺之一。

据家谱记载，清介堂的胡氏膏药已有上百年的历史，一直以来，都是根据传统膏药炮制方法制作而成。膏药制作工艺有着严格的流程，也十分繁杂，需要选择药材、榨取药材、滤油、炮制铅丹粉、下丹、文火熬炼、去火毒、制作成品等步骤，体现了中医药制作的选药上乘、工艺严谨的风格。

材料需精挑细选，制作出来的丹膏外观色泽黑亮、温润细腻，在治疗效果上能够祛风除湿、活血化瘀，对颈椎病、肩周炎、腰椎间盘突出、骨质增生、关节炎等骨伤疾病起到标本兼治的疗效，起到西药无法达到的目的。

见到胡来仙的时候，没有料想到清介堂胡氏膏药老字号的堂主是这样年轻。他拿着一个灰色的男士斜挎小背包，头发很短，显得干练利落。如今他是有着上百年传承的膏药完整配方的唯一继承人。

熬制此膏药的第一代正宗传人是胡一华，年轻时候跟随安庆怀宁当地一位非常有名的老中医学徒。老中医擅长治疗各种骨伤病，但膝下无嗣，临终前将一生从医总结出来的秘方口传给了胡一华。当时正是嘉庆年间农民生活困难，胡一华把师父传给他的秘方制成丹油膏无偿送给附近的乡亲们。当时患有骨伤病的病人很多，经贴敷胡一华的膏药往往一到两个疗程就能治愈。

胡一华临终，把膏药的秘方及熬制方法口传心授给他的儿子胡起薰。经过两代人的刻苦钻研和不断深化，到第三代传人胡光贞时，已是膏药制作最鼎盛时期，当地方圆百里"胡家膏药"的名声已经家喻户晓了。

胡光贞是一位有着慈悲心的中医，心地善良，用祖上传给他的秘方膏方为乡亲治病，对于特别困难的乡亲从来分文不收，很多慢性骨伤病人得到了有效的治愈。

第四代传人胡祖发，字祥麟，继承祖业时正值战乱。抗战时期他多次秘密前往江南为游击队伤病员治病疗伤，多次为当时江南游击队负责人刘家瑞治疗过腿伤，为敌后武工队长覃飞武治疗过腰伤。

第五代传人胡以江，继承祖业20年后到"文革"时期被迫停止。

胡来仙是第七代传人。我们很好奇，怎么没有第六代传人？胡来仙笑着解释，他的父亲没有继承这门技术，但也算一代传人。

胡来仙身上带着淡淡的药膏味，在讲到家族医道的兴衰荣辱时声音微微压低，透出庄严崇敬的意味。今年40岁的他，出生在这样的世家，这一生就与"行医"结下了不可诉说的缘分。

他是科班出身，年轻气盛的时候就想和爷爷反着来，老人家希望他上个中医学院，他偏偏不听，跑去安徽医科大学学习临床医学。大学毕业后顺理成章在合肥中铁第四工程局集团医院上了班。就在这个阶段，爷爷在和他聊天时还是希望孙子能够继承家族中医膏药事业。

说起来是一句话的事情，做起来要承受多大压力，放弃多少东西，这些也只有胡来仙自己了解了。

2005年，胡来仙已经工作了6年，当时已经是主治医师的他，做了一件旁人不太能理解的事情：注销西医医师资格证，跟着爷爷胡以江和中医学院前辈教授黄家麟先生学习中医知识。

他虽然是学西医的，但还是深刻感受到中国几千年来中医哲学的神奇。他与我们分享中医上最玄的"子午流注"。中医认为人体中的十二条经脉对应着每日的十二个时辰，由于时辰在变，不同的经脉中的气血在不同时辰也有盛有衰，故而在某个时间疗效会更好，尽如此矣。

2007年，胡来仙整理好所有纷乱如麻的思绪，忐忑地开始了他的第一次门诊。

第一个月，他挣了50块钱。这的确打击到了他本就不多的信心。他有些不知所措了：在我走了这么多弯路，立下这么多决心之后，在无法保障生活的前提下，还要坚持吗？在这样科技发达、思想新颖的时代，这个方子继续流传下去，是正确的吗？几夜无眠之后，胡来仙给了自己肯定的答案。他想起小时常听爷爷讲祖上为人治病的故事，那从胸膛里升起来的一股子自豪之感、钦佩之意，还是决定揣着最初的壮志酬筹，再继续试一试。这一试就是十来年。

事业真正有转机是在2008年6月的时候，百年的膏药传承下来的疗效有了体现，知道这个品牌的人也多了起来。渐渐地，一天有二三十个门诊是常事。他也给祖传的膏药定下了规矩："医生不可以把经济利益放第一位，要把中医'济善'的传统发扬光大。

"没有钱的乡亲百姓，确实囊中羞涩的，就不让他掏钱。这有钱的病患多给的时候，我就余着这钱，给下一个人看看病。"

他讲到这里扯起嘴角，笑了一笑："我是锅底上刮点膏药都够他们用啦。"

几年前，胡来仙居住的小区里有一位老太太，92岁高龄，家里两个儿子相继去世，老伴和孙子也不在了，3年里家中走了4个男人。这老人家有风湿，一直痛得厉害，实在忍受不了时就去药店买止痛药吃。被胡来仙碰到几次，了解到情况之后，赶紧从家里拿了两张膏药塞给老太太。

老太太要给钱，他不要，说："你先拿两张试试看，效果怎么样用过再说。"

接着的三年多，每年冬天他都给老人家送膏药过去，从没要过一分钱。清介堂胡氏膏药陪着无依无靠的老人家度过了几个寒冷的年头。

2013年，胡来仙注册了堂号，用的是一直以来的老字号："清介堂。"

"自己开的这家诊所，用的是胡家的名号，要传承的也是胡氏的文化与精神遗传。"

胡来仙说，他的膏药生产、制作全是自己亲力亲为。从亳州康美药城运药材，环环把关，亲自监测，保证原料质量、运输上的安全。

与别家祖上的传承配方有所不同，这胡来仙从安徽医科大学毕业，学的是西医和现代医学科技，他利用这些专业性知识在工艺流程上做了不少改进。他是一位勇于探索新领域，打破中西医枷锁的"江湖郎中"，将现代化的诊断带给了胡氏膏药，给它带来了不少意料之外的好处。

2017年，胡来仙注册了"合肥市清介堂胡氏膏药科技有限公司"，药品的研发工程暴风骤雨，名号是越来越响，药业也越做越大。

"老百姓越来越看重健康问题，胡氏膏药能被更多人用到，治疗病痛，不仅是胡家人的欣喜，也是医学传统的欣慰。"

现在的胡来仙下一步打算加大力度推广他的公司产品。

"想做得好很难！"

他顿了顿，仿佛不知道再怎么说下去了："与中药生产厂家合作虽说是目前形势最好的发展方法，但我最怕看到有些地方被夸大其词，不能治的病症都说能治。"

清介堂胡氏药膏在合肥老百姓中知名度已经很高，更有各地如湖南、山东和辽宁的患者慕膏药名前来，用过此膏药后感觉不可思议。

会有这样的一天，清介堂胡氏膏药如胡来仙所言，真正地在全国人民面前发扬光大，为人民带去福音。

在此之前，胡家清介堂膏药一路走来的坎坷都是为了未来的这一天铺路。

福升堂舞狮，由年轻人继承的非遗

福升堂龙狮队是一个以舞狮为主、杂技为辅的表演团队，曾在全国狮王争霸赛中获得"金狮奖"。

2017年5月24日，合肥市包河区"非物质文化遗产福升堂醒狮传习基地"揭牌仪式在大圩镇农民文化乐园举行。在政府的支持下，龙狮队的队员们在传习基地免费教一些对此有兴趣的村民，让他们学习一些舞狮的基本技巧动作，让生活充实起来，有商演时还能参加商演挣点钱。

在周末时，福升堂还会免费教附近的孩子们舞狮，让孩子们从基本功开始练起，从而选拔可塑之才。

福升堂的现任当家人年福升告诉我们，追溯福升堂的成长过程，还得从北京天桥说起。

晚清时期，福升堂由年福升的太爷爷经营，最初在北京天桥杂耍卖艺，后来远走四川，再到山东，1996年到了安徽。

那些岁月，艺人生活不容易，单靠舞狮是养活不了自己的，所以不论在北京、四川，还是在山东、安徽，福升堂都以杂耍为主。

年福升，1992年出生在山东枣庄，是福升堂的第五代传人。据年福升介绍，他这一辈有四个兄弟，按顺序分别名"东""旭""初""升"，年福升正好是第四个"升"，又因为是"福"字辈，故取名叫"福升"，这才有了和福升堂重名的巧合。

年福升从小受到福升堂的熏陶，4岁时加入了山东省德州市的杂技团。

"狮子踩绣球，好戏在后头。"

年福升说，每一场杂技的开场节目就是狮子舞——北狮表演踩绣球、过翘板、走梅花桩。

小福升9岁便开始学习舞狮，一开始由于个头小，身体灵活，在舞狮的时候舞狮头。后来长大了便开始舞狮尾，因为舞狮尾需要一定的力量。

"在跳梅花桩的时候，狮尾非常重要，因为在这个过程中都是狮尾推着狮头走。"

现在的福升堂龙狮队是年福升为了继承家族的技艺而创办的，它是一个以舞狮表演为主的杂技团体，队伍里共有十八个人。

这些人中有年福升爷爷带的徒弟，也有年福升父亲带的徒弟。在杂技舞狮行业里，素来有"见空不挖三分罪"的说法，也即团队要善于挖掘人才，挖掘那些自己单独表演且技艺高超的人，福升堂舞狮团队里的一些队员就是这样被"挖"进去的。

这其中年龄最大的已经82岁，在舞狮表演时负责敲锣的工作。团队里负责舞狮的人和年福升一样大，甚至更年轻。

年福升告诉我们，舞狮的动作比较危险，只适合年轻人。自己的年龄在团队里算大的，现在无法完成一些难度比较高的舞狮动作，主要负责在舞狮时打鼓。

福升堂龙狮队的成员大都是从山东跟着年福升到合肥来的，一些人还将自己的妻子和孩子从山东带到合肥一起生活。

他们集体住宿，亲如一家，经常有团队中某个成员的妻子做饭款待整个舞狮团成员。

年福升骄傲地说，自己从来不拖欠工资，即使贷款也一定要给团队里的人发工资，于是有很多人愿意从山东到合肥一直跟随福升堂。

"广东、广西的很多人都想加入我们福升堂。"

年福升言语里洋溢着自豪。

舞狮有南狮和北狮两种风格。南狮就是俗称的佛山醒狮，是富有南方风格的一种狮形。南狮中表现的主要是狮子的喜、怒、哀、乐、动、静、惊、疑等8种神态，以采青为特色（采青是中国传统舞狮活动的一个固定环节，是舞狮活动的高潮，在舞狮过程中，"狮子"通过一系列的套路表演，猎取悬挂于高处或置于盆中的"利是"，因"利是"往往伴以青菜，故名"采青"），历尽艰险取得胜利。

北狮的外形与真狮很相像，在舞姿上，主要表演狮子的善良与灵巧，翻滚跳跃，首尾相引合，步法整齐合一，加上充京钹、京锣、京鼓等音乐节拍，按乐声起舞，引舞者持球翻腾滚动，表现出武士雄姿，徐徐持球引狮起舞。

"北狮看起来比较凶，南狮看起来更有美感。"

年福升认为南北两狮各有特点，于是他便将舞北狮和舞南狮结合起来，舞出北方狮子的技巧，走出南方狮子的神态。

年福升为我们做了简单的表演，指出舞南狮中的后空翻、下桩，梅花桩上的漂移等动作都来源于北狮。

为了使舞狮具有合肥本地特色，年福升采用合肥本地的番锣为舞狮配乐。

其实在没见到年福升之前，以为应该是个壮年人，真实的他戴着一顶铆钉帽，穿着红色的短袖和运动鞋，让我们无法把眼前这个年轻的90后大男孩和传承非物质文化遗产联系起来。

而对于4岁进杂技团、6岁登台走钢丝、9岁开始舞狮的年福升而言，在舞狮这项活动里，1992年出生的他已经是团队里的"老人"。

为了能够生存，福升堂龙狮队主要以商业演出为生，但"生意不好做"，队伍不好带。

年福升分析说，现在市场上有很多不懂舞狮的人为了较低的报酬参加商业活动，他们不仅没有表演真正的舞狮，还破坏了市场，不利于像福升堂舞狮团队这样的专业舞狮团队生存。

年福升不仅是福升堂堂主，还是安徽体育运动职业技术学院社会体育系的一名舞狮教师。

原来在年福升15岁时，北京体育大学招舞狮体育特长生，擅长舞狮的年福升被挑中了。在北京体育大学学习了两年的舞狮后，17岁的年福升被调到安徽体育运动职业技术学院教授舞龙舞狮，从2009年一直教到了现在。

"在学校任教是一个很好的职业方向。一方面，对于年龄较大无法完成高难度舞狮动作的人来说，在学校任教避免了失业的风险；另一方面，在学校任教退休后可以领退休金，老了有个保障。"

看来，这位年轻的堂主考虑的比同龄人要多。

的确，舞狮是一个"吃青春饭"的活儿，福升堂舞狮团队里的人也终有"舞不动"的那一天。而在这一天到来之前，福升堂希望队员们都可以在学校任教，这不仅是为了自己的生活，更是为了将舞狮一代一代地传递下去。

对于福升堂龙狮团，年福升表示，无论是从技术还是传承等方面，福升堂龙狮团在安徽省都是一个非常优秀的团队。

但是在全国范围内，安徽省在舞狮保障方面还有差距，比如很多省市都有自己的舞狮队伍，有民族传统体育舞龙舞狮项目地，而安徽目前还没有。

"我非常期待福升堂龙狮队能够代表安徽省出去比赛，能够得到体育局、文化局等相关部门的支持。"

年福升如是说。

HEFEI
THE BIOGRAPHY

合肥传

浓浓的『文艺范』 第六章

作为安徽省省会城市，全省的文化精英多集中在这里，许多文化场馆和设施也是在这里建设而成。经过几代人的努力，更是培养了一大批文艺拔尖人才，成就了文艺肇始地的梦想。

蝶变（雕塑）

合肥剧场原址新考

香港广场、东亚银行、西餐厅，是我们今天对阜阳路与淮河路交口东北拐角的印象，可在 20 世纪 80 年代以前，那里可是先后有过天后宫、福建会馆、新民大戏院、合肥剧场等建筑，或惨淡，或辉煌，有一个特点是共同的，那就是一直都是普通老百姓聚集的场所。

老市政府的西边，20 世纪 50 年代以后直到 80 年代末，许多人都在那里看过戏和电影。《合肥市地名录》上就有记载：合肥剧场，1953 年建，座位 1068 个。

《合肥晚报》原文化部主任王行先生是我们老前辈，一直关注和关心"晨报地理"的成长。他特地给我们来信说，他是 1957 年到合肥工作的，因为有朋友在合肥京剧团工作，所以经常去合肥剧场那里玩。当时，京剧团的团部就设在剧场的院子里，记得院子里还有一幢三层灰色小楼，是剧团的宿舍，当年的名角张惠芝就是在那幢小楼里结婚的，只是后来调到黄梅剧团去了。小楼前边是一排平房，好像是京剧团的办公室。

其实那块土地上早就与舞台结了缘，这与安徽的古戏台所处的位置和形式有关。

古代戏剧演出，戏台大致可分戏楼、戏台、露台三大类，并且大多附建于庙宇、道观、会馆、祠堂里，也有建在大户人家的庭院里。今天在一些地方还可以看到那种形式的戏台，比如合肥城隍庙里的戏台。最初，古戏台的功能主要用于酬神，后来发展为一种娱乐活动场所。

早在清朝乾隆年间，那里有一座供奉天后娘娘的庙宇天后宫，每到春节期间，合肥城里的艺人们都要集中到那里进行演出，有玩杂耍的，也有徽班在那里搭台唱戏演出，是合肥古老的戏曲演出场所之一。

天后宫是供奉妈祖的场所。据说妈祖是福建望族林氏的后裔，28岁时羽化升天。从此以后，妈祖多次显灵救助苦难，在人们遇到困难时只要求声"妈祖保佑"，妈祖就会闻声而至，人们就能逢凶化吉，遇难呈祥，是东南沿海一带的船工、海员、旅客、商人和渔民共同信奉的神祇。

这有点奇怪，合肥这个地方属于内陆城市，怎么也会供奉起妈祖来了？这里我要解释一下，明末清初，大批福建商人来到庐州城里经商，他们虽然远离家乡，但仍然保留了家乡的信仰。那批福建商人中最有钱的共有12家，他们共同出资，在后来成了合肥剧场的那块土地上盖起了一座庞大的天后宫。

天后宫从建成之日起就香火旺盛，安徽省民俗学会秘书长王贤友先生给我讲解了其中的缘由。

合肥虽然不属于崇拜妈祖的地区，但因为靠近巢湖岸边，加上从前城里和周边也是河网密布，所以在水里讨生活的人不在少数。起先可能只是去天后宫那里瞧热闹，后来逐渐被那里的宗教氛围所吸引，那些船工、渔民们也信奉起天后娘娘。

老合肥中有人听说过天后宫的规模，戏楼、牌坊、前殿、大殿、藏经阁等一应俱全。其中大殿是天后宫的主体建筑，进深3间，属于明代晚期木结构建筑风格，雕梁画栋，十分宏伟气派。直到20世纪初，每年的农历三月二十三天后诞辰日时，天后宫都要举行堂会，门前有高跷、重阁等民间花会活动，戏台上是各地戏班轮番上演。锣鼓声、喝彩声此起彼伏，响彻上空。

福建同乡会馆的掌门人名叫李子木，也是个极有商业头脑的人。1911年，他在会馆旁边搭起一个能容纳300名观众的庆舞台，也有说叫共舞台，总之这是合肥最早的戏园子。

天后宫具体毁于何时，我没有查找到相关记载。但最迟在1914年，那里已经不见天后宫。因为根据合肥地方志的记载，那一年，徽州人方遇春在天后宫原址重建戏院，组织京、徽两班唱戏。不过，那块地皮仍然属于福建同乡会馆，方遇春每年还是要付给他们地皮租金约三四百银圆。

其实当初在那里演出的主要还是以徽剧为主。徽剧最早流行于安徽省境内包括今天的江西省婺源县一带，那时也是属于皖南。1790年，徽班名艺人高朗亭率三庆班入京。接着，春台、和春、四喜等徽班又相继进京，即所谓"徽班进京"。徽班进京后，又吸取京腔、秦腔、昆曲、汉调等剧种的长处，经程长庚等名艺人的创造改革，大约经过了五十年的孕育，到道光、咸丰年间，遂成为后来的京剧而流行全国。

《合肥大事记》记载，合肥是1862年始有京剧演出的。而京剧刚刚传入合肥的时候，观众还是赶不上看徽剧的人数，家乡人还是喜欢家乡戏。

新民戏院的记忆

采访已经消失的古迹的时候，心里常常充满了困惑，古建筑的模样、布局等在脑海里被拼凑了无数回，结果还是难以有一个完整、清晰的想象。

都说只要有庙会的地方就有戏台，在合肥周边的一些小庙会上倒是看见过古戏台，可都是规模太小，模样太寒酸，倒是亳州的花戏楼给我留下了极深的印象，不知是否可以作为天后宫的参照物。那座花戏楼位于关帝庙内，至少和合肥天后宫的古戏台有两点相似，其一，都是修建于清朝时期；其二，供奉的都是真实存在的人。

亳州花戏楼是山陕会馆的主体建筑，有碑记云，戏台高3.25米，东西宽12.25米，当中主台宽6.75米，深10米。东西两侧有副台，各宽2.75米，向后收4.15米。主台中心突出，可三面观戏。

作为庐州府衙所在地的合肥城，戏台的规模不会逊于亳州花戏楼。听老一辈合肥人说过，那里上演过许多徽剧传统剧目，有《七擒孟获》《八阵图》《八达岭》《英雄义》《倒铜旗》《白鹿血》等，还有根据戏曲改编的大鼓书，有《郭子仪上寿》《陈州放粮》等。就像戏台上经常悬挂的匾额上写的那样，戏曲是"演古讽今"，可谓"一曲阳春唤醒古今梦，两般面貌做尽忠奸情"。

方遇春的戏院并没有维持多久，几年后就倒闭了。1919年，北京爆发了

剧场演出

著名的"五四运动",浪潮席卷到了庐州,学生和市民就聚集在戏院斜对面的卫衙大关广场上,游行队伍甚至经过戏院门前。但口号和呐喊声丝毫没有影响那里的建筑施工。李子木的后人在方遇春的戏院的废墟上陆续建瓦房19间,用于自住,多余的部分进行出租,在那里过起了惬意而悠闲的日子。

1948年,董良臣、段正宽、胡月天等集资在该处建新民大戏院。仍然每月向李子木的后人交地皮租。

合肥解放后,该戏院由新生平剧社经营。后经修缮,内设舞台,高7.2米,深11米,宽18.3米,台口宽8.7米。特号座位275座,对号250座,普通号470座,计为995座,前台服务人员23人,后台艺人65人。

老合肥夏葆升先生回忆说,新民大戏院的剧场简陋得只用稻草苫顶,土坯垒墙,但每天总是观众盈门。

那时,他家与新民大戏院一墙之隔,京胡声如流水四处徜徉。为了过瘾,他常到大戏院后面去看。那里是戏院的化妆室,从窗口望进去,演员在里面来来往往地化妆,周围挂满一件件马甲、长袍、红褂、绿袄……

大戏院每在散场之前一二十分钟,大门早早就打开了,这叫"放闸",围在门口的孩子可以进去看个尾场,见到演员谢幕,也算是一饱眼福。

合肥的地理位置决定了这里的人们对南北文化是兼收并蓄的,反映在戏曲上就是徽剧、京剧、庐剧、越剧、黄梅戏在这里都有听众。

不过，随着时间的流逝，京剧的势头似乎盖过了传统的徽剧，许多老合肥对解放前的"居家班"记忆犹存。这是个以演出京剧为主的民间职业剧团，经常在新民大戏院演出。老合肥丁先生说，合肥解放后，"居家班"由军管会接管，改名为"新生平剧社"。

说到"新生平剧社"就不得不提到王少舫先生。可能读者会说了，王少舫先生不是黄梅戏表演艺术家吗？怎么会扯到京剧上了？其实王少舫先生是京剧演员出身，早在抗战初期，他所在的京剧班是与丁老六的黄梅调班同台演出的，各演半场，故也演黄梅戏。

"新生平剧社"成立时，选举王少舫为社长，他唱做俱佳，舞台经验丰富，在当时已经有一定名气。1950年，王少舫才正式改唱黄梅戏，参加了丁永泉父子和潘泽海父女所在的民众剧团。熟悉王少舫唱腔的人都知道，他的黄梅戏里吸收了京剧的唱法，行腔吐字均有独到之处，韵味无穷，为后人争相摹唱。比如黄梅戏从前是没有花脸唱腔的，在《陈州怨》里，他为包拯设计出一套花脸唱腔，算是填补了黄梅戏的一项空白。

王少舫离开不久，"新生平剧社"就改名为"新民京剧团"。1956年又收归国营，更名为"国营合肥市京剧团"，演出地点仍然在新民大戏院。

那么，破旧土木结构的新民大戏院是什么时候改为钢筋混凝土结构的合肥剧场呢？《合肥晚报》原文化部主任王行先生提供了一本1952年印的首届各界人民代表会议须知，里面附有一张当时的地图。从图上看，那里当时还叫新民大戏院。

我在资料里看到，1953年，新民大戏院大厅倾斜，经市政府批准拆除改建，共投资12.5万元，历时8个月，于同年11月建成，命名为"合肥剧场"，这是合肥解放后新建的首家大型剧场，专供京剧排练演出之用。

合肥剧场占地6亩，总体建筑面积2500平方米，实用面积1600平方米。分为三部分：前区为二层楼门面，一楼前厅94平方米；中区为观众厅624平方米，后区为表演台210平方米，副台有170平方米。舞台口高5.5米，宽10.8米。化妆室50平方米。

看惯了简易剧场的合肥戏迷们,面对雄伟的合肥剧场,坐在舒适的座椅上,听着从扩音器里传出的唱腔,感慨地称赞,还是新社会好!以前的老戏院里哪有音响设备呀,演员全凭一副好嗓子。演员们从学徒时就听师父唠叨,要字正腔圆,把每句道白都要送到最后一排观众的耳朵里,那考验着演员的功底呢。

合肥剧场的内部设施在当时的确称得上很完善,舞台备有面幕、天幕、二道幕、腰幕、天条、边条。尤其到了20世纪70年代末期,剧院还开始放映电影。为此增添了大型配电柜,以及两个高频率扩大器、两套音箱和两台放映机。后来,更是有了全套的宽银幕放映设备和1台氙灯滤波器等,甚至置办了制冷空调设备。

不过,合肥剧场最辉煌时期还是以演京剧为主。据说当时的合肥有"四大名旦",即王熙春、谢黛林、刘美君、曹畹秋,他们都为合肥的京剧发展作出过杰出贡献。而外地一批批有才华的名角也纷纷来合肥搭班加盟,早期有著名程派青衣新艳秋、马派老生解宗葵、红生张韵楼、老生迟世恭、武生缪春华和盖天鹏等。

老合肥丁先生说,"国营合肥市京剧团"正式成立后,徐鸿培先生为首任团长,剧团创作的剧目《初出茅庐》《画皮》《齐姜遭夫》三剧,参加安徽省第一届戏剧观摩演出,就荣获演出奖、导演奖、演员奖、音乐奖、舞美奖等20多个奖项。其中,团长徐鸿培先生11岁拜师学艺,16岁登台一鸣惊人。23岁时,已经成名的他暂别舞台,拜与周信芳同台多年的范叔年为师,是著名的麒派传人。

有一件事可以说明徐鸿培先生的影响力:1984年是周信芳90周年诞辰,为了继承和发展麒派艺术,上海举办了第一期麒派艺术进修班,选招来自11个省市的22名卓有成就的中青年京剧老生演员集中培训,当时年已七旬、仍任安徽省京剧团团长的徐鸿培先生被邀请出任主教。上海的老戏迷们有许多还记得他在上海卡德戏院挂头牌演出的盛况,麒派戏《萧何月下追韩信》《徐策跑城》等剧久演不衰。当时上海的报纸评价说他注重在唱、念、做中刻画人物的性格,其做功在夸张中又有细致,唱腔韵味浓郁。

老合肥夏葆升先生也说，他在那里看到过当时合肥的许多京剧名角。还记得徐鸿培个头中等，方脸，面皮微黑，经常香烟不离手；而身材魁伟的薛浩伟嗓音洪亮、潇洒；王熙春虽年过四十，但穿戴打扮依然讲究，嗓音更是缱绻婉转，余音缭绕；身材瘦削的杨旭东，扮演《杨家将》中的佘太君，嗓音洪亮，掷地有声！

著名书法家李三先生是我的挚友，他给我打电话说："提起合肥剧场，记忆犹新，小时候经常在那里玩耍，印象最深的是连看几场样板戏。"

20世纪五六十年代还没有多少娱乐活动，市民们习惯去合肥剧场看戏。那时还沿袭过去的做法，每晚都有市京剧团上演的剧目。在门口的海报栏里将每天的戏码张贴出来，并注明每出戏由谁担纲主演。要是有京城名角儿登台，那第一场被戏迷们称作"打炮戏"，通常是一票难求。

李三先生的家当时就住在不远处的双井巷，吃过饭就喜欢溜到合肥剧场门前看热闹。剧场门口挤满了卖瓜子、花生的小贩，没有买到票的在那里等退票。小孩子看戏倒是方便些，嘴甜一点，便跟着叔叔、阿姨进去了。可蹭戏也不是那么好看的，中途往往会遭遇查票，有经验的小孩会提前躲进厕所里，待"警报"解除才出来。

到了20世纪70年代，仿佛一夜之间，传统京剧不见了踪影，合肥剧场的舞台上轮番上演的是革命现代京剧，即当时所说的七个样板戏《红灯记》《沙家浜》《智取威虎山》等。"临行喝妈一碗酒""穿林海跨雪原气冲霄汉"……看得多了，那些经典唱段，孩子们都会整段地唱下来。

其实，面对日新月异的新社会，舞台上倒是急需能够反映现实生活的新编戏曲。用京剧形式关注现代题材，很有生命力和新鲜感，所以最初上演革命现代京剧时场场爆满。夏葆升先生就认识一位演武生的青年演员，平时挺胸走路，两脚习惯地立成"丁"字步。后来在台上看他演《红灯记》中的铁路工人李玉和，嘿，形象果然英武了得。

只是到了"文革"期间，只许样板戏这一种艺术形式和曲目存在，其他的统统被视为"四旧"，帝王将相和才子佳人被从舞台上赶了下去，合肥剧场不见了那些精彩剧目，京剧名角们也被发配到食堂、农场劳动。

说实话，时隔多年以后再听那些革命现代京剧，熟悉的唱腔还真的唤起了对少年时期的美好回忆。只是当时呈现的是一枝独秀，除了样板戏还是样板戏，大家都给弄得倒了胃口。

1960年，安徽省京剧团成立，当时和合肥市京剧团同属合肥市代管。1969年，合肥市京剧团并入安徽省京剧团。

时间在流逝，京胡悠扬、锣鼓铿锵氛围没有再次笼罩在那块土地上。20世纪80年代末期，合肥剧场最终被拆，从此，只留在了人们的记忆里。

半世剧院半世戏

长江剧院是省城历史悠久的文化标志性建筑之一,位于九狮桥街10号,南邻"安徽第一路",北毗繁华的淮河路步行街。其周边尽是热闹的去处,看电影、逛商场、吃小吃,是合肥小资们假日悠闲生活的主打内容。

踏上长江剧院高高的台阶,第一感觉是宽敞、气派,具有强烈的时代气息和现代艺术特点,其时尚、现代、个性分明的风格,给人强烈的视觉冲击力。长江剧院的历史已经有半个多世纪了。1956年6月,国家在经济还十分困难的情况下,拿出60万元人民币,兴建这所当时在合肥算是首屈一指的大型剧院。

许栗的家就住在长江剧院旁边,他记得以前的剧院大厅里都是那种翻盖的木头椅子,上面喷着阿拉伯数字,就是把塑料板剪成10厘米长、5厘米宽,然后在上面刻上数字,再用装敌敌畏杀虫剂的喷气筒换装上红色的油漆喷上去的。

长江剧院刚盖好时,主要是用来作为演出场所的,不仅省市的艺术团体在那里演出,还多次接待国内外具有影响的表演艺术家,上演过许多优秀剧目。像王文娟率领的上海越剧团"红楼梦"剧组,马季、赵炎、姜昆、牛群等演出的"相声晚会",李谷一、叶佩英、刘秉义"在希望的田野上音乐晚会",吴雁泽等"十大名家"说唱会,杨春霞等"京剧名家"演唱会,以及"中国名模大型时装、影视明星文艺晚会"和天津、广州等地轻音乐团演出,还有"日本久留米市青少年合唱""乌克兰国家现代舞艺术团"的演出,等等,并成功接待了"全国首届相声节""全国第三届小品大赛"比赛和演出。

据介绍,老的长江剧院是2004年5月被拆除的,历时16个月,新长江剧院于2005年9月28日隆重开业。重建后的长江剧院配备了先进的音响、银幕及其他放映和演出设备,当时是合肥市唯一的五厅影城,更加贴近市场、更加符合消费者的需求。

在长江剧院溜达,遇见一位热心的观众,他叫丁元康,从小就喜欢看电影、戏曲,不管是话剧、歌舞,还是新上映的电影,他都上瘾。那时,合肥市的几家专业剧团经常在长江剧院演出,他是逢演必看。特别是曲艺团,说起合肥曲艺的名角他也是如数家珍。

他说合肥老的曲艺名家过去都很有观众缘,他们把看自己表演的人视同"衣食父母"。比如大鼓艺人甘华福、刘正先,琴书艺人祁林兰。后来的曲艺新秀张建、沐清等,那时在合肥可都是响当当的人物。丁元康先生说他们在长江剧院的每一场演出他都去看了。

丁元康给我讲了一个故事。

1978年,刚刚迎来了演出春天的长江剧院上演话剧《于无声处》,那是讲述一个名叫欧阳的青年人自发编写天安门诗抄《扬眉剑出鞘》而受到通缉的故事,生动地展示出1976年清明后、十月前中国社会动荡的历史画面,反映了人民群众强烈而鲜明的爱憎之情,道出了人民群众的心声。当时在长江剧院公演时达到了一票难求的境地,连续9场他都没有弄到票,最后一天演出前,他在长江剧院门口硬是拦下了一位干部模样的人,嘴里反复念叨这场话剧对他多么重要,哀求着要拿手腕上的"中山牌"手表换对方手中的票。结果那位干部被他感动了,什么也没要就把票给了他。

那次,他是流着眼泪看完话剧《于无声处》的。

谢红玲女士是长江剧院的资深员工,她对我形容说长江剧院是老合肥人心目中的一块文化绿洲。在半个多世纪的历程中,不仅为合肥市民的文化娱乐作出过很大的贡献,也在各个阶段、各个艺术门类的迎来送往中发挥过重要作用，为省内外许多文艺团体、特别是合肥三个市属剧团提供了展示艺术水准的舞台。轰动一时的话剧《激流勇进》《雷雨》《八一风暴》《一二三起步走》《霓虹灯下的哨兵》《红岩》《都市彩练》《何家庆》都在这里上演过，合肥举办的重大文化活动中有许多也都安排在长江剧院。所有这些，都使长江剧院在不知不觉中成为合肥市重要的文化见证。

就在几年前，当新的四星级长江剧院出现在合肥人的视野中的时候，这家"老字号"在其面貌焕然一新的同时，为合肥人带来了新的视觉享受，也在老合肥人心目中保留了一丝对逝去岁月的畅想。

感动贾斌的是2008年9月9日的那次全省教师首次个人演唱会。之前，贾斌在南京一所师范院校艺术系就读声乐专业，毕业后分配到长丰县一所中学教音乐。他最大的愿望就是能够在合肥长江剧院举办个唱，因为他小时候在那里看到了太多歌唱家的演出。他从小的梦想就是成为一名歌唱家，幻想着在家乡的舞台上为父老乡亲高歌一曲。那年，合肥二中程洁老师在长江剧院成功举办了个人演唱会，这强烈地刺激了他。他对我说，现在他的愿望就是攒钱、练歌，然后也在长江剧院举办一场个人演唱会，他要把自己这么多年学到手的本事展现给他的学生看。

小平房里传出的电波

许多合肥人，记住合肥人民广播电台是因为刘兰芳，每天半个小时的评书连播成了成千上万人最大的期待，许多人整天为她所说的《岳飞》《杨家将》中人物的命运揪心，牵肠挂肚。记得当年《岳飞传》一开播，万人空巷，刘兰芳甚至因此成为维持治安标兵。

也就是从那时开始，许多人习惯早晨起床后，第一件事就是打开收音机，一边洗脸、刷牙、吃早饭，一边收听合肥新闻——那是个广播的时代。

1980年2月18日8时，广袤的天空中又重新响起了"合肥人民广播电台"这个崭新的"呼号"，久违了的合肥人民自己播音员的声音再次通过无线电波传入庐州的千家万户，有效覆盖面积4800平方千米，每天播音12个小时。

最早的合肥人民广播电台始建于1958年7月，当时人手紧缺，筹建班子只有8个人，发射机是省电台支援的一部原皖北人民广播电台用过的1千瓦发射机，经过改造后又重新使用，发射天线就是两根52米木杆架设的T型天线，机房地址在合肥市南郊姚公庙，办公地址借用原淮河路西段老合肥日报社的一间房子。

合肥电台开始试播时，全天三次播音，上午5：30—7：40，中午11：30—14：00，下午至晚上16：50—23：00，全天总计播出时间为11小时50分钟。

刘兰芳先生莅临安徽岳飞馆　岳辅金摄

  1961年3月，恰逢三年自然灾害，国家经济困难，建台仅两年多的合肥人民广播电台，根据上级指示停播，由无线广播改为有线广播。

  20世纪80年代中期以前，广播成为群众获取资讯、娱乐最主要的手段。也就是在那时候，合肥人民广播电台恢复播音，使用的发射频率为666千赫，发射功率为一千瓦。当时，条件十分简陋，台址就在淮河路老市政府后院的几间平房里，既无国家拨款，也无编制，实行的是"局台合一"的管理模式，利用原试验台、有限广播站的人员和设备，所有节目的录音和播出都是采用601民用双轨录音机，以今天的眼光看来，简直不可思议。

  这种状况一直持续到1982年，为了提高播出质量，合肥人民广播电台尽其所能，不断更新设备，录音机和放送机由双轨改用单轨，增加了4部LY635广播专用录音机，播出放送机也改用4部LY221广播专用录音机，播出质量有了质的提高。

  1987年，新的广播大楼建成，合肥人民广播电台终于告别简陋的平房播音生涯，录音和播出设备不断完善。现在合肥电视台供职的著名节目主持人华曙虹回忆起那段艰苦的岁月，感叹今天真是鸟枪换炮了。

华曙虹是 1980 年年初进入合肥人民广播电台的，那时还是有线广播站，也算是个老广播了。谈起在小平房工作的日子，他的话匣子一下子打开了。

他曾经写过一篇回忆文章，题目就叫《别了，小平房》，发表在《合肥晚报》的内部刊物《合肥新闻》上，可惜今天已经找不到了。就是在那几间低矮的简陋的小平房里，他和他的同事们创造了好几项全省乃至全国第一。比如说在全省第一次采用了主持人的形式，记得是组织合肥市的一批企业家通过电波给听众拜年，以前的播音员习惯在节目结束时说，以上节目是由某某某播音的，他那一次标新立异，充满激情地说："我是华曙虹，这里是××××的现场……"新颖的播音风格令听众耳目一新。

他给我讲了几个趣事。

在开办点播节目的时候，每天可以收到几百封听众来信。因为在节目中要求来信要贴足邮资，没想到有一位听众居然理解成要贴满邮资，用邮票把信封的正面贴得满满的。

第一次直播时，由于紧张，主持人总是感到嗓子痒，不由自主地咳嗽了一声，结果全体听众都听见了，不熟悉的来信询问怎么回事，熟悉的更是善意地开起了玩笑。

建台之初，由于设备简陋闹出不少趣事，观众熟悉的报时"嘟嘟嘟，刚才最后一响是上午几点"，当时是根据自己的手表对时，用音片敲打而来的。

也就是在那栋小平房里，他采访了许多文化名人，包括赵忠祥、冯巩、牛群等。其中，冯巩给他留下了深刻的印象，那是首届全国相声大赛，当合肥人民广播电台第一次和中央人民广播电台联合向全球直播，他作为直播主持人和中央台著名播音员雅坤联袂主持。当时，冯巩还是一个名不见经传的相声演员，那次比赛也只获得了三等奖。但华曙虹被他身上的文化气息所折服，大胆断言，若干年后，此人必成大气候，毅然决然地隆重向听众介绍了他的相关情况。

回忆在小平房做过的工作，他至今仍觉得好玩、过瘾，一间 20 平方米左右的房间既是会议室，又是播音室，在那里，他和他的同事们录制了许多黄梅戏的经典唱段，包括《哑女告状》《罗帕记》，来录制的演员许多都是今天仍然活跃在舞台和荧屏上的黄梅戏明星的老师;在那里,他和他的同事们编导录制了合肥电视台第一部广播剧,根据英国小说改编的《汤姆生的故事》,演员是当时从事话剧表演的朱起、蒋维国、张俏苓,让我们记住他们的名字。

许明贵今年46岁,少年时就喜欢听广播,尤其是庐剧和大鼓书。进入中年,单位破产,他用买断工龄的钱买了一辆出租车,从此又和广播解下了不解之缘。他说多少年了,广播对我的影响是越来越大,现在很少有时间看电视,了解国家大事和愉悦自己靠的就是车载收音机。他特别喜欢交通台和文艺台,能够叫出许多主持人的名字,比如《与你同行》的主持人刘馨,《午安,合肥》的主持人燕平,《经济、生活、消费》的主持人张进等。

陈庆华的家在合肥南边濒临巢湖的义城镇,父辈们日出而作日落而息。中华人民共和国刚成立时没有电,人们除了正月里社火班唱几天小倒戏,就再没有像样的娱乐活动了。

陈庆华回忆说,大概在他七八岁的时候,生产队给每家每户安装了一个广播,社员们称它为"广播匣子",那是个5厘米厚1尺见方的铁锈红木盒子,正面刻一个五角星,里面装着喇叭。每天清晨,嘹亮的《东方红》乐曲便从家家户户的小匣子里传出,叫醒了梦魇中的村庄,社员们也在这悠扬的乐曲声中上工去了;晚上,一家人围坐在小饭桌旁,自然都听上一通。先是全省新闻再是合肥市新闻,大多是抓革命促生产的消息和最新指示,然后放一个多钟头的革命歌曲。

20世纪80年代初,改革开放的春风刮到了这个相对封闭偏远的小镇,"广播匣子"自然被淘汰了,取而代之的是收录两用机。他用两麻袋黄豆换来了一台"燕舞牌"收音机,听广播评书便成了他每天中午必做的"功课"。

他曾专门坐班车到市里,费尽周折找到了位于淮河路的老合肥人民广播电台。可是门卫不让进,要知道,那年月,广播电台和银行、党政机关等都是重要单位,闲杂人等一律不得入内,至今,这都是他的一个遗憾。

从安徽歌剧场到江淮大戏院

合肥解放不久,就掀起了文化教育基础建设的高潮。江淮大戏院和安徽省博物馆、安徽省图书馆、安徽大学、合肥工业大学、安徽医学院等先后拔地而起,作为曾经的全省重要的政务会议中心、文化娱乐中心,为安徽的政治文化发展作出过重要贡献,见证了自20世纪50年代以来合肥文教事业的崛起和辉煌,2007年被列为安徽省重点文物保护单位。

伴随着淮河路步行街第二次提升改造,江淮大戏院也将迎来第二个春天,引入新机制、新思维、新理念来一次文化创新的探索,以此激发新的社会效益和社会影响力,期待在时代节奏的脉动中,薪火相传,魅力经久。

"江淮大戏院最初的名字叫安徽歌剧场,1953年1月破土动工,1954年12月建成后正式命名江淮大戏院。1969年,院名改为'工农兵剧场',1977年11月,又改回'江淮大戏院'。"

江淮大戏院总经理柏松徐徐道来,为我们讲起了江淮大戏院的辉煌身世。

新中国的安徽省是1952年建立的,第二年就决定兴建江淮大戏院。但当时的合肥土木建筑方面的人才极度匮乏,于是就从苏浙沪等地引进人才。江淮大戏院总设计师陈志昌就是从上海调来的。

柏松的父亲是安徽省文联原副主席柏龙驹,我读过先生写的《黄梅戏流派艺术纵横谈》。柏松小时候多次随父亲去江淮大戏院看戏。

江淮大戏院落成典礼

"我们小时候能到江淮大戏院演出是一件不得了的事,梅兰芳、荀慧生、严凤英这些艺术大师都在这里演出过。"

他给了我们几组数据:这是合肥解放后由国家投资建设的安徽省第一座具有民族古典建筑风格的大型剧院,建筑面积为3590平方米。1958年安装了暖气设施,1980年增加了冷气装置。戏院为琉璃瓦屋顶,观众厅分为上下两层,有1420个沙发软席座位,四周赤柱悬挂着宫灯,内装饰以立体藻景浮雕为主,富丽堂皇。屋顶用仿明代黄绿两色琉璃瓦盖成,厅内梁柱用古典宫殿图案浮雕装饰,配以宫灯、壁灯。天棚每个方块均以彩色霓虹灯透光。整个剧院外貌大方、凝重,厅内华美、端庄。

据江淮大戏院方面统计,自开业到1982年底,除接待本省艺术表演团体演出外,还接待过全国各省、市及中央直属艺术表演团体,以及国外70多个艺术代表团演出。党和国家领导人刘少奇、周恩来、朱德、陈毅、刘伯承、万里、李鹏以及外国的部长、大使等都曾在江淮大戏院观看演出。

其实不仅是演戏,从江淮大戏院建成投入使用,一直到在20世纪60年代、70年代乃至80年代,安徽省合肥市的重要会议几乎都是在这里举行,重要决策都是在这里决定的。

说起江淮大戏院不能不提到时任安徽省委第一书记曾希圣,江淮大戏院

建成不久的江淮大剧院　　　　徽派建筑江淮大戏院　庄道龙摄

自筹建时起,他就倾注了十分的关注,他亲笔题写的"江淮大戏院"五个大字,至今仍高悬于江淮大戏院的琉璃屋檐下。

在著名剧作家侯露老师的眼里,江淮大戏院就是一个艺术的圣殿。

"可以用'名家荟萃''名团纷至'来形容!"

侯露老师如数家珍地为我们讲起了发生在江淮大戏院舞台上的那些人和事。

"自江淮大戏院投入使用以来,名声是越来越响,凡来安徽献艺的演艺团体都对她情有独钟,自然也是名家频现。梅兰芳、侯宝林、严凤英、丁玉兰等艺术大师以及蒋大为、朱明瑛、苏小明等著名演员,都曾在这里有过精彩的表演。"

说到京剧,1958年3月,著名京剧表演艺术家梅兰芳先生在江淮大戏院为市民们演出了《贵妃醉酒》《霸王别姬》等经典剧目。连续三天场场爆满。当时有市民在演出的前一天天不亮就到江淮大戏院排队买票,但往往到戏院门口一看,来买票的人已经排出一条长龙,就这样人们一直站到开始售票。当时一张戏票的价格是3元,相当于现在的几百元,但是来看戏的人依然很多。最后戏院工作人员不得不在走廊中添加临时座位,但仍然是一票难求。

说到黄梅戏,在严凤英的艺术表演生涯中,由她领衔主演的众多剧目里有不少都是在江淮大戏院这个舞台上表演的,她塑造过许多具有鲜明性格的人物形象,如《打猪草》中的陶金花、《天仙配》中的七仙女、《女驸马》中的冯素贞、《牛郎织女》中的织女,以及现代戏《丰收之后》中的赵五婶等。通过她的表演年表我们可以看出，其中在江淮大戏院首演剧目就有17台之多，时间跨度从大戏院落成之日起，一直延续到60年代中期。

至于省内的剧团，包括安徽省歌舞团、安徽省黄梅戏剧团、安徽省话剧团等，均在江淮大戏院盛情演出，为观众带来了一场场视觉盛宴，极大地丰富了安徽人民的精神文化生活。

这里，特别要提一下1960年波兰马佐夫舍民族歌舞团在江淮大戏院演出，为此，我们还找到了当年报道这次演出的《合肥晚报》。据报道，合肥的观众对此反响热烈，第一次欣赏到了"玛祖卡""克罗科维雅克""波罗乃兹"等波兰民间歌舞。当时的合肥市长赵凯还接见了他们。

在江淮大戏院采访，工作人员向我们讲述了许多精彩的故事，有两个印象特别深刻。

一个是大型铁画迎客松，它和人民大会堂的那幅可以说是"兄弟"了。

1972年，省政府拨款，在江淮大戏院西院内增建贵宾接待室，次年贵宾室落成，按省里礼仪要求，经过仔细研究，仍以铁画这一形式来打造迎客松并放置在贵宾室门厅处。这幅铁画高190厘米，长260厘米，由画家赖少其起稿，芜湖工艺美术厂铁画老艺人储炎庆带领弟子主锤打制。迎客松的松针茂密，松针硬是一根一根锻打出来，而且根根松针有槽沟，有正面和反面，还要打出松花松果。巨大的松干的树皮鲮圈，每一个鲮圈都要锻打数百锤，鲮圈与鲮圈的连接亦十分讲究，环环逼真。人们欣赏迎客松，就是因为它不仅绝妙地表现出我们的民族精神与好客象征，也在于它的艺术价值和特有魅力以及它的背后凝聚着多少人的智慧和汗水。

如今，这幅珍贵的传世铁画仍保存于江淮大戏院，堪称"镇院之宝"，来宾于此无不交口称赞。

还有一个是周恩来视察江淮大戏院。

据安徽党史网《开国总理安徽行》介绍，1958年1月5日下午，安徽省委一届六次全委扩大会议正在江淮大戏院召开，来自省暨合肥市1000多名党员干部早早地步入会场，静候大会的开始。起初，与会代表并不知道周总理莅临会议。蓦然，几位领导同志缓步来到台上。人们定睛看去，霎时间都不敢相信自己的眼睛，呵，周总理，这不是敬爱的周总理嘛！顿时，"总理，您好！"的欢呼声和热烈的掌声迸发而出，经久不息。周恩来笑容满面地向大家挥手致意。曾希圣走到台前，满怀激情地告诉大家说："今天请总理来给我们作重要讲话。"话音刚落，又激起了一阵暴风雨般的掌声。

周恩来站在主席台前，再次向大家挥手致意，随后以亲切的目光环视了一下全场，便开始讲话。他说："解放后，我还没有来过合肥，首先向你们道个歉，曾希圣、黄岩同志到北京几次都说中央同志来安徽太少了。朱副主席来过一次，其他同志比较少。我有时从空中经过，也未下来。这次来合肥，碰到你们开大会，能够与同志们见面是件非常好的事。"

这时，会场上再次爆发出阵阵热烈的掌声。一开始，谁都没有注意到总理在站着作报告，后来人们发现了这一情况，心里都感到十分不安，怎么能让他站着作报告？有些同志甚至嘀咕起来。

"总理，请您坐下来讲吧！"主持会议的曾希圣，向总理提出了请求。

周恩来停了一下，向大家笑着说："我还是站着讲好！"说完又讲了起来。

周恩来首先谈了国际形势，然后把话题转到了我国的工农业建设。足足讲了4个多小时，周恩来一直没有坐下来，也没有预先写好的讲稿。报告结束后，周恩来在曾希圣、黄岩的陪同下步出会场。此刻，已是下午6点多了。

在江淮大戏院采访，还遇到一件大喜事：安徽省政府参事室、文史馆的部分参事、馆员正在进行打造"戏剧博物馆"项目调研。

柏松总经理介绍说，江淮大戏院已经有67年的历史，但辉煌已是过去，未来如何开创是我们思考的问题。按照党中央对文化事业的总体方针要求，当前，我们打算利用合肥老城更新改造等契机，发掘历史文物建筑的文化价值和使用价值，使之成为城市中心区的活力点，从而达到进一步提升品质空间的目的。在院内设立"安徽戏剧博物馆"符合当下推进长三角文化旅游一体化发展的战略目标，努力把"江淮大戏院"这张城市名片的影响力充实壮大。

参加调研的安徽省文史研究馆馆员翁飞博士说，作为戏剧大省，安徽省戏曲文化源远流长。在江淮大地沃土上，抚育滋养了三十余种独具特色的戏曲艺术。通过"戏剧博物馆"的形式传承、保护、弘扬好这些戏曲艺术，着力打造剧场里的博物馆，博物馆里的剧场，让这样一种包含着新中国发展史、社会主义史、改革开放史的优质文化资源，成为戏剧传承平台和爱国主义教育基地。

合肥城新集团副总经理张晖说，淮河路步行街西延计划的整体设计格局与"江淮大戏院"未来发展方向不谋而合。合肥的历史文脉中，江淮大戏院是不可或缺的一环。我们认为："戏剧博物馆"的打造除占有天时地利人和因素外，还能结合步行街西延项目，使"戏剧博物馆"的文化精品名片成为合肥市乃至安徽省的一大亮点。

期待这座剧院里博物馆早日与大家见面。

南淝河畔的文化绿洲

合肥有多座美术馆或艺术馆，但有异域风情的只有南淝河畔的这一座。准确地讲，合肥·久留米友好美术馆应该是汉风与和风的完美结合，徽派建筑风格和日本庭院风情的和谐统一。20年的风风雨雨，俨然成了这座城市的一块文化绿洲。

记不清是谁说的了，一座城市只要有一座美术馆，那么这个城市的品位就差不到哪里去。如此说来，合肥的天空似乎充满了艺术气息，仅是美术馆或名家艺术馆就有三座，听说，安徽省美术馆和合肥美术馆都已立项，筹建在即。

我们的视野投向了逍遥津旁、南淝河畔的那座有着一丝异域风情的美术馆，看上去就有艺术家味道的吴蒙馆长充满激情地介绍，合肥·久留米友好美术馆不光是合肥第一座美术馆，而且是迄今为止唯一一座以美术馆的名义存在的艺术场馆。

他带着我们在那座不算大的院落里溜达个遍，指着主馆门前的那根石柱说，不知你们看出来没有，这座建筑结合了日本建筑和徽派建筑的风格，中国人是不会在大门前立一根石柱的，要立也是对称的两根，而日本人恰恰喜欢用柱子之类的东西将门口分割成几何的形状；还有屋顶的马头墙，那是我们皖南民居的特征之一，原本是防火、防风之需，在我们这里只是一种装饰了。

说真的，合肥人知道久留米实在是要感谢这座美术馆。年纪大一点的经历了20世纪80年代两座城市结缘的过程，年轻一些的就不大注意了。的确也是，久留米的名气没有大阪、京都、名古屋、奈良那么大，它位于日本九州北部，属于福冈县管辖，人口只有30万左右。但这座小城的艺术品位很高，有一座和日本东京同名的石桥美术馆，虽然是私人财团负责管理运营，但馆藏非常丰富，展示了日本大量的近代洋画、书画、陶瓷器、漆器等艺术品。

在这方面，合肥也是不甘落后。1992年5月12日，由合肥、久留米两市政府共同出资兴建的美术馆正式落成，总面积4.85亩，建筑面积1167平方米，两个标准展厅近600平方米。

初夏，午后的阳光洒进静谧的庭院，已经有了些许暑意。而吴蒙馆长的热情更浓，他用诗一样的语言说：美术馆事业是阳光下最崇高的事业之一，它穿越历史的时空，承载千百年来人类伟大艺术的积累，使文明得以延续，使生命变得丰满，让社会充满和谐。

不知怎么，在特定的氛围之中，我听得也是热血澎湃。

漫步在具有和式风格的庭院里，吴蒙馆长对我说，这个美术馆的建立要感谢许多人，其中，著名画家裴家同先生功不可没。

在20世纪90年代初期的时候，全国省会城市里有市级美术馆的并不多，安徽省更是连一座美术馆都没有，合肥是怎么想起建这座美术馆的呢？按照裴家同先生的说法，这有着一些偶然的因素。

在合肥·久留米友好美术馆建设前一年，合肥美术界遇见一件大事，那便是合肥书画院的成立。当时裴家同先生是合肥市美术家协会主席，同时兼任合肥书画院院长。初始，书画院连个办公的地点都没有，用裴家同先生的话说"有和尚没有庙"，经常是在裴家同先生的画室里开会、办公。

那时，全国各个城市掀起了和国外缔结友好城市的高潮，而合肥市和久留米市两座友好城市的往来也是十分频繁。在这种情形下，一次偶然的机会，合肥书画院的几位画家建议政府修建一座中日友好美术馆，既可以作为合肥书画院的办公地点，又可以使合肥有自己的一座专业的书画展览、交流场所。于是裴家同先生以合肥市美术家协会主席、合肥书画院院长的双重身份给有关部门打报告。

市里非常重视这个事情,恰好久留米市也有意向在合肥由双方共同修建一座反映中日友好的建筑,双方一拍即合。

裴家同先生说,我们现在看到的这座美术馆给见过的人们留下了深刻印象,这多亏了著名园林专家劳诚先生。他从1961年开始从事合肥城市园林规划设计,环城公园是他最得意的作品。当时,急需拿出一张设计图给久留米方面看,裴家同先生想到了这位国立南京大学的同窗。

此时,劳诚先生的办公柜里正好有一张设计好的园林图纸,那原本是为金寨路与环城路交口处公园设计的,因故没有用上,没想到拿到相关会上一次性通过。后来劳诚先生又在图纸上糅进了和式风格。

谈到今天美术馆优雅的环境,裴家同先生说,那也是经过了多次选址才确定的。最早是看中了杏花公园的一处地点,后来又决定在今天的亚明艺术馆位置,最终才定下来现在这一处的。美术馆刚建好的时候,门口还是挂着两块牌子,即合肥·久留米友好美术馆和合肥书画院。

说到日本,大家脑海里闪现的大都是樱花、富士山,或者是身穿和服、脚踏木屐的日本女人。可对于钱旭先生来说,久留米是和可爱的"日本人偶"联系在一起的。

2005年,正是合肥市与日本久留米市结为友好城市二十五周年之际,合肥市庐阳区教委组织四十五中学和四十六中学的二十余名师生,组成友好访问团赴日本参观学习。他的女儿有幸成为其中一员。

在久留米的六天里,女儿面对目不暇接的日本人文景观,感到十分新奇。在美术馆等文化场所,看到顶级的世界艺术大师留下的作品,以及具有日本风情的艺术品,她的心灵被震撼了。

天价的美术作品自然是买不起,但日本的手工艺品还是要收藏的,于是一对日本人偶从一衣带水的东瀛被带回了南淝河畔的庐州,摆上了钱旭先生的书橱。

也就是从那个时候起,每当经过合肥·久留米友好美术馆门前,钱旭先生都会情不自禁地扭头多看两眼,但因为不懂美术,自以为欣赏不了书画艺术,所以脚步始终没有跨进去过。

让钱旭先生第一次走进合肥·久留米友好美术馆，是2009年年底的一天清晨偶然一次翻阅报纸，上面一条消息赫然在目："日本人偶"亮相久留米美术馆。他赶紧开车回家叫上女儿，直奔南淝河畔的那座精致的建筑。

一进展厅，似曾相识的日本小人儿（女儿的叫法）就迎面笑容可掬，数了一下，共有70多尊形态各异的日本人偶，或站、或跪、或静、或舞，姿态万千。

毕竟到过日本，女儿便充当起了讲解员。日本人偶既不像中国的木偶人，也不同于西方的洋娃娃，很少采用夸张的手法，所以人偶的面部表情和服饰描绘栩栩如生。

人偶是日本民族文化的一部分，为家中女儿祈祷幸福时会摆设"女儿节人偶"，为祈祷男孩健康茁壮成长则摆设"五月人偶"，还有仿照演员扮演的歌舞伎美女形象制作的"旦角人偶"等等。此外，人偶身上穿着的用传统纺织物和精心的手工艺制作的衣装，也让合肥人一饱眼福。

关于那次日本人偶展览，吴蒙馆长记忆犹新，那是由日本国驻上海总领事馆、日本国际交流基金会、合肥市外事侨务办公室、合肥市文学艺术界联合会共同主办的，作为当年"合肥日本文化周"的重头戏，共展出了半个月的时间。

合肥·久留米友好美术馆团结、推崇了一大批国内外知名的书画家，这里面既有国内的，也有日韩的；既有国画家，也有西洋画家。在馆藏作品集里我发现了一个熟悉的名字——鲍加。这是一个蜚声海内外的油画家，曾经担任过安徽省美术家协会主席，现为安徽省美术家协会名誉主席。

当我通过他的儿子鲍雷先生了解其父与合肥·久留米友好美术馆渊源的时候，鲍雷先生快人快语地说，父亲对这个美术馆感情深厚，曾经在里面举办过画展。

对于老画家来说，2002年10月27日是个难忘的日子。在风光旖旎的南淝河畔的那处小楼里，由中国美协、安徽美协等单位主办的"鲍加油画作品展"正井然有序地进行着。花团锦簇之间，老画友们、喜爱他作品的发烧友们，甚至还有热爱鲍加艺术的外国友人，挤满了美术馆，欢声笑语此起彼伏。

鲍雷先生给我讲了一个故事。当时为了收集收藏在异地的作品，他们家人和有关单位一起前往收藏地点暂借。其中，金寨县革命博物馆收藏有一幅父亲的代表作《激流——刘邓大军挺进大别山》巨幅油画。听说了来意，当地领导十分支持，但对这幅镇馆之宝不敢掉以轻心，专门派了一名工作人员，每天与这幅作品形影不离。待画展一结束，马上用车辆运回了金寨。

也是在那次画展上，一幅喷绘复原的油画作品引出了鲍加先生的一丝遗憾。这幅油画名为《毛主席和马钢工人在一起》，画于1959年9月，是鲍加先生年轻时的一件代表作。因为尺寸太大，当年为了印刷这幅作品，安徽省新华印刷厂照排车间硬是将车间的墙壁拆除，以保证照相机有足够的空间能够一次性拍摄该幅作品的分色照片。当时《解放军画报》《安徽画报》等杂志争相刊登，安徽省还为此发行了单张宣传画。遗憾的是这幅作品的原作已经在十年动乱中遗失毁坏。

这幅喷绘复原作品在合肥·久留米友好美术馆展出以后，获得了很大的反响，大家纷纷劝说鲍加先生重新绘制，鲍加先生不顾70高龄，终于在2005年将这幅作品绘制完成。2010年，该幅作品在北京中鼎国际拍卖公司以112万元的价格被收藏家拍走。

合肥·久留米友好美术馆从建馆到现在，一共经历了四任馆长。从第一任馆长裴家同到第四任馆长吴蒙，我发现他们有一个共同的特点：都是从事美术工作或书画家出身，对此，吴蒙馆长笑着说：美术馆馆长由美术家或美术素养较高的人士担任，是美术馆这项事业特有的要求。

专业人士做专业事情，一定都是可圈可点的。经常经过寿春路和环城东路交口的人，稍加留心就会注意到路边的那个广告牌，那是合肥·久留米友好美术馆的展览预告板，上面时不时登出一些展览信息。

吴蒙馆长随便给我列举了一些，比如"全国第十届新人新作画展""周韶华'世纪风'——第二回画展""安徽省中青年书法选拔展""安徽省书画院'黄山风'系列作品展""杭州名家书画作品邀请展""雷锋精神永恒展""台北故宫藏画复制品展""纪念《讲话》发表60周年全国美术作品展（安徽展

经常举办群众文化活动

各式文化沙龙使合肥变得"文里文气" 　　群众性的书画活动充斥着艺术空间　柳丝摄

区)""第三届全国油画作品展(安徽作品选拔展)""传承经典——当代中国画名家学术邀请展""漓江画派中国画名家作品展""福州画院作品展""南昌画院作品展"等,受到社会各界的一致好评,提升了美术馆的文化品位。

听说合肥·久留米友好美术馆还收藏了一些日本书画家的作品,吴蒙馆长拿出一些图片说,这个美术馆的建成,本来就是合肥与日本久留米两城市友好的结晶。美术馆开馆后连续承办了五届"合肥·久留米艺术作品联展"以及"中日友好书画展""日本秋田绘画美术院彩墨画展""安徽——高知书法联展""隐秘在自然中的日本——矢萩喜从郎摄影展""2009合肥日本文化周暨日本人偶展"以及近期展出的"绘画嘉年华——20世纪90年代日本绘画展"等,不仅对丰富人民群众的精神生活起到了积极作用,而且成为合肥市与日本久留米市友好往来的重要桥梁和纽带,成为展示交流艺术作品、沟通心灵的重要通道,使合肥与久留米两市的友谊和往来日益加强。

1997年4月,美术馆被评为"合肥市优秀外事接待单位",受到了合肥市政府的表彰。合肥市和安徽的艺术家通过美术馆的联系,把交流的视野投向了韩国、北美、澳大利亚、东南亚以及我国宝岛台湾,举办了"合肥——韩国原州艺术作品联展""中美学生美术作品联展""新加坡水彩画展""澳大利亚土著画家杰米·派克画展"等许多海外艺术展览,成为省市文艺界和海外艺术交流的重要窗口。

合肥图书馆变迁记

合肥的公共图书馆在20世纪80年代,步入了最辉煌时代,那股全民读书的浪潮,至今想来,仍然暖人心田。

我第一次踏入位于合肥百货大楼北边那幢别致的天桥联体结构楼房是在1980年,从六安来到省会,愿望之一就是到图书馆里待上半天,翻阅一下《大众电影》和日语版的《北京周报》。那时,这些杂志在县城里还是稀罕物。

记得那时的图书馆书籍卡片是放在一个长方形木头盒子里的,一叠卡片用一根细钢筋固定住,可以前后查阅,然后告诉图书管理员相关信息,让其从相应的书架上找出。

风景秀丽的包河畔和琥珀潭旁,分别耸立着安徽省图书馆和合肥市图书馆,一幢是苏式建筑中嵌入了中式的琉璃瓦屋脊,另一幢是中西合璧中凸显徽派建筑风格。而合肥最早的图书馆你可知道在哪里?

有文化就有著述,有著述就有图书,有图书就有图书馆。

史学博士翁飞先生指出,我国的图书馆历史非常悠久,只是起初的名称为"府""阁""观""台""殿""院""堂""斋""楼"。比如西周的盟府,两汉的石渠阁、东观和兰台,隋朝的观文殿,宋朝的崇文院,明代的澹生堂、清朝的四库全书七阁等。

图书馆其实是个近代才有的概念,1877年第一次出现在日本的文献中。

而我国有图书馆这个词汇，当推 1894 年《教育世界》第 62 期中所刊出的一篇《拟设简便图书馆说》。如此说来，这还是个外来语。

  风雨飘摇的清朝末年，西学东渐。朝廷为了维持统治地位，不得不顺应潮流。先是宣布实施所谓的"新政"，后又颁布了《钦定学堂章程》，图书馆的引入大概也是源于那个时候。但最初只是分布于教会学校、权贵人家，是一些小型的藏书阁而已，并不向公众开放。

  现在能够查到确切记载的庐州公立图书馆，是 1923 年创办的合肥县立中和图书馆。《合肥历史大事记》记载：民国十二年（1923）冬，中和局从经管庐州府文庙祭祀羡余款中拨洋 3000 元，在尚节楼街（徽州路、安庆路口）创办合肥县立中和图书馆。这是合肥第一所真正意义上的公共图书馆，当时是有选择性地对民众开放。

  1925 年，中华图书馆协会成立，合肥的文人雅士积极建议政府设立公立图书馆。合肥县政府于 1927 年在府学明伦堂设立庐州公立中和图书馆，设有馆长、馆员、官役各一人，并像京师图书馆那样，有了图书阅览室和报刊阅览室之分。

  不过，关于中和图书馆馆址，《安徽文史资料》上有不同记载，一说是 1929 年才从明伦堂搬迁到尚节楼大街的。

  据说，中国第一个全国性的公共图书馆成立于 1910 年，三年后，安徽省也有了第一个省立图书馆。

  安庆文史专家张健初先生在《安徽省立图书馆源头初探》里考证，1901 年，安徽各界人士议设藏书楼。1874 年 6 月 16 日在上海创刊的《汇报》先后刊发了《广藏书说》《皖省藏书楼同人广告本省宦绅公告》《皖省藏书楼启》等文。同年，藏书楼就北门大拐角头敬敷书院原址设立，此为安徽公立图书馆的前身。

  而自从安徽都督柏文蔚委任方培良为安徽省立图书馆经理开始，馆址一直都在安庆，直到抗日战争爆发，才迁往立煌县。

  1945 年，安徽省立图书馆由立煌县迁来合肥，先是借用民众教育馆的房舍，后搬迁到今天省委西边的高家祠堂。当时，省立图书馆收集了一些零散的图书，又将国民党安徽省教育厅的图书以及各地赠送的图书集中在一起，有3万多册。先是堆放在一处尼姑庵里，一直到1946年才开设了一个阅览室。

这里还要重提一下公立中和图书馆。1937年12月，日军飞机开始轰炸合肥，中和图书馆停办。1938年3月，日军飞机在庐州城里丢下100余枚炸弹，尚节楼大街被炸成一片火海，公立中和图书馆的一间阅览室也被炸毁。

合肥沦陷后，该图书馆被日军占为兵营，馆内珍贵书籍，被劫运至日本。

安徽省立图书馆迁到合肥以后，没有再恢复建设公立中和图书馆，而是在民众教育馆内设了一个小型图书馆，但不论是藏书还是读者人数，都不可与公立中和图书馆同日而语。

牛耘先生回忆说，解放战争时期，省立图书馆和民众教育馆的图书室，大部分房屋被国民党军征用。省立图书馆一度还迁回了安庆。也是呀，那么动乱的年代，谁还有心思读书哦。

从府学明伦堂到尚节楼大街，从安庆藏书楼到安徽省立图书馆，庐州城里的公共图书馆，步履维艰地一步步走了过来。直到解放初期，合肥实际上已经没有一座像样的图书馆了。

合肥解放不久，政府因陋就简建立了皖北区合肥图书馆。1953年4月，在逍遥津公园西侧，建筑面积约1100平方米的安徽省图书馆成立，1962年12月迁至现在的地点，建筑面积一下子增至6345平方米。1981年建成七层书库大楼，建筑面积增至13900平方米。1998年10月，在原址上进行了大规模的扩建。2001年10月，2.3万平方米的新馆扩建工程竣工。2002年12月原主楼修缮工程竣工。扩建后的总建筑面积达到3.69万平方米，设计阅览座位1400余个，满足藏书容量420万册（件）。

而合肥市图书馆也在1958年成立了，起初馆址在南土街16号，1959年搬迁到徽州路。那时，藏书已达10万册。

牛耘先生以前是合肥总工会的工作人员，他说，1967年的时候，合肥市图书馆与市工人文化宫、市文化馆合并，成立了毛泽东思想宣传站，内设报刊阅览室。那时，他经常到报刊阅览室借阅政治读物，然后下工厂辅导基层工会人员。

1973年，重新恢复合肥市图书馆，那段时期最有特色。

老合肥史程勇先生那时在街道革委会工作，好几次接待图书流动车。那时讲究为工农兵服务，市图书馆隔三岔五把书箱拉到街头、广场，车子停下后，放下板凳，打开书箱，马上就是一个流动阅览室。别看露天条件不好，却观者如云，颇受好评。

第一次的庐州光影

合肥，这座又叫庐州的古城，两千多年里的变迁其实太多了。而光与影的历史，肯定会在那个年代过来人的记忆中熠熠发光，灿烂瞬间带给我们的是美好的回忆。就像我们觉得我们的前辈当年接触电影时的简陋，现在孩子也会认为我们小时候观看电影的单调。

想起近二三十年来电影由盛到衰，再到今天人们重新走进电影院，世事好像真的有轮回。回想当年，电影第一次出现在这块古老的土地上时，人们流露出的更多是新奇的目光。

1925年夏天，庐州十字街头，拱形的鼓楼桥上，几个穿着短袖汗衫的小孩儿依着桥栏杆玩耍。一个后脑勺留着一小撮毛发的光屁股男孩儿，摇摇晃晃地跑到金斗河边，用一根柳条撩拨着水面，年长几岁的姐姐见状，赶紧把他拉到了一边。

姐弟俩哼唱着歌谣，教他们唱歌的人是他们的姑姑江曼丽，22岁的美丽护士，毕业于金陵女子大学，原先是学教育学的。1921年在南京陶谷遇见了一位身为医生的美国传教士，受其影响，决定毕业后回到家乡合肥，投身于治病救人的医疗事业，于是选修了护士学。

那位美国传教士叫柯普仁，1923年，受当时中华基督教会南京总会派遣，来到合肥基督医院担任院长。两年后，江曼丽如约回到家乡，在合肥基督医院里任见习护士。

柯普仁从南京来到合肥，带来了两样新鲜的玩意儿，一是咖啡，还有一样就是电影。自从1895年法国人奥古斯特·卢米埃尔和路易·卢米埃尔兄弟，在爱迪生的"电影视镜"和他们自己研制的"连续摄影机"的基础上，研制成功了"活动电影机"，《工厂大门》《出港的船》《婴儿的午餐》《水浇园丁》《玩纸牌》《火车进站》《拆墙》等早期电影就在世界上许多大城市巡回放映。

电影发明的第二年就已经传到中国，但合肥却要晚得多。

江曼丽记得，小时候出了家门就是热闹的东门大街，河南来的皮影戏班，在金斗河畔扯一道白色的幕布，夜幕降临的时候，三两个艺人把一盏汽油灯投射在幕布上，一出《战太平》，将故事演绎得活灵活现。一个老头扯着个嗓子用高亢的河南腔吼着，豫剧的味道引来了一片喝彩声。

妈妈告诉她，这叫"影子戏"或"灯影戏"，是用灯光照射在剪影上以表演故事的民间戏剧。当时，庐州有句俗语："一口叙述千古事，双手摆动百万兵"，说的就是这门手艺。

因为合肥是江曼丽的家乡，从遥远的太平洋对岸过来的柯普仁非常器重她，经常邀请她到位于洋楼巷的小别墅里做客。

一天，江曼丽来到柯普仁别墅院里的时候，里面已经陆续来了十几位人士，端着玻璃酒杯来回走动，有的站在桂花树下聊着什么。

这里的草坪江曼丽并不陌生，她曾经好几次和医院里的医生护士一同在这里喝咖啡，吃西点，那棵桂花树还是她从大蜀山的一户农家买来送给这里的主人的。不过，今晚这里有点异样，绿莹莹的草坪上竖了两根竹竿，上面挂着一条白色床单。

正在和一位军人模样的人聊天的柯普仁发现了江曼丽，立即热情地迎上前来："哦，亲爱的曼丽，你终于来了。不然，你会错过一个美妙的时刻。"说着，将那位军人介绍给江曼丽："这位是国民革命军马祥斌旅长，他的部队在合肥周边布防，听说我这里有好玩的，特意来看看。"说这句话时，柯普仁用的是汉语，不过实在不怎么样，不仔细听还真难听懂。

这时江曼丽才注意到，今天来做客的几乎全部是庐州城里的头头脑脑。

因为曾经在医院里见过他们,她看到了好几位熟悉的面孔,有合肥县县长、合肥商会会长,还有十字街头的几个商业大户。

见人到得差不多了,柯普仁让大家安静下来,然后走到草坪中间摆着的桌子前面,那里有一个红色丝绒布盖着的东西。揭开丝绒布,里面是一个黑色的铁匣子一样的东西。只见柯普仁点亮了一盏汽油灯放在铁匣子后面,慢慢地摇动铁匣子上面的一个手柄,奇迹出现了,白色床单上出现了几个骑着马匹的人物,晃晃悠悠地在上面动了起来。

一时间,观看的人群里发出了一阵惊讶声。

这是合肥这块土地上第一次电影放映活动。当时,柯普仁一边缓慢地摇动着电影放映机手柄,一边观察那些第一次看到活动影像的官僚、士绅、将军等头面人物,他们目瞪口呆的表情,给了他极大的心理满足。

尤其是青春亮丽的江曼丽,傻傻地瞪着两个水灵灵的大眼睛,双手抱在胸前,那模样,就像一个可爱的孩子在期盼一个心爱的玩具,怪可怜见的。

第二天一早,江曼丽在柯普仁的办公室天真地问:"我怎么也想不明白,一束光投射在那块床单上,上面的马匹居然神奇地跑了起来,小人也摇摇晃晃地动了起来,只是速度很快。"

柯普仁逗她说:"这是我施的魔法,是上帝让他们动起来的。"

现在,我们当然都知道了那个原理,现代电影的帧速率是24帧每秒,而早期电影是以每秒16帧的速度拍摄和放映影片的,上面的人物运动得比正常速度要快,看上去十分滑稽。

其实别看合肥现在是安徽的省会,是全省政治、经济、文化中心,20世纪初,这个属于庐州府管辖的小县城不仅赶不上芜湖这个安徽最早的通商口岸,甚至对安庆、蚌埠也难望其项背。

柯普仁招待合肥当地的一些知名人士看的也是一场黑白无声电影,内容是反映美国西部开荒情景的。当时大家都没见过这个好玩的东西,把它叫作"影子戏"。

觅踪合肥首家影院

早在1895年,法国人路易·卢米埃尔兄弟就发明了电影,次年传入十里洋场上海。那么合肥是什么时候看到电影的呢,第一家电影院又在今天的什么地方呢?

电影是1908年第一次进入安徽的,当时是一个名叫克里斯的外国人在芜湖二街一带放映,也就在那一年,六安的城南也放映过类似的电影,当然都是无声片。据20世纪末参加撰写电影志的同志回忆,他们曾经找到当年看电影的老人,由于年头太久,加上老人家那时年龄太小,具体电影叫什么名字已经忘记了,模模糊糊只记得有吃饺子、剃头的镜头,据此分析,应该是外国人在中国拍的中国人日常生活的片段。因为早期的电影根本没有故事性,不论是著名的《工厂大门》《火车进站》,还是《水浇园丁》,都是记录生活中的一些镜头,根本不加剪辑,《大英百科全书电影史》称之为"景致",即一个地点、一个过程、一个事件的景。那时,能够把现实中人的活动呈现在"白布"上,已经足够让观看的人们欣喜若狂了。

不过,电影出现在合肥要比芜湖、六安晚得多,甚至晚于蚌埠。1922年,日本商人为推销东洋货,在蚌埠铁路大桥头放映过无声电影,具体什么片子也不得而知。一直到1925年夏天,合肥的土地上才第一次出现了这种光与影的技术。当时大家都没见过这个好玩的东西,把它叫作"影子戏",是基督教医

新中国成立后的合肥第一家电影院 庄道龙摄

院的美国籍院长柯普仁带来的,他在自家住宅的草坪上,招待合肥当地的一些知名人士看了一场黑白无声电影,内容是反映美国西部开荒情景的。

　　我们可以想象当年的放映景象,豪华庭院的树杈上挂着一幅白布,头发金黄的柯普仁院长一边轻轻摇动那架老式的电影放映机,一边观察那些合肥城里的达官显贵们的惊奇表情,那些人嘴里发出惊奇的叫声,怎么也想不明白,一束光投射在那块白布上,上面的马匹居然神奇地跑了起来,小人也摇摇晃晃地动了起来,只是速度要比正常人慢了半拍。

　　从《合肥县城池图》上可以看出,从20世纪初到新中国成立前夕这段时间,合肥最热闹的地方主要在东大街、十字街、前大街、后大街一带。在笔者试图找寻合肥首家电影院踪迹的时候,自然将目光投向了那里。

　　电影进入合肥是从零星放映开始的,逐步有了固定的放映场所也即电影院却是抗战以后的事了,这一点又晚于芜湖、安庆、蚌埠。早在1928年,芜湖山西会馆处(今天的新芜路)就有了第一家电影院,名字就叫"芜湖电影院"。安庆当时因为是安徽的省会,电影院的出现也相对较早,1935年有了第一家电影院"华中电影院",是由原爱伦大戏院改的。蚌埠市在1936年拆掉了商民大舞台,建成了新生大戏院,经营无声电影放映;而合肥直到1946年9月16日,才在前大街永观巷王家大院有了第一家放映电影的场所,起初还是露天放映,首映的是国产古装有声电影《孟丽君》。

露天电影院开业刚满一个星期,就搬到了县桥西边赵千户巷里已关闭的安徽大舞台。因为抗战以后,安徽的省会已经由抗战时的临时省会金寨搬到合肥,小小的合肥城一下子热闹起来,当时看电影是个新鲜的玩意儿,虽然号称"安徽大舞台",其实就是个用竹木搭建的简易草棚,墙倒是用砖头砌成的,但顶却是用草铺就,可以容纳800人,当时每天放映3场还不够,常常需要加场。但好景不长,也只经营了短短的一个月,就被地痞流氓砸了场。

现在在合肥,你要打听合肥第一家电影院,许多人包括那些刚解放就来到合肥的人,都会毫不犹豫地告诉你是解放电影院。解放,顾名思义,是为了庆祝一个新时代的到来,是新中国成立后1950年才建的,但人员和设备却是从新中国成立前的老肥光迁入的,也难怪有人视解放电影院为合肥第一家电影院了。

"安徽大舞台"被砸后,经营方托关系、找路子,成立了"安徽省合肥社会服务处委托办理肥光电影院",在官方的监管下重新恢复营业,但第二年还是倒闭了。那年头,合肥人的文化娱乐生活比较简单,看一场电影,算是一家人平日生活里的重大活动了,因此电影院关门后,各界反响强烈。在合肥老少爷们儿的期待声中,原来的电影院股东们又筹办了"新记肥光电影院",于1948年9月18日正式开业,首映的电影是国产片《假凤虚凰》。

几乎和私营的电影院同时出现的,还有一家官方的合肥放映站,当年在四牌楼西侧建起了一座砖木结构的草顶大棚,于1946年11月1日开业,首映电影是故事片《鹏程万里》和纪录片《日本投降签字典礼》。当时每天也是放映2~3场,逢周日上午加映一场招待军警。但这个电影放映站存在的时间也不长,因为亏损,不到三个月就关门了,人员和设备撤回到了设在芜湖的国民党安徽省党部。后来有人顶下了电影放映站的场子,并购进了电影放映设备,成立了革新电影院,于1947年6月7日开业,首映电影是古装片《西厢记》。

哪知第二天就发生骚乱,电影院被迫关闭。6月19日,革新电影院更换业主,改名为国泰电影院重新开业。但因为设备太简陋、环境太恶劣,通风不畅,营业欠佳,不久也倒闭了。

话剧人的快意人生

安徽省话剧院位于淮河路与阜阳路的西南角,那里是安徽省话剧的摇篮。中国话剧110周年诞辰时,我们陆续采访了安徽戏剧业界和学界的一些老师,以"合肥与话剧"的渊源为话题,回顾了不同时期话剧给合肥市民带来的精神享受,以期为本土话剧繁荣发展尽些微薄之力。

安徽最早接触话剧的地方应该是安庆,当时叫文明戏。彼时的合肥还不是省会,虽有一些演出,但话剧艺术在这里无论如何谈不上辉煌二字。合肥话剧的繁荣,应该始于1949年。

中华人民共和国成立后,从皖北行署驻地到1952年成为安徽省会,包括治淮文工团的成立,都促使合肥话剧发生了翻天覆地的变化。

著名编剧侯露说:"社会使命感是话剧与生俱来的属性,自其踏入这片国土,便伴随着辛亥革命、新文化运动的开展,呼吁着社会进步、人民觉醒,揭露社会的种种不公,鞭笞着世间丑恶的现象,同时也讴歌着新中国的建设与发展。这使得很多追求革命的百姓都热爱话剧并以看话剧为荣。"

她为我们介绍了那个时期安徽话剧界的翘楚朱起、张敏、张音阶、李琦、尹达等,"当年那可都是优秀的话剧演员,塑造的人物形象也都十分深入人心。《列宁与第二代》《保尔·柯察金》《兵临城下》《生命线》《智取威虎山》等,个个都是精品。"

"编排国内外名著,提升合肥历史文化水平的同时,也给合肥本地的百姓带来了文化的滋养。"

以《列宁与第二代》为例,公演海报一出来,人们就奔走相告,争相购票,先睹为快。这部话剧产生的轰动效应之大,观众看话剧热情之高,也算是当时合肥城的一道亮丽风景。朱起饰演的列宁,成为一代人心中挥不去的经典。

转眼几十年过去了,已是耄耋之年的李琦现今居住在三孝口附近的小巷子中。回忆起那个缤纷的年代,老人记忆犹新。

他说新中国成立时的合肥还没有成立安徽省话剧院,那时的话剧演出主要是由皖南文工团和皖北文工团完成,剧情主要是反映新中国成立后青年如何思想解放、追求进步的。他还记得《思想问题》是李琦所在的皖南文工团编排的第一部话剧,也是全省的第一部专业院团编排的话剧。皖北文工团紧随其后编排出话剧《红旗歌》,1953年皖南、皖北两文工团合并成立安徽省文工团,李琦等一批青年演员被调往治淮文工团,并于1956年进入安徽省文工团。

李老回忆说,那时的娱乐形式很少,很多人都将看话剧作为主要的娱乐项目,故而很多话剧一经演出便是场场爆满。因为一票难求,甚至许多人直接卷着铺盖睡在了剧场门口,雨雪天气都不例外。

安徽省话剧团成立不久,即把省著名作家鲁彦周创作的独幕话剧《归来》搬上舞台。该剧的中心内容,是教育干部要严格要求自己,要自律,否则就要蜕变、腐化堕落,而毁了自己。那时,《归来》一剧具有很强的现实意义,如警钟长鸣,振聋发聩。广大干部和老百姓对这个戏赞扬不绝,在各阶层中产生很大反响。该剧在全国演出中也荣获一等奖,李琦本人也因此荣获演员二等奖。

王秀琴于1970年进入合肥市文工团话剧队(现歌舞团),开始结缘话剧,从事话剧表演。当时文工团演出以话剧居多,例如《工装》《女指导员》《八一风暴》《七十二家房客》《他含笑死去》等,许多演员都为观众所熟悉。

特别值得一提的是,1979年文工团作为"文革"后全国第一家复排《雷雨》的剧团,在当时需要很大的勇气,曹禺本人对此也深表感激。

王秀琴在担任曲艺团副团长三年的时间里，联袂合肥众多的话剧表演艺术家，策划创作排演了三台大戏《何家庆》《国事家事》《特殊故事》，并被邀跨省演出，甚至调进北京演出，在当时引起了很大反响，《何家庆》表演团队还得到了时任中宣部部长的接见。

如今的她虽然已经退休，但仍然活跃在话剧、小品、朗诵的舞台上。她回顾自己几十年的话剧表演经历，感悟道："话剧在表现手法上具有先天的优势，中国人的英雄情怀、为国担当的精神更值得从中发扬。"

这一点在侯露身上也得到了体现，她将本土革命历史题材演绎得淋漓尽致。比如安徽是当年解放战争渡江战役的主战场，侯露据此创作了话剧《风驰瑶岗》，以这一伟大战役为背景，以肥东瑶岗为活动中心，艺术地再现了当时军事和政治斗争；讴歌了渡江战役总前委在党中央、中央军委的领导下指挥百万雄师过大江，解放全中国的丰功伟绩；讴歌了老一辈革命家、人民军队各级指战员的革命英雄主义精神；真实地反映了党、军队和人民群众的鱼水关系；形象地反映了历史转折关头的民心所向，正义战胜非正义的翻天覆地变化，表现了历史发展的根本趋势。

话剧的发展离不开话剧人的传承，不管是李琦、王秀琴还是侯露、朱海燕等，他们都以从事话剧事业为自豪，也都得益于话剧。他们共同的体会，因为沉浸在话剧中，沉浸在一个个故事中，才让自己活得更加潇洒自在，虽然没有去过远方，但就活在远方。而一代代话剧艺术家传承的其实是话剧精神、话剧理想，在新世纪下，话剧人如何秉承话剧使命，使话剧在坚守中得到重生，也是亟须解决的课题。

朱海燕是国家一级演员，文化部优秀专家，安徽省话剧院院长、书记。她告诉我们，为庆祝中国话剧110周年诞辰，安徽省话剧院创作了献礼剧目《淮河新娘》《天堂里的老师》。

朱海燕的父亲朱起是著名的话剧表演艺术家，曾任安徽省话剧团副团长、艺术指导、艺委会主任，中国戏剧家协会会员，原安徽省剧协常务理事，中国话剧艺术研究会理事，安徽省电视艺术家协会会员。自小处于父亲的熏陶之下，朱海燕年仅9岁时便开始接触到话剧这个陌生而又熟悉的事物。越接触越喜欢,越接触越热爱,是她对自己"话剧梦"萌芽原因的概括。

因为喜欢,19岁正式考进话剧院以后便一直从事话剧工作,一做就是41年。因为爱得深沉,即使是生病了也还在背台词。

一个个鲜活的、有血有肉的人物,如何塑造并完美地表现出来,让观众得到精神共鸣与情感共鸣,这对朱海燕来说,是个不小的挑战。若想在舞台上呈现出最佳的效果,这就需要平时多琢磨剧本,揣摩台词与人物心理,真正做到台上一分钟,台下十年功。

例如刚刚演出结束的《淮河新娘》,女主角河妹子从青年到暮年皆由朱海燕一人完成,少女嗓音清脆,眼神清澈无邪,行动天真烂漫,而老妪则是行动迟缓,嗓音低沉,充满阅历。同一个人,在不同的时期,其情感诉求也是不同的,不下一番苦功夫,很难做到这些。

朱海燕坦言:"排练话剧的过程就是一个自我磨炼的过程,这个阶段度过之后,得到的是成长与启发。"

安徽话剧的繁荣离不开几代人的艰苦努力,听剧团老演员说,合肥刚解放时,来自各地的文工团成员们打着腰鼓,唱跳结合,在村庄、田头、上山下乡为百姓进行演出。

安徽省话剧院成立于1953年3月23日,当时叫安徽省话剧团,是以安徽省文艺工作团为基础成立的。其前身是"江淮分区文工队""华东大学江淮分校支前文工队"和"中共合肥市委文工团"合并而成。那时,安徽建省不久,上级提出剧团要专业化,于是将"安徽省文艺工作团"中专门从事话剧表演的人员集中起来,又陆续从"滁县文工团""皖北文工团""皖南文工团""治淮文工团""安徽省文化干校"等单位调入一批高素质的青年话剧演员,组成了安徽省话剧团。

20世纪五六十年代,总政话剧团、前线话剧团、全总文工团支援省话一批业务骨干,又先后从中央戏剧学院和上海戏剧学院分配来一批大学生,安徽省话剧团的实力得到进一步的加强。

作为专业的话剧院团,安徽省话剧院致力于打造全国水平的精品话剧,而这些话剧无一不是具有反映社会现实、启迪观众、内涵丰富的好作品。

比如话剧《万世根本》讲述小岗村农民敢为天下先改革创新"大包干"的故事，获得中宣部"五个一工程"优秀作品奖，并作为国庆60周年献礼剧目晋京参加庆典活动，入选中国第九届艺术节；《徽商传奇》则是一出探索徽商徽人徽文化的诚实之作，获得中宣部"五个一工程"优秀作品奖，入选国家艺术基金2014年度舞台艺术创作资助项目，并成为国家艺术基金2016年度8个滚动资助剧目中唯一一部话剧；最新创作的话剧《淮河新娘》以20世纪初至新中国成立为时间跨度，讲述了淮河边一个乡村的故事，塑造了普通中国农民群像，讴歌中华民族生生不息的民族精神。

这部剧依托历史悠久的淮河文化，以现实主义为基础，融入象征、诗化、浪漫、写意以及多种现代戏剧表现手段，探索呈现一部具有史诗意义的话剧；同时，剧中饱含淮河地区浓郁的地域特色，使其具有人性化、乡土化的美学风格，力求为中国话剧舞台增添一部展现安徽风土人情的精彩剧目。目前，《淮河新娘》已入选2016年度国家艺术基金资助项目，被列为安徽省演艺品牌十大重点项目。

除了成人剧目外，儿童剧也是安徽省话剧院的鲜明特色。为了培养小观众群体，增加"小戏迷"们对话剧的关注和了解，并起到一个教育与反思的作用，安徽省话剧院创造性地推出了"双休日儿童剧场"，一方面改编古今中外熟知的童话故事，重新编排演绎，引人入胜；另一方面创作具有教育意义的现实题材，将其编排成小朋友们爱听、爱看的故事，让小朋友们能在娱乐中得到教益。并定时、定点、定期地更换剧目，进行全国巡演。历经十多年的发展之路，安徽儿童剧已经达到在全国而言相对较高的水平，成为安徽文化一道亮丽的风景线。

朱海燕欣慰地表示，目前安徽省话剧已经在全国处于一个排头兵的水平。

安徽省话剧院的精品话剧，秉承着先人们对话剧精神的倾注，不论是成人剧还是儿童剧，都具有自身的宣传与教育启迪作用，而这种精神不是喊出来的，是沁入作品深处由观众自己思考、领悟出来的。

朱海燕表示，每演一场戏都仿佛是经历了一场新的人生，教育观众的同时也能使自己的灵魂得到升华。

精品话剧最大的魅力也是如此，使人一接触，便为之着迷。它与电影、电视剧等快餐文化不一样，且现场互动性高，更容易引起观众的共鸣。而现今，越来越多的人开始因为热爱话剧而从事相关的表演活动，例如高校的话剧社团、方盒剧社，朱海燕对此十分支持。她表示，因为有这么一群真正爱好话剧、醉心话剧艺术的年轻人，安徽话剧的明天才会更加辉煌。

HEFEI
THE BIOGRAPHY

合肥传

第七章 从庙堂之上走来的合肥名人

合肥人杰地灵，名人辈出。五代十国的吴王杨行密、宋代清官包拯、晚清重臣李鸿章、首任台湾巡抚刘铭传、世界著名科学家杨振宁等均出自合肥。

位于合肥的安徽名人馆安徽籍历史人物浮雕墙 柳丝摄

位于合肥滨湖新区的安徽名人馆 柳丝摄

吴王似乎与合肥有缘

关于吴王，合肥人大多是通过杨行密才有所了解的。可以这么说，从古至今，合肥的名人出了不少，做官的位居一人之下、万人之上，为文的学富五车、著作等身，搞科研的摘取过诺贝尔物理学奖；但称王称霸的却只有一个，那就是五代十国中吴国的开国君主杨行密。

关于唐末宋初之间的五代十国，二十四史里既有薛居正主修的《旧五代史》，也有欧阳修编纂的《新五代史》，里面都有杨行密的传。比如《新五代史》卷六十一《吴世家第一》里说："杨行密，字化源，庐州合淝人也。为人长大有力，能手举百斤。"

这位大力士原为庐州牙将，按照当时的军阶，五人设一伍长，二十人设一什长，百人设一百夫长，五百人设一小都统，一千人设一大都统，三千人设一正偏将，五千人设一正偏牙将，一万人设正副将军。如此分析，大概相当于师级军官，倒也和今天市一级军事配置相当。

883年，唐朝廷任命杨行密为庐州刺史，归淮南节度使高骈节制。后来高骈被毕师铎攻打，杨行密被高骈任命为行军司马，率兵数千支援，屯驻于蜀冈（今江苏扬州西北），以诱敌袭营的伏击战大败毕师铎。高骈被毕师铎杀害后，杨行密在城下披麻戴孝大哭三日，一鼓作气攻破城门，占领扬州，自称淮南留后。

根据史料记载，当时的扬州城在今天的江苏扬州西北，城里粮食所剩无几，老百姓都以堇泥（一种黏土）为饼食之，甚至发生吃人现象。杨行密下令用军粮救济百姓，一举赢得了民心。其后杨行密又与秦宗权、孙儒争夺江淮一带，先后消灭其他势力，逐渐占有此地。杨行密先后担任宣州观察使和淮南节度使，并且攻掠各地，"自淮以南、江以东诸州皆下之"，杨吴政权的地盘已具雏形。

902年，杨行密受封吴王。有学者认为杨行密去世时唐朝仍然存在，形式上他仍奉唐正朔，实际上也未建立独立王国，因此就理论而言，杨行密只能算是唐朝的封国国君。

吴王其实是中国古代封爵之一，后来成为王爵封号。自周开始至大明王朝，中国历史上的吴王一共有65人之多，比较名的有阖闾、僚、夫差、孙权、杨行密、李煜、朱元璋等。

除了杨行密，历史上与合肥产生过关联的另一个吴王是李祗。李祗乃唐太宗李世民第三子吴王李恪孙，吴王李琨第四子，信安郡王李祎弟。因李祎功勋卓著，被唐玄宗封为信安郡王，其父的王位便由李祗接嗣。他曾在合肥为官，为庐江郡守。

庐江郡乃汉朝始置，郡治在今安徽庐江县西二十里。汉朝末年迁往今安徽潜山县。三国庐江郡属于曹魏势力范围，郡治被迁往今安徽六安市北。晋朝时庐江郡治又迁往今安徽霍邱县西五十五里处。唐朝初年曾经一度废除庐江郡，但天宝元年又复名庐江郡，李祗为庐江郡守时郡治就在合肥。

关于这段经历，有大诗人李白诗歌为证：

同吴王送杜秀芝赴举入京

秀才何翩翩？王许回也贤。
暂别庐江守，将游京兆天。
秋山宜落日，秀水出寒烟。
欲折一枝桂，还来雁沼前。

李白一生中至少两次来过合肥，第一次写下了著名的《庐江主人妇》：

> 孔雀东飞何处栖，
> 庐江小吏仲卿妻。
> 为客裁缝君自见，
> 城乌独宿夜空啼。

和历史上众多的读书人一样，"学得文武艺、货与帝王家"是其功成名就之道。但李白求仕并不顺利，于是在737年开始了他第二次的吴越漫游。次年5月，李白在金陵接到吴王李祗的来信，第一次来到了合肥。

他们是在长安时认识的，彼此很投脾气。彼时，他正在庐江郡合肥为官，得知李白在金陵欲返安陆家中，便急切去信相邀。据说李白在谒见庐江郡守吴王李祗时相处甚欢，应时挥毫，留下了千古佳句。

安徽历史文化中心主任翁飞博士评论说："李白来合肥拜见吴王李祗，并赠诗三首，以后还代吴王写过奏表。吴王李祗是唐太宗重孙，与唐玄宗同辈，李白也与唐宗室同宗，他们的关系非同一般，因此李白在合肥居留一段时间。像李白这样的大诗人在合肥留下行迹及多篇作品，应当是合肥的骄傲，应当作为一张城市名片加以宣传。"

包公第一次当的居然是税务官

多年前，中国合肥·肥东包公廉政文化研讨会在肥东县举行，70余名长期研究包公文化的学者和包公出生、成长、为官之地相关单位负责人共聚一堂，围绕包公廉政文化建设进行深入研讨。

翁飞博士介绍说：包公的故事很多，因为他是合肥人，本地人自然想多了解一些。但关于包公的故事还有许多停留在传说上，有些传说版本还很多，比如：他第一次为官之地到底在哪里？

2015年初，安徽省和县国家税务局着手筹建税史馆，请翁飞博士前往指导并帮助收集史料，通过查阅相关历史资料中，并请教杨国宜等前辈专家，发现包拯初步踏入仕途，是在和州即今天的安徽省和县担任税监。

看过有关包公的传记的读者都知道，包公进士及第后，朝廷先授他为大理评事，分配他任建昌县知县。但包拯因父母年迈体弱请辞，朝廷又改派他为和州税监，仍然辞官不赴任，直到父母先后去世，守孝满期后，包拯才出任天长知县。

据《宋史·包拯传》记载：包拯（999—1062），字希仁，庐州合肥人也。始举进士，出知建昌县，以父母皆老，辞不就，得监和州税，父母又不欲行，包拯即解官归养。

宋史专家孔繁敏在1986年发表的《包拯仕履考略》中说：包拯出身于小

位于古护城河畔的包公祠　　　　　　古籍里的包公画像

官僚家庭,年轻时在合肥城南一个叫"香花墩"的地方读书,约29岁光景中进士,登入仕途。

《仁宗实录·包拯附传》记载包拯"天圣五年(1027)进士及第,授大理评事,知建昌县,父母春秋高,辞不赴,得监和州税。和与庐虽邻,而其亲不欲去乡里,遂解官归养。后数年,亲继亡,墓下终丧,犹不思去,里人数劝勉之,出知扬州天长县"。

另据包拯妻《董氏墓志铭》记载:"夫人早归孝肃公,公初中进士甲科拜棘,平得大邑,以亲不乐去州里,即弃官归养。夫人佐公,承颜主馈,内克尽妇道,外不失族人欢心者,盖十三年。"

这几段记载很清楚地说明,包拯中进士后,第一个外放的官职是建昌知县,因父母年事已高,于是"辞不赴",就是辞官不去赴任。随即朝廷又改授"得监和州税",包拯获得和州税监的官职,和州与庐州相邻,但是他的双亲不愿意离开家乡,于是,包拯又"解官归养",即解去官职,回到家乡奉养双亲。《国史本传》里的"解官归养",与包拯夫人董氏的墓志铭说的"弃官归养",都是同一个意思。说明包拯对建昌知县一职,是"辞不赴",推辞没有赴任;而对和州税监一职,则是"解官""弃官",这就是说到任了,不久后因双亲不愿意跟他来和州,遂又解去官职。回家"归养"。

225

包河公园　庄道龙摄

了解历史人物的一生，墓志铭是个有力的证据。包公的墓志铭对这个问题有记载吗？

包公墓志铭，1973年出土于合肥东郊大兴集双圩大队黄泥坎生产队东北部北宋包氏家族墓群。出土时碎为5块，并有明显的打击伤痕，部分文字已经辨认不清。1979年7月被定为三级藏品，1994年国家文物委员会专家鉴定组鉴定为一级文物，现藏在安徽省博物馆。

包公墓志铭约3200字，比《宋史·包拯传》还详细，上面记载说包拯得到建昌知县的任命时，他的父母高年家居，不欲远去，于是包拯向朝廷恳辞，获得和州税监的改任，和州邻近合肥，但是他的父母还是不愿随去，就"遭公之官"，"之官"就是上任。

我们可以想象一下，按封建官场定例，包拯已经辞去一职不赴任，要求改换离家近一点职位，朝廷也同意了并予以改任，如果再不去，就是抗命，于理不合。所以正确的解释就是，他的父母命他一人前去赴任，干了没有多久，考虑到双亲年事已高膝下无子，所以又"解官归养"。

关于这一点，清代乾隆年间方志大家章学诚编纂的《直隶和州志》也清楚地记载，包公踏入仕途的第一个任职的职位就是和州税监。

笔者请教翁飞博士，包公作为北宋一代名臣，千百年来，一直以廉洁奉公、刚正不阿的清官形象载于史册。因此，搞清楚包拯的仕途履历，对于理解包拯作为千古廉吏的作为和功绩，有着十分重要的意义。

翁飞博士回答道："是的。包拯在任和州税监后，辞官归养10年。第一个任职时间虽然不长，但他以后多次担任与财政经济有关的位子。在三司先后当过户部判官、户部副使，又长期担任转运使，最后官至枢密直学士、三司使。"

三司是北宋最高财政机关，由唐代盐铁、度支、户部三个司合并而成，简称"三司"，掌管全国的盐铁税、人口税和计划开支，所以三司又称计省，三司使又称"计主"或"计相"，地位仅次于宰相，这与他在早期当过基层税官熟悉财政税收政策及运行方式，也许有很大的关系。

其实以前说到包公，大多关注他在整肃吏治、清正廉洁方面的贡献。应该说，包拯的那些经济改革、兴利除弊的主张，对于缓解北宋的经济困境，起到了一定的成效。然而，长期以来，一直不为学术界所重视。

包拯的仕途履历，很大一部分时间是作为一个主管地方和中央财政税收的经济领域的官员，因此，他的改革和廉政主张及其相关作为，更多的是在经济领域，注重国计民生，向朝廷建言上书，兴利除弊。据粗略统计，在包拯遗留文献《包拯集校注》（杨国宜校注，黄山书社1999年6月版），经济方面的奏疏文字占了全部奏疏的40%左右。

重视国计民生与反贪倡廉，其实是包拯民本思想中不可分割的一体两面。

地图牵出的岳大郢岳飞后裔

一张抗日战争时期日军绘制的合肥地图里,明确标明了合肥曾经有一座岳王庙,周边的建筑和地名也大多以"岳"字冠名。如今,岳王庙虽已不在,可岳飞后人却牢牢记住了岳家祖训,将"精忠报国"深耕发扬。

多年前,岳飞思想研究会合肥分会会长岳辅金便有了恢复岳王庙想法。

据岳大郢附近居民说,因为年代久远、人为破坏,在岳大郢附近,岳王庙等关于岳飞的历史印记早已消失。岳辅金打算连同族人在岳王庙旧址附近建立一座安徽岳飞纪念馆,并在全国征集岳飞与合肥相关的文物、史料。苦于一直找不到有力的证据来证明岳王庙曾经的存在,这一想法便一直无法落实。直到2017年的夏天,一位朋友给他送来了一幅地图。

岳辅金的这位朋友便是合肥媒体圈著名摄影记者、收藏爱好者马启兵。因为长期"游历"于各种收藏圈,马启兵对这些收藏品有其独到和犀利的眼光。也是因为知道岳辅金在筹谋岳飞历史文化馆的重建,所以也一直帮忙在收藏市场里寻找证据。

"我在各个收藏群里都留了言,希望大家看到有关合肥的地图可以联系我。"

马启兵说,那段时间他收到很多关于合肥的地图,大多都是民国时期的。

"因为据当地人说1958年岳王庙就被拆掉了,所以要找到它的踪迹只能在民国或者以前的地图里寻找。"

然而，一连找了二十多张地图，都没能找到岳王庙的蛛丝马迹。

"因为当时地图绘制大多用于战争，地图的比例也没有现在那么大，所以岳王庙是很难能被标注在地图上面的。"

直到2017年的6月，一名收藏爱好者传了一张地图照片给马启兵，在仔细看了很久之后，终于发现了一丝痕迹。

"这是一张抗日战争时期的地图，我判断应该是日军依据民国政府的地图重新绘制的，地图大概是合肥县的1/6的部分，我手里这张就是其中一个部分，位置刚好就是现在肥西上派河。"

地图上都是汉字，标注的有地名和一些建筑的名字，不过由于字很小而且是繁体，再加上是复制的，字迹并不是非常清楚，所以马启兵还是很花了一番功夫。

"我拿着放大镜在这些地名里面寻找，终于找到了岳王庙，在岳王庙的旁边还有岳家石桥和岳大郢的标识。"

找到这张地图后，马启兵二话不说买下了它，并在第一时间把这张地图转交给岳辅金。

"我和岳会长认识很多年了，知道他在寻找这些证据以后我也在帮忙找，没想到这张地图起了这么大的作用，岳会长看到地图以后也很高兴。"

在岳辅金的办公室里，我们看到了这幅地图，白地黑字，地图大小约60厘米×70厘米，右上角印着：安徽省合肥县，左上角印着：昭和十三年四月中华民国二十一年十月印制，左下角印着：第二野战测量队参谋本部陆地测量总局。另外，地图上标注着地图的比例为五万分之一尺。

岳辅金很珍贵地将它裱挂起来："如果今后安徽岳飞文化纪念馆能够建成，这幅地图也能算上展品挂在里面的。"

地图上的岳大郢就是岳辅金曾经出生的地方，也就是现在的肥西县桃花镇，距离紫蓬山景区直线距离不过几千米。地图上标注的岳家石桥和岳王庙在地图的右上角方向，仔细查看还是能看得很清楚的。

说到这张地图，岳辅金还说起了一个在岳大郢口口相传的故事。

抗日战争期间，合肥沦陷，日军占据城中心，四处侵扰，但是从来不敢到当时全民皆兵、深沟高圩的岳大郢来，就是慑于岳家子弟精忠报国的浩然正气。

"当时的岳大郢四周都有河沟围起来，在入口处有一个堡垒，人如果想进入岳大郢必须经过一座桥穿过堡垒，才能进去。"

岳辅金说，岳家人自古就有战斗意识，对家族的保护也做得很好，这样一个族群聚集易守难攻，日本人打来的时候都没打进去。

据岳辅金介绍，这张地图上所标注的岳王庙在其族谱里也曾经有过记载。

"以前只是族谱有记载，算是孤证，现在有了地图就更有根据了，后来我们在地图所标注的地方又进行了一些挖掘工作，也挖掘出了一些曾经的建筑基底，现在也都收藏起来，以便以后纪念馆建起来能够展出。"

另外，据上海图书馆相关文字记载，当年，岳飞被害后，其后人散布至全国各地。其中岳飞长子岳云的一支后代迁移到了江西附近。元末明初，随着人口迁徙大军来到了如今的肥西县桃花镇附近，最终定居下来。

有岳家后人，又有地图上的标注，岳王庙被证实了，岳辅金便开始着手为纪念馆筹谋，他在原址上竖起了一块石碑：岳氏宗祠。

沿着繁华大道一直往西走到紫蓬大道交口处的北边有一条小水泥路，两旁种满了香樟树。路口处有一个"安徽岳飞纪念馆（筹建）"的立牌向北指去，沿着小水泥路走到头就能看到岳氏宗祠的石碑，石碑后面记录了岳氏宗祠的简介。从简介上我们了解到岳氏宗祠的由来。

岳辅金翻出合肥地区的《岳氏宗谱》，介绍说：合肥岳姓族谱最早是清朝光绪年间修订的，二修是在1948年。2009年，族人组织三修家谱。根据考证：这部族谱是从岳飞第14代孙记载的，时间是明朝永乐年间，弟兄三个：岳华栖、岳华彩和岳华淇，是从江西迁来的，但未说明具体时间。

"岳飞后代全国约有四十万人，分布于各个地方。我们合肥地区大约有一万名岳飞后人，主要集中于我们这岳大郢一带。"

据岳辅金介绍，当年岳飞和长子岳云同死于风波亭，岳云死的时候已经有两个孩子，他们就是那一支的后代。

"岳云的这支后代迁移到了江西附近。元末明初，随着人口迁徙大军来到了如今的肥西县桃花镇附近，最终定居下来。"

史料上都有记载："岳氏一支迁到安徽庐州的'大蜀山西南大河之畔，小蜀山南十五里地，荒芜乡野，川平土广，卜扎于此'。"

岳辅金说："其实，岳飞和合肥早就有缘了，南宋年间就曾来过合肥，并在合肥留下了'庐州大捷'的战绩。"

在《岳氏宗谱》里有记载道：清咸丰癸丑年（1853）筹谋建祠，光绪二十三年（1897）始建，两年后宗祠落成。

岳辅金拿出的家谱中也有岳王庙的建筑图纸，从图纸上可以看得出来，整个建筑样式为徽派建筑，大门进去后有个庭院，后面共三进，占地13亩，建筑面积580平方米，庙内雕梁画栋、布置精致，其间摆放着岳飞、岳云的坐像，两侧供奉着岳家小将。

不过很可惜的是，1958年，岳王庙被毁，以至于现在很多人都不知道原来在合肥也有一座岳王庙。

朱子有别，在庐州代有传人

中国古代尊称男子都在其姓后面加个子，如称孔丘为孔子，孟轲为孟子，庄周为庄子。那么，作为元、明、清三朝官方哲学"程朱理学"创始人之一的朱熹理所当然地被尊称为朱子。

这里先厘清一个常识。许多人都知道《朱子治家格言》，其中"黎明即起，洒扫庭除，要内外整洁。既昏便息，关锁门户，必亲自检点"，更是耳熟能详。不过著者并不是朱熹，而是同样被称为朱子的清初理学家朱柏庐，两人相差将近500岁。

朱熹原是徽州人士，后来在福建去世，他的子孙也一直是在福建生活。到了他三世孙朱洽，为继承先祖的事业，带着家眷从福建迁徙到江西。

朱洽在白鹿洞书院讲学著书，秉承先祖遗德，传承朱子之学。

元末明初，农民起义不断，天下纷争，为了逃避战火，朱子八世孙朱富带着家人历经千辛万苦从江西渡江北行到了古庐州府治下的无为石罗山下。

朱富精通青囊风水玄学，他见石罗山一代山水清幽，地美土肥，是一个适合生活耕种的宝地，于是就带着家人在此地定居，繁衍生息。

朱富的第六世孙朱廷贯带着家人在明成化三年（1467），由无为迁至合肥东乡邑堂寺附近，为合肥东乡朱氏始祖。后人猜测，可能是由于当时朱氏在无为经过数代繁衍，已经人口大增，土地有限，为生计考虑，朱廷贯带着家人外出寻找其他更好的地方来安居过活。在其后的日子里，朱氏后裔慢慢散居附近的桥湾村、长塘村、高塘集、后冈圩等地，其中长塘村是朱廷贯后人在合肥的子孙主要聚居地之一。

朱廷贯将朱氏后人的血脉留存在了合肥的土地上，越来越多的朱氏后人在合肥安居乐业，并且将合肥当成了他们的家乡。

从朱富到朱廷贯，朱氏后裔移居到了庐州大地，并且在这片美丽的土地上繁衍下来。朱廷贯的子孙在合肥东乡世代繁衍，耕读为本，传承家学。

在朱廷贯之后，他的后人慢慢开始在庐州大地上繁衍、散布，开花结果。最初的邑堂寺后人大部分迁至长塘村，分为东份、中份、西份，其余的分居于河东小朱村、下张、朱小店等地。据1860年朱氏长塘支谱记载，其分支宗祠本在店埠西五里真官祠侧，离长塘村半里许，后来几经战乱被毁，年代久远，具体遗址已经难以考证。

长塘朱氏世居长塘村，历经几世，经过近百年的休养发展，逐渐有优秀子弟带领家人走出一隅之地向外发展。从肥东到合肥，是朱氏子弟跨出的第一步，慢慢向周边扩散。世代的迁移除了家族的发展，也受时代和社会发展的影响。

本来在合肥发展的朱氏，至清光绪初期，为逃避太平天国对合肥地区的祸乱，由朱默存带领长塘西分第二支后裔避世乱迁居到大别山中丰乐河源头之六安南乡东河口。族人秉承朱默存"子孙需明义理"的遗训，或教书或行医或务农，亦有从军从商从政之人。在经历了清朝末年和民国时期的动乱后，越来越多的朱氏子孙走出乡村和大山，开始向更广阔的天地发展，为了家族的发展，并且发扬先祖遗志，重现朱氏一族的荣光。

新中国成立后，合肥、六安、无为等地的朱氏后裔慢慢融合，向安徽省的中心合肥发展，在合肥经历了几十年的拼搏奋进，从政从戎，经农经商，士农工商各界人才济济，为富民强国贡献微薄之力。同时也有不少族人向外辐散，迁居他地，在庐州大地上遍布了朱氏后人。

朱子为祖，经朱富、朱廷贯延续而来的长塘支朱氏族人在江淮腹地，淝水之滨，艰苦创业，休养生息，经历了近600年的子孙繁衍，朱廷贯的后裔至今已有上万人,散布中华大地,包括合肥、六安、全椒、芜湖、南陵、无为、安庆等地,甚至远至杭州、上海、武汉、北京、新疆、香港等地,亦有族胞移居海外。

安徽的朱子后代里出了许多杰出人才,比如朱默存、朱蕴山、朱幼农等。

乡野里的大金皇室

从前，合肥东乡居住着金国开国皇帝完颜阿骨打的后裔。800多年风云变幻，如今，他们以务农为生，过着与世无争的平静生活。

乍一望去，完牌坊村就是一个普通的村落，早已感受不到当年金戈铁马的气魄和浴血厮杀的壮烈。

年近古稀的完颜永浩是村子里的文化人，曾创办牌坊初中班，此外，还负责主持了完颜氏的修谱工作。

"我们村和周边几个村子的完姓人，都是金兀术的后人。"他说目前肥东的完颜氏后裔共有四千余人，其中居住在农村的有近两千人，其他的大部分人则去了外地发展。

在完颜永浩的家中，我们发现了一块残破的石碑，上面刻有"凝妻"字样，这是目前仅存的完牌坊村古迹之一，完颜永浩很惋惜地说："经历了动荡的战争年代，留下来的古迹已是凤毛麟角，大多只能从文字记载和老人回忆中去寻找逝去的踪迹。"

清代乾隆中期，肥东完颜家族一个叫完畅的人考上功名，肖氏正是他的母亲。完畅的父亲完德凝在儿子尚未出生时就去世了，肖氏22岁就开始守寡，多年来她恪尽妇道，在当地获得很高的赞誉。"凝妻"就是指完德凝的妻子。

据完颜永浩回忆，完颜氏家族内建村历史最早的有六个自然庄，其村庄格局和房屋建筑各有特色。

"可惜村庄旧居在经历历史风雨之后,早已荡然无存。"

说完颜永浩是村子里文化人之一,是因为肥东完牌坊村走出过另一位更有名气的文化人,那便是合肥市文联原主席完颜海瑞。

在亳州路一间堆满了书籍的书房里,完颜海瑞这样描述记忆里的村子:"直到20世纪60年代那里犹存古貌,巍峨的石牌楼,雄武的石狮,巨大的拴马石,乾隆皇帝的手书匾额。丈二高八寸厚的橡木大门铜环镶嵌。面向正西,辉煌夕照,如血斜阳,年复一年地涂上一层层岁月风尘。整个村落四方四正,二水衔汀,千柳环村,繁枝叠翠。走进大门如入迷宫,巷巷相通,回廊勾楼,瓦舍草庐,粉壁曲径……"

关于宋金之战以及完颜氏与岳家恩怨,完颜海瑞有自己的观点。

他有点激动地对我们说,平心而论,当年金兀术侵略中原、践踏宋邦,的确给汉族人民带来了深重灾难。但说到底,这是中华民族内部两个政权之间的战争。

中国历史上出现过许多少数民族建立的政权,不光是取代汉族统治的元朝和清朝,还有与汉族政权并存的匈奴、鲜卑、契丹、西夏等。

现在的史学界已经有个公认的观点了,那就是黄帝是五十六个民族的共同祖先。元泰定帝亲口说过:"黄帝轩辕乃我中华民族元祖,不论汉、蒙、回、藏抑或是苗、瑶、彝、黎,皆为黄帝子孙。"

清朝顺治皇帝登基后即派大臣祭奠黄帝陵,康熙帝更是亲笔用满文撰写祭黄帝文。

于右任先生写过一本《黄帝功德记》,上面也考证说,黄帝子孙延及神州,封有17国,今日汉、蒙、回、藏、苗、彝、满等都是黄帝后裔。

他在和合肥的完颜氏后裔交流时反复强调自己的观点,告诫大家不要有蒙昧、狭隘的民族主义,那是对中华民族历史的不了解。

我很好奇,肥东的完颜后裔是如何来到这里的。

完颜海瑞说,过去他以为自己的家族是在南宋时期随金兀术南下攻打庐州城的金兵的后代,或许在那次战争失利以后逃离到合肥东乡隐居下来,在那里休养生息，代代薪火相传，才有了今天几千人的规模。后来经多方考证方才得知，合肥的金人后裔是在元末明初时来到合肥的。

自从蒙古军队灭亡了金朝，金人后裔就和蒙古人结下了仇恨。当朱元璋征讨大同元人时，辗转到山西大同府云内州（今大同市）定居的金兀术的后代完贵，便投到其麾下效力，南征北战，屡建战功，后来被提拔为将军。朱元璋推行屯田军垦制度时，完贵率部来到庐州生产军粮，从此，这支金人后裔才在这里繁衍下来。

岁月流逝，完牌坊村历尽沧桑。战乱之后，地主、债主都不在了，土地全部分给了武将们去开垦，就这样一代传一代。

新中国成立后，由于土地不允许买卖，许多人将田地租给别人种植，村子的收入提高了，经济基础也好了，孩子们也有了读书的条件。

正因为有这样一段历史渊源，使得从完牌坊村走出来的名人，大多是文人。

他的祖先是第一个入正史的少数民族

和余秋雨先生的对话是从他的作品《我等不到了》开始的。

"余老师,你是怎么晓得自己是余阙的后代的?"笔者的提问开门见山。

"凭一种难以表述的直觉,加上查阅了大量史料。我发现我家是从安徽流徙到浙江来的,祖先是发端于古代羌族的唐兀人。即使仅仅从甘肃武威一带的踪迹算起,从他们到我们,一路生死经历,也真称得上惊天地、泣鬼神。"

余秋雨接着说:"有记载称,余阙死后没留下后代。但是,当时为余阙作传的著名学者宋濂访问了余阙的门人汪河,知道余阙还留有一个幼子叫余渊。余渊知道自己的父亲是为捍卫元朝而死的,但他仍然接受了明朝,还在明朝中过举人。根据几部《余氏宗谱》记载的线索调查,余渊的后代也是强劲繁衍,至今在安徽合肥有五千多人,在桐城有一千多人。"

由此可见,余阙有子余渊,繁衍出三支:一支是合肥,一支是桐城,一支是四川。安徽的这两支后裔流寓浙江。余秋雨是浙江余氏的后人。目前,余阙后裔已在合肥繁衍到了第25代。

我们在庐州城里寻找余阙的印记。在省公安厅和省博物馆那里,翁飞博士指着那一带说,余阙留在合肥的遗迹大多消失在历史的长河中了,但地方史志上仍然有明确的记载,比如这里以前是庐州府衙和合肥县衙,再早一些就是余阙在合肥的府邸;而且,城外曾经还有余忠宣公祠。

1980年，史金波同西夏学者吴峰云来到了安徽合肥，就元代唐兀人余阙的后裔进行调查。史料记载，余阙祖籍系西夏时的甘肃凉州，其父沙刺藏卜于元代自凉州随军迁到了今天的安徽合肥。调查中，史金波、吴峰云根据《庐州府志》中提供的线索几经周折，找到了余阙的后人余章元、余铨。还在合肥小南门外的二里桥和桐城市洪涛山分别发现了《余氏宗谱》。根据宗谱的确切记载：余氏家族是经过七百多年传承至今的西夏后裔。

余阙，字廷心，一字天心，唐兀氏，祖居今甘肃武威地区，是被成吉思汗所灭西夏人的后裔。元代分蒙古人、色目人、汉人、南人四等，余阙属色目人。父亲沙刺臧卜为官庐州，余阙遂为合肥人。

余阙生于元成宗大德七年（1303）正月十一日，行四，少年丧父，家甚贫，13岁才开始读书。元惠宗元统元年（1333），余阙以庐州路贯、河南行省乡试第二名的身份，中该科右榜会试第二名，殿试亦中第二名，赐进士及第，也是科举史上合肥可考的第三名文榜眼。

《武威通志》（人物卷）有记载："元统元年（1333），余阙考中进士，授同知泗州事，为政严明，豪绅猾吏都很怕他。不久被召入朝，为应奉翰林文字，改任刑部主事，对权贵不阿谀奉承，并向宰相上书揭露权贵的劣迹，宰相不理，乃弃官归里。不久，又召他修辽、金、宋三史，再次入翰林为修撰。拜监察御史。出任湖广行省左右司郎中。当地贪官污吏听到余阙来任职，多数都自动离职而去。"

至正十二年（1352），余阙代理淮西宣慰副使、都元帅府佥事，分兵守安庆。至正十五年，淮东西城池陷没，余阙独守安庆。余阙旧日的朋友甘言劝说余阙投降，阙将甘言斩于东门外。余阙治军，号令严明，能与部下同甘共苦。每临战斗前沿，矢石如雨，左右以盾牌替他遮蔽，他推开盾牌说："你们也有命，为什么来保护我？"至正十八年（1358）春正月，赵普胜军围东门，陈友谅军围西门。阙身先士卒，斩首无数，负伤十余处。后城中失火，阙知城已陷没，乃引刀自刎。

余阙自刎后，全家跳井，殉国身亡。余阙去世后，元廷追赠官衔抒诚守正清忠谅节功臣、荣禄大夫、淮南等处行中书省平章政事、柱国。追封豳国公,谥号忠宣。

　　余氏子孙在中华大地上繁衍生息,在千百年的时间里涌现了无数的英杰、名人。如果余阙在天有灵,或许会感到很欣慰。除了他这个元朝忠臣良将,还有余秋雨这种传承文化的后人。也许他会希望,余氏的后人能够出更多的文武之才,守四方,安天下。

徽州出朱子，庐州有蔡公

前几篇曾经介绍了理学家朱熹及其在安徽的后裔，其实出生于南直隶庐州的蔡悉同样是著名的理学家。

蔡悉，字士备，号肖谦，谥文毅，生于1536年，卒于1615年，累任明朝湖广、两江、山东、福建、河南等地的地方官，最后任至南京尚宝司卿和国子监祭酒，位列九卿之重，正史为其列传以彰其功德。

蔡文毅公最值得颂扬的是他对宋明理学的深入精到的研究，他融会贯通诸子百家之学，丰富和发展了中国儒家学术，晚年告老后，仍以著述讲学为事。

他的著述达七十余种，如《孔子年谱》《儒学宪章记》《颜子见知经》《居身居家训词二十则》等。

他的道德操行也为世人所称道和效法，不仅二十四史之一的《明史》为其立传，《合肥县志》《庐州府志》《续修庐州府志》均以公为荣。

至清末，庐州有三公之谓，即宋朝的包孝肃公、明朝的蔡文毅公、清朝的李文忠公。后人公认蔡文毅公的学识才华，"当列三公之首而无愧也"。

清雍正十三年（1735），提督安徽学政姚三辰巡回庐州府，对生员进行策问：为什么庐郡代产哲人，而宋明为盛？其中一位姓许的生员答道："必欲于其中较量其最优而可法者，则宋莫如包孝肃，明莫如蔡文毅。"

蔡悉告老还乡后，仍然在家乡讲学。一天，桐城才子方龙舒和濮亮来到庐州，扬言要和蔡悉一较高下。

濮亮出场就咄咄逼人："当今理学已经背离了程朱理学的宗旨，所谓的什么'心学'纯粹是邪说！"蔡悉拈须微笑道："既然二位认为'心学'是歪门邪道，那么，可否请方龙舒先生为我们大家讲解一下程朱理学？"方龙舒见蔡悉未驳斥自己这一方，很是得意，于是他引经据典，侃侃而谈。

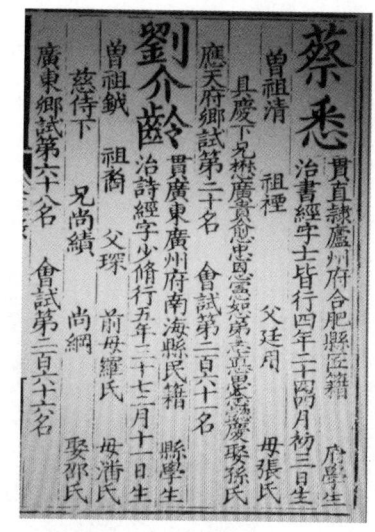

《进士登科录》记载蔡悉

听着听着，蔡悉皱起了眉头。他发现这两个人虽然有才，却是在空谈理学，完全不知家国艰辛。等方舒龙讲解完毕，用挑衅的眼光看着自己时，蔡悉走到场中，从程氏兄弟、朱熹到阳明心学，再到自己的为官实践、为学历程，他将多家学说熔于一炉，并且与经世致用合二为一，不知不觉讲了两个多时辰。方、濮二人被他的学富五车、雄才大略所震撼，不得不佩服得五体投地。

有一年，庐州遇到旱灾，田间颗粒无收，粮食价格一天比一天贵。蔡悉本就为官清廉，家里没有多少钱财，这样一来，很快也和其他灾民一样陷入困境。家里粮食全吃完了，只好把能卖的卖了，能当的都送进了当铺，几乎要家徒四壁了，接下来的日子只能等着挨饿了。一家人愁眉不展。

一天下午，门童忽然看见郡守府的衙役领着挑夫，担着稻谷，排着长长的队伍往蔡府走来。家人赶紧禀告蔡悉，蔡悉一问才知，原来是郡守潘榛知道他的经济拮据，特地派人给他送来了百担稻谷。

蔡悉见稻谷已送到门口，便收了下来。但他只给了自己留下了两担，其余的稻谷堆放在院中，让人叫来里长，按人按户分给了其他的灾民。

第二天，蔡悉提笔给郡守写信，他在信中说："感谢大人赐给我这么多的粮食。我看到众多乡邻都在挨饿，实在不忍心自己享用，于是将大部分稻谷分发给了大家。现在，我们这里可以勉强支撑一阵子了，但是还有更多的灾民和学子还挣扎在生死线上，希望大人能体恤我的心情，怜爱这些百姓。我感激不尽啊！"

郡守接到信之后，非常感动。他立即安排手下的人开仓赈灾。凡是郡里学子每人发一担稻谷，受灾的百姓一户发五斗粮食。一时之间，人们奔走相告，无不感激蔡悉的心系百姓和郡守的仁慈为政。

蔡悉在合肥几乎没有留下多少遗迹，据《嘉庆合肥县志·祠祀记》记载：蔡公祠，在十字街东，祭明尚保卿蔡悉。地点在今天的逍遥津小学那里。

合肥教育学院中文系老师蔡继忠是蔡公的十九世孙，他在《古合肥蔡文毅公祠简述》里较为详细地考证了蔡公祠堂的历史演变。

蔡悉是明嘉靖三十八年（1559）进士，经历了世宗、穆宗、神宗三朝，为官五十年，官至尚宝司卿、国子监祭酒。蔡文毅公祠，也是合肥蔡氏宗祠，原是一座规模宏大的税课司舍。明朝天启二年（1622），明熹宗追赠蔡悉谥号"文毅"，改税课司舍为专门供奉蔡悉的祠堂，后人称之为蔡文毅公祠。明清之时，蔡文毅公祠规模宏伟。世易时移，在20世纪三四十年代日本侵华时期，这座宗祠也因遭受战乱的摧残而日渐衰落，但其原貌依稀犹存。

家住在淮河路上后面的肖文启老人对我说，旧时，那一带有好几处祠堂和庙宇，现在的向阳路一小，原来是蔡公祠堂和二郎庙。蔡公祠堂底第一进门厅在抗战时期改成了临街门面，当作瓷器店，房租作了祠堂经费。门面房后面是一个天井，院子里砖石码地，走过去就是祠堂的正厅。抗战以前，正厅北面神龛上供奉着蔡氏宗族列祖列宗的牌位上悬蔡氏祖先遗像。神龛前的长条香案上摆满香炉、烛台、瓜果等祭器、祭品。正厅后面还有厢房，是祠堂执事人工作和休息的地方。再后面是一个大花园，只是后来年久失修，里面也是杂草丛生。

新中国成立后，蔡公祠堂在"私房改造运动"中，由地方政府接管为公房，分配给市饮食服务公司经营管理，后来在淮河东路修建商业街时拆除。而蔡公祠堂其余部分，早在1946年就由祠堂执事蔡荫青先生用作新生小学的校舍，即今天的逍遥津小学前身。从1622年建立祠堂开始，到1946年止，蔡公祠堂整整存在了324年。

相府园旁拜天馥

昔日合肥前大街与东大街之间有一排气势逼人的大宅院，是清朝康熙年间历任工、刑、兵、吏四部尚书及武英殿大学士李天馥的故居，人们习惯称之为相府园。好玩的是相府园的周围有玉带、日月、乾坤三条小巷，有饱读经书之人解释说，那是比喻李天馥腰缠玉带、手掌日月、扭转乾坤的地位。

合肥市庐阳区地方志专家李光鉴先生对李天馥颇有研究，他告诉我，所谓的玉带巷、日月巷、乾坤巷，大致位置相当于今天的东鼓楼巷、群力巷以及枫林巷。

我在相府园故迹周围转悠，向附近的居民打听李天馥在这居住的情况，几乎问到的人都摇头说不知道。在青云楼后面，终于有一位姓李的大爷对我说，小时候听家里大人说，这一带是相府园，里面住着合肥的一位大人物，好像是什么宰相，不然怎么会叫相府园呢。不过，李大爷说他从记事的时候就没有看见过相府园，应该早就拆掉了。

我查找了《清史稿》，里面对李天馥的记载比较详细：李天馥，字湘北，河南永城人。先世在明初以军功得世袭庐州卫指挥佥事，家合肥。有族子占永城卫籍，天馥以其籍举乡试。顺治十五年成进士，选庶吉士，授检讨。博闻约取，究心经世之学，名籍甚。累擢内阁学士，充经筵讲官。每侍直，有所见，悉陈无隐，圣祖器之，康熙十九年夏，旱，命偕大学士明珠会三法司虑囚，有矜疑者，悉从末减。寻擢户部侍郎，调吏部。杜绝苞苴，严峻一无所私，铨政称平。二十七年，迁工部尚书。河道总督靳辅议筑高家堰重堤，束水出清口，停浚海口；于成龙主疏浚下河。上召二人诣京师入对，仍各持一说，下廷臣详议，天馥谓下河海口当浚，高家堰重堤宜停筑，上然之。历刑、兵、吏诸部。

三十一年，拜武英殿大学士。上曰："机务重任，不可用喜事人。天馥老成清慎，学行俱优，朕知其必不生事。"三十二年，以母忧回籍，上赐"贞松"榜御书，勉以儒者之学；复谓："天馥侍朕三十余年，未尝有失。三年易过，命悬缺以待。"三十四年，服将阕，起故官，入阁视事。上亲征厄鲁特，平定朔漠，兵革甫息，天馥务以清静和平，与民休息。尝谓："变法不如守法。奉行成宪，不失尺寸，乃所以报也。"三十八年，卒，谥文定……

李光鉴先生解释说，李天馥自幼聪慧，7岁就能出口成章，当年在庐州城里有"神童"的美誉。他少年的时候几乎遍读经史子集和百家著述，用心钻研经世致用之学，所以23岁就高中皇榜。要知道，科举制度下许多人都是考白了头发也未必能够及第呀。

我顺着枫林巷往里走，希望能够寻找到相府园的蛛丝马迹，哪怕是一堵墙、一棵树。可岁月把相府园冲刷得太厉害了，连一块砖也没有留下，或者留下了，正藏在某个角落，我却发现不了。

李天馥在合肥历史名人中间是个比较特殊的人物，他1635年生于庐州，1699年又卒于这块生养他的土地。晚年退休，他坚持要回到自己的故乡。据说当年在修建相府园的时候，材料和工匠都准备齐全正待择吉日开工的时候，突然来了一位风水先生。他在地基四周来回走了几遭，东张张西望望说：这个地方犯火神，不能盖房，必须把地基向东移动几米，否则冒犯了火神，盖好的房屋也会被火烧掉的。

风水先生走了，工人们可不敢动工了，大伙儿你一言我一语，不知如何是好。正在这时，李天馥来了，问明了缘由，手捻着下巴上花白的山羊胡子，来回踱着方步，半晌突然发话，要工匠们原地建盖，按时开工，不得有误。大伙儿惊奇地问，这里风水不好，在这里建房恐怕要触犯火神的。李天馥微笑着回答说，不要紧的，我是当朝一品大员，火神爷的地位没有我高呀！

你还别说，相府园盖好以后，几十年间居然真的没有发生一次火灾。李天馥在那里安享晚年，迎来送往，门庭若市，和他在位的时候没有两样。

但给我讲这个故事的俞义贤先生话锋一转，有点神秘地对我说，有些事你还不能不信邪，李天馥在世的时候，相府园安然无恙。但就在去世的第三天出殡的时候，家里的下人不小心碰翻了蜡烛台，小小的火苗点燃了帷幔。正好那天刮大风，火借风势，顷刻间把相府园的厅堂烧得干干净净。

大火被扑救以后，有人想起了多年以前风水先生的话，不禁感叹李天馥是个洪福之人，连火神爷也奈何他不得，只能在他死后才敢在他的宅子里施展淫威。

有第二包公的称号

在合肥的历史名人中，最德高望重的自然要数包大人了。李天馥对包拯推崇备至，在他许多诗文中都有称赞包公的字样，而他为官也同样表现出刚正不阿的浩然正气，后人给了他"合肥第二包公"的美誉。

也许因为时间距离我们现在太久了，庐州城里的相府园已经不见踪影。不过，合肥周边仍然留下了一些与李天馥有关的遗迹。据合肥市庐阳区地方志办公室的王瑞刚先生介绍，比较著名的有三十岗牌坊群以及长丰中国传统文化里讲究"百善孝为先"，在这一点上，李天馥也与包公的所作所为十分相似。史书记载，包公在母亲去世时，毅然辞去官职，守孝三年，一直到39岁时才重登仕途；李天馥母亲去世时，他也是辞官回合肥守孝，至今，长丰县土山乡桃山村那里还有"皇清诰封一品夫人瞿太君"墓葬石雕群，以及李天馥为母亲守墓时留下的"孝子墩"。

王瑞刚说，别看李天馥盖相府园时没有听从风水先生的劝说，但在给母亲选墓地时却是特意让风水先生挑中一块风水宝地，那里背靠山岗，面向冲地。当地的村民介绍，墓地经过"文革"期间破坏损毁十分严重，原先那里还有神道碑、石香炉、石望柱和二龙戏珠石牌坊、旗杆石、曲桥、凉亭等。现在只有几尊石马、石羊、石猴。

王瑞刚先生还兴奋地对我说，现在大家保护文物的意识比过去强多了。2006年的时候，桃山村一位姓丁的村民盖房子的时候挖出了两块墓志铭碑，

246

碑文是清初著名书法家王士贞撰写，笔法精妙，铁画银钩，字字珠玑，刻工精到。因为是封墓铭，长期掩埋于地下，所以没有丝毫风化剥蚀的痕迹，成为碑中妙品。

我在相府园故迹周边来回转悠，因为靠近菜市场，空气里充斥着鸡鸭的腥味和烂菜叶的酸腐味，让人很难想象300多年前这里是堂堂的一品大员李天馥的府邸，我估计当时大宅院的墙头都是高高的，庭院也是深深的，一般人别想靠近半步。

尽管现在知道李天馥的不多，但以他在官场上的地位以及文学上的成就，如果撰写清早期历史，那是绕不过他的。我在安徽图书城里查找相关书籍，果然在最新畅销书的书架上发现了著名作家刘晓春的新作《清朝那些人》，书里第27个介绍的就是李天馥，只不过将他的出生年份1635年搞错为1634年，让他提前一年来到了人世间。

其实李天馥家族从一世英公开始家道昌盛，二世斌公在洪武皇帝的家乡凤阳为官，至三世良公始居合肥，授直隶庐州卫左所百户。这一职位后来被子孙后代多次世袭。李天馥的父亲李万化为十世，承袭庐州卫指挥佥事，当时在江淮一带也是以能文会诗闻名的。

李天馥可以说是这一支的巅峰了，所以不论是族谱还是方志皆云"以天馥贵"。(嘉庆)《合肥县志》(人物传)里介绍所谓"国朝"人物的时候，大多区区一二百字，只是在龚鼎孳、李天馥、董金凤等官至一品的词条下，用了500字左右。

我一直在为庐州府和合肥县的地方官们担心，按理说不管是知府还是县令，在这块土地上跺跺脚，大地肯定是要颤上一颤的。可李天馥这个一品大员告老还乡了，长年累月地住在自己管辖的地盘上，真不知是祸是福。尽管李天馥已经致仕，赋闲在家，但世袭的地位以及他在官场上的影响，那是一点也不能小觑的。

应该为那些"父母官"庆幸，他们遇上了一位"好市民"。李天馥在位的时候就是一位清官，康熙皇帝称赞他"学行俱佳"。他刚到户部的时候，下属就以"苞苴"(即贿赂的财物)进谒，他严词拒绝并公之于众。他特别欣赏博学之材，向朝廷举荐李因笃、顾炎武、秦松龄等大方之家人。开科选才时，他又大力推举陆陇其、邵嗣尧、彭鹏等学子，深受世人称赞。

事实上，李天馥晚年定居合肥以后，不仅没有给当地政府和百姓找麻烦，反而做了许多有益于地方的好事。有一件事情可以说明问题。清朝的时候有个规定，比当地官员职位大的如巡抚或王公大臣等莅临合肥，庐州知府与合肥县令都迎接到城外10里之处。有一次一位朝廷命官到合肥视察，庐州知府与合肥县令恭请李天馥陪同出城迎接，李天馥觉得这个繁文缛节太劳神伤财了，就叫庐州知府与合肥县令出德胜门在稻香楼那里迎接即可。朝廷命官为此大发脾气，李天馥却冷冷地说，当今皇上见了我都礼让三分，难道还要老夫惧你不成。那位朝廷命官赶忙赔着笑脸。此后，合肥地方就在此地盖了个接官亭，不管官大官小都在这里迎接。大家都说，李天馥扭转了官场上一个陋习。

俗话说，"富不过三代"，不过在封建社会，由于世袭等原因，一旦祖上荣登官位，还是可以荫佑子孙后代的。李天馥家族自一世公李英传至他那一代已经是十一世，好在两个儿子都十分争气，长子李孚青进士出身，官编修；次子李孚苍顺天会试时开榜中举，入内阁中书。

不过李孚青的名气后来比他的弟弟李孚苍大得多，《清史稿》在记述他父亲时偶有提及，《嘉庆合肥县志·人物传》李天馥的词条下也有涉及。这可能得益于他的文学成就，《古籍研究》2003年第4期里的黎莉的文章《论清代合肥父子诗人李天馥李孚青》对此有过专门论述。

我在采访过程中听到一个关于李天馥儿子"片刻掷千金"的故事，说是当年李孚青一心研习诗文，却对持家之类不感兴趣。李天馥担心以后没有人能够继承家业，就有心培养儿子的理财意识。他在八仙桌上堆了满满一桌子的钱，要儿子拿去打理。哪知道李孚青全部拿去换成了"金叶子"，站在城墙上向天空飘洒，"金叶子"顷刻间被哄抢一空，李孚青却沉浸在"金叶子"蹁跹飞舞的浪漫之中。从此，大家形容那些纨绔子弟挥霍家财的时候，就有了"公子片刻掷千金"的说辞。

虽然是传说，却符合李孚青的秉性。这位大公子一生钟爱诗文，却无意于官场，在翰林院任职十几年后辞官回家，从此专心于游山玩水、诗词歌赋，在文学上取得了一定的成就，著有《野草亭集》13卷、《盘隐山樵集》8卷以及《道旁散人集》5卷。

李鸿章手植梧桐树

有种说法，长三角世界级城市群里的城市分为两种，一种是有梧桐树的，一种是没有梧桐树的。

庐州城里有了梧桐树行道木，要感谢首任合肥市委副书记、第三任市委书记李广涛。

这里要解释一下，许多人都以为李广涛是合肥第一任市委书记。其实合肥市委刚成立的时候，首任书记是黄岩，李老是副书记。不过不到一个月，黄岩调任安徽省委，张恺帆接替市委书记一职，但也就月余，张恺帆被调到了省委，李老升任市委书记。

新中国成立初期的合肥百废待兴，其中最令人难忘的是城市道路两旁第一次有了行道木梧桐树。今天大家对行道树已经习以为常了，合肥自清朝以降，只有富人家的庭院里才有花草树木，而公共地盘只有三育学校、基督教医院，以及巢湖岸边的梧桐街有些绿色。

合肥有了行道木梧桐树同时还要感谢李广涛的老战友、时任南京中山陵管理处处长的周胜人。当时他和刘少奇的秘书来合肥出差，李老提出要一点树苗作为行道树，周胜人同志一口答应了。南京自民国时期开始城市建设，新修或扩建的道路两旁都是以梧桐树作为行道木的，而中山路更是被其广泛覆盖。

李鸿章与他的兄弟侄子们　　　　　　　　李鸿章夫人赵小莲和女儿李菊耦

不过，巢湖岸边梧桐街的第一棵梧桐树要比市内的行道木早得多，而且，与李鸿章息息相关，是他的死对头日本首相伊藤博文所赠。

李鸿章这个人一身都是本事，治国，位于一人之下万人之上，为清廷内政外交立下了汗马功劳。建军，早年辅佐恩师曾国藩襄办湘军营务。后创办淮军，一度成为大清帝国的国防军。经商，中国近代早期的四大军工企业中，李鸿章一人就创办了三个，并首创了中国近代最大的民用企业——轮船招商局。而其后来陆续创办的一系列民用企业，涉及矿业、铁路、纺织、电信等各行各业。但他生不逢时，只能充当大清这幢破屋的"裱糊匠"角色。

但他的死对头伊藤博文就不同了，这个日本第一位内阁总理大臣，在位时发动了让大清帝国颜面尽失的甲午战争，战胜了号称亚洲最强大的海军——北洋水师，从而迫使李鸿章代表大清帝国签订了丧权辱国的《马关条约》。

不过，作为私交，伊藤博文与李鸿章是惺惺相惜，伊藤称李为大清帝国中唯一有能耐可和世界列强一争长短之人。在变革、维新、创办洋务方面，伊藤甚至视李鸿章为先辈。的确，李鸿章的洋务运动始于1861年，比1869年才正式开始的明治维新整整早了8年。二人曾有过一段对话，十分有趣。李鸿章问伊藤博文："如果我们两人易地以处，结果会如何？"伊思忖片刻，表示："如果你是我，在日本一定干得比我强；如果我是你，在中国不一定干得比你好。"

伊藤博文赠送李鸿章有两种树，即望春树和梧桐树。那时，甲午战争还没有爆发。李鸿章的长子李经方以候补道出任驻日大使，与日本朝野关系十分密切。

彼时，巢湖北岸的万年埠，中英街已经闻名遐迩，不仅庐州城里的商贾、士绅到此经商，旁边还延伸了一条别墅区，里面就有李鸿章长子李经方的公馆，当地老百姓习惯称之为李家大花园。

1892年，李鸿章的妻子赵小莲去世，伊藤博文闻讯后，委托李经方带了四株望春树和一棵梧桐树慰问李鸿章。望春树分别栽在赵小莲的坟前和李鸿章家庙里，梧桐树便移植到了李家大花园。

当年的李家大花园是梧桐街里最大一处别墅庄园，主要建筑是一幢中西合璧风格的三层洋楼，建筑底部都是石料所建，码砖到顶。大门上雕刻有龙凤呈祥、花鸟鱼虫图案。李经方因为常年随李鸿章出使世界各国，那幢建筑的设计者又是留学回来的洋学生，所以非常讲究石料的运用。最吸引人眼球的是回廊上的罗马柱，奢侈到用整块大理石雕刻而成。

偌大的后花园又是纯粹的中式风格，楼台亭阁，栽花植柳，堆假山，建亭榭，有紫藤架，有围绕小路的冬青，还有一条幽静的小径，覆盖着浓浓的柳荫，梧桐树位于其中格外醒目，因为，当年合肥尚没有此树种，许多达官贵人到李家大花园瞧稀奇。

每年七、八月，大花园还举行"盂兰胜会"，白天僧人拜祭，钟鼓喧天，晚上庭院里的池塘浮着一盏盏纸扎的荷花灯，里面燃着小蜡烛，照映满塘。一直到民国初期，提起李家大花园，大家印象最深的就是里面那棵遮天蔽日的梧桐树。

刘大麻子传奇

刘铭传是安徽合肥西乡人（今肥西县铭传乡），因为脸上凹凸不平，被称为六麻子、刘麻子或刘六麻子。是中国清朝末期的一位将军和大臣，淮军重要将领，台湾省首任巡抚，为台湾的现代化作出了突出贡献。开发台湾不仅是刘铭传事业的最亮点，也是晚清时期最值得纪念的历史光彩，更是台湾史上不可磨灭的丰功伟绩。

刘铭传性情豪爽，和青年人相处关系非常好，在当地称得上是名人，号召力强，可谓是一呼百应。

有一天，刘铭传家被当地土豪侮辱了。于是就带着几十个兄弟去警告土豪，说："你们不能再作威作福，欺负乡民，否则，我就宰掉你！"

土豪看刘铭传是一个毛头小子，狂笑说："就凭你，还敢吓唬我，有本事你就杀了我啊！"

刘铭传一气之下抢了土豪的刀，手起刀落，一刀劈下土豪的头，一起来的几十个年轻人吓呆了。杀了人，是要被官府抓捕的，刘铭传倒是不怕官府，因为这时候太平天国正闹起义呢，官府根本没有心思来管这些杀人放火的事。而且，刘铭传早已经另有打算：他打算自立山头，靠自己的力量保护乡亲们。

于是他跑回乡里大呼："那个土豪已经被我杀死了，你们要保卫家乡，就跟着我一起干吧！"

当即就有好几百号青年人表示拥戴，刘铭传就带着这些年轻人，在大潜山上修圩筑寨，开始了团练生涯。

后来他的部队人数越来越多，很快达到几千号人，刘铭传就打算带着大家去投军。本打算去投太平军。但传说在投军祭旗的时候，大风吹折了旗杆，刘铭传的军师告诉他，"这是上天不助，老天爷不允许我们去投太平军"，所以刘铭传就放弃了这个想法。

这时候，李鸿章到合肥招募淮军。李鸿章也是安徽合肥人，和刘铭传是老乡。

"参加太平军老天爷不允许，那就去老乡的淮军吧。"刘铭传想，所以就带着几千人投奔李鸿章去了。

由于刘铭传敢作敢为，得到了李鸿章赏识，对他的部队也十分重视，不仅把部队改名叫"铭字营"，刘铭传做了将领，而且给铭字营的待遇也很好，武器、伙食，这些福利都要和正牌的军队的一样。

刘铭传也没有让李鸿章失望，在历次战斗中，带领他的铭字营连战连捷，官衔也升得很快，才28岁的刘铭传就做了大官，成为淮军名将。随后他又参加了几场大的战斗，被赏了爵位"一等男"，人人称赞他是位有勇有谋的好将军。

虽说刘铭传打赢了胜仗，立下赫赫战功，做了大官，但是在鱼龙混杂的官场并不简单，有人趁刘铭传回老家休假的时候，在背后捣鬼。刘铭传深受打击，也因此被停了官职，没了实际权力，清政府让他继续在家"休假"，而这一休就是十三年。

转眼到了1884年，法国侵略者把炮火瞄准了台湾，中法之间的战争一触即发，清政府一看，必须得有能打仗的人去保卫台湾啊，可是善于领兵打仗的将领太少了，没办法，只好把刘铭传找回来，让他去台湾对抗法军，保护台湾。

但是刘铭传的妻子不愿意让刘铭传去台湾："别去，过去一句话就把你停了官职，不让你带兵了，现在没人能打仗，才又想到你了，而且台湾山高水远的，不去！"

刘铭传故居　肥西县文旅局摄

  刘铭传回答说："过去是过去，咱别置这个气，我以前带兵打仗，都是和咱们中国人打，打的是太平军、捻军。但是这次不一样，我是去打法国，是保护我们中国人不被法国人欺负，我必须得去！"

  除了刘铭传妻子不希望刘铭传去台湾，法国人当然也不希望。当时法国的远征军司令叫孤拔，他以前和刘铭传一起打过太平军，知道刘铭传打仗本领大，很了不起，特别担心刘铭传去了台湾，在战场上打不过刘铭传。

  于是，孤拔就想了一个办法，把法国驻华公使叫来了，说："你是驻华公使，刘铭传也是中法谈判的代表，你去请刘铭传吃饭。"

  孤拔知道，驻华公使找刘铭传吃饭，刘铭传不能拒绝，肯定会来，于是就打算设一个"鸿门宴"，让驻华公使在宴席上使劲灌刘铭传酒，把刘铭传灌醉，让他睡个一两天，等刘铭传酒醒了，往台湾去的军队船早就开走了。

  但是这个驻华公使和刘铭传认识，他知道刘铭传酒量特别好，想把刘铭传喝倒，几乎不可能。孤拔听了，心里也虚得慌，就建议给酒里下点安眠药或

刘铭传墓园　肥西县文旅局摄

者蒙汗药，以防万一。两人一拍即合，就准备阻止刘铭传去台湾。

没想到的是，孤拔和驻华公使的计划走漏了风声，被刘铭传知道了。于是，刘铭传将计就计，单枪匹马就去和驻华公使喝酒去了。喝酒的时候，刘铭传就假装把酒给喝了，然后好像中了蒙汗药一样，晃晃荡荡地趴那儿就睡着了。

手下人一看，"哎呀，刘大人喝多了，醉得不省人事了！"就给抬回家去了。

驻华公使想："刘铭传也不过如此嘛！这么容易就上套了。"就安排了手下两个人去刘铭传家门口监督。手下一打探，里边传来的消息都是："刘大人醉了，还吐了，躺着昏迷不醒呢！"

其实，刘铭传一点儿事都没有，还让一个士兵冒充他躺在床上，而刘铭传自己乔装打扮，从后门跑走了。出海的时候逃过法国人的眼睛，金蝉脱壳，顺利到了台湾。

刘铭传不负所托，一到台湾就立即投入战斗，经过8个月激战，把法国侵略军打得落花流水，台湾算是保住了，刘铭传也顺理成章地成了中国历史上的首位台湾巡抚，掌管台湾的大小事务。

刘铭传在台湾做巡抚期间，为台湾人民办了很多好事，修铁路、开煤矿、创办电讯、改革邮政、发展航运事业、促进台湾贸易、发展教育事业，这些都促进了台湾近代工商业的发展，所以刘铭传又被称为台湾近现代化之父。

至今在宝岛台湾，人们仍然敬仰、怀念这位保卫台湾、建设台湾的大英雄，还把刘铭传的事迹拍成了电视剧，一代代传颂着他的故事。

如今，在中国国家博物馆，陈列着一个西周时期的宝物——虢季子白盘，是镇馆之宝，但在新中国成立之前宝物都一直深埋在土地里，到了1949年才重见天日，在这过程中，宝物和刘铭传也结下了不解之缘。

据历史学家考证，刘铭传在镇压太平军时，住在一间王府内。半夜三更，刘铭传正在读书，万籁俱寂当中传来悦耳的金属声，刘铭传很好奇，就去找，没想到是马槽发出的声响。刘铭传仔细看着马槽，发现马槽外壁布满纹饰，做工细致，他知道这是个宝物，就叫人把宝物运回合肥老家保护起来，还专门为虢盘建了一个亭子，叫"盘亭"。

但是刘铭传的"护宝之路"走得并不安稳，人人都知道刘铭传得了个宝物，有的人更是希望能把宝物占为己有，于是便有了刘家后人护宝的故事。

合肥的地方官刘镇华对宝物觊觎已久，以各种理由到刘家搜劫，都没有找到，刘家人都被打得遍体鳞伤。一位美国人向刘家后人说"我给你们刘家移民美国，你们把宝物给我"，但遭到婉言谢绝。

不久后，英国古董商以上海租界大片不动产开价，同样铩羽而归。后来，日本人来到刘家，扬言说要把浴缸般大的虢季子白盘填满黄金，能装多少就出价多少，但刘家后人照样拒绝了。刘家后人说："我们是中国人，决不会卖掉国宝，做祖先的不肖子孙，做国家、民族的败类。"

到了1949年，合肥解放了。刘铭传的后人感到国宝有救了，就把国宝挖了出来，埋了十四年的国宝终于重见天日，刘家人毅然地将虢盘捐献给了国家。

李府里走出交行首任行长

交通银行于1908年在北京创建,是中国近代以来延续历史最悠久的银行。

安徽历史文化研究中心主任翁飞博士说,合肥人聊到交通银行应该感到亲切,因为它的首任行长是晚清重臣李鸿章的侄子李经楚。

因为参与筹备"中国财政金融博物馆",翁飞博士特意将李经楚与交通银行的历史渊源整理出来。

李经楚,字仲衡,号佑三。由于其父的原因,他从小受李家私塾的熏陶,逐步成长和被提携为三品衔、二品顶,担任江苏候补道。之后为参赞官赴比利时、法国等国家,后长期任职于清政府邮传部。曾多次参加出国访问、谈判,并代表国家参加日本博览会,处理津浦铁路事件。

由于他较早地受到西方资本主义的影响,他还是拥有十多家银号和典当的大商人,他所创办的"义善源银号",是当时最早开创经营外汇兑换业务的金融机构。

交通银行成立的第一件事就是赎回京汉铁路的经营权。

1897年,俄、法、比三国以一纸十年期借款合同,从清政府手里获得了京汉铁路的借款权。合同期满后,全国掀起赎回京汉铁路权的爱国热潮,"商路亡、中国亡"的呼声日益高涨。清政府委派邮传部负责,组建交通银行以筹资赎回铁路。这时李经楚正任邮传部右丞，组建银行的重担便落到了他的头上。1908年3月4日交通银行于北京正式开业，于是，在他显赫的头衔里又多了一个：交通银行首任行长。

要追寻交通银行的成长轨迹，首先得从邮传部提起。

翁飞博士找出《中国金融》2015年第8期向我们介绍，清末新政下孕育的邮传部，独揽轮、路、电、邮四政的大权，掌握着清朝政府重要的经济来源，由此交通系开始登上历史的舞台。

据资料记载，1907年京汉铁路十年外国路权即将到期。清政府考虑到自身利益，命令当时的邮传部铁道局局长梁士诒强力赎回。而赎回铁路是需要巨额资金的，当时的钱庄票号已渐趋没落，金融市场完全由外国银行把控。梁士诒便建议朝廷组建自己的银行进行融资，得到了清廷认同。

在清廷机构中，邮传部管辖交通、邮电类事务，故其开办的银行被命名为"交通银行"。1908年3月4日交通银行于北京正式开业，为官商合办。

李经楚精明干练，长于理财，与银行事宜讲究有素，经验尤深，遂被任命为交通银行第一任总经理。

经济学家杨荫溥先生认为："清政府设交通银行之缘起，主要以募集公债赎回京汉铁路为主，因而经营轮、路、电、邮四政收支，办理国外汇兑，以及推行国币，辅助统一币制。"

可见"交通银行之设，外足以收各国银行之利权，内足以厚中央银行之势力，是轮、路、电、邮实受交通利便之益，而交通利便固不仅轮、路、电、邮实受其益已也"。

在李经楚一行人的努力下，京汉铁路的路权于1908年12月收回。

在当时，银行可谓"舶来品"，林立于各大商业街的则以当铺和钱庄居多。而早期的交通银行虽不太成熟，但是最起码象征着金融业的近代化已经来临。

交通银行较早地借鉴了国外商业银行的经营管理方法，从初期为经营轮、路、电、邮四政往来的专业银行，逐步发展成为经营一般银行业务的商业银行，是我国最早在海外设立分支机构的银行，对促进我国早期银行业的发展起

259

到了一定作用。

遗憾的是，合肥人为近代金融业作出了巨大贡献，但近代银行进入合肥却远远迟于安庆、芜湖等城市，合肥的第一家银行应该是1946年1月设立的中央银行合肥分行。

翁飞博士指出，交通银行并不是中国第一家银行，在其筹备创办之前，已有中国通商银行、户部银行、四川浚川源银行、信成银行、浙江兴业银行等多家银行成立。但交通银行跨越了晚清、民国，直至现在，可谓生命力最顽强。

20世纪20年代，国民政府特许交通银行为"发展全国实业之银行"，成为当时第二家最大的官商合办银行，一时间名声显赫。

后来，国民政府又形成了"四行两局"的金融体系，交通银行作为其中的一部分，又为中国近代工业的发展作出了贡献。

百年的交通银行，从组建之初就承载着爱国之民族精神，在后来的发展中，更是体现着与时俱进之时代精神。

老段不老与小段不小的典故

提起老段不老与小段不小的典故，还要从位于安徽合肥淮河路318号原段家祠堂说起，如今，那里已经是草坪铺地，绿树成荫，成了公共休闲场所瑞园。

段家祠堂建于1912年以后，庞大的建筑群分为调堂、公馆、花园三部分，总面积约4000平方米，占地200多亩。祠堂三进九大间，琉璃瓦、风火墙、飞檐斗拱、雕梁画栋。跨过山门，过天井院，大厅里高悬"百世其昌""再造共和"等匾额。祠堂天井院西墙有月门通往公馆区和花园，1949年时还存四进5个天井，约40间房屋。

修筑祠堂时据说共花去6万多块银圆，这在当年可是很大一笔钱。不幸的是，祠堂1974年毁于大火。灾后重建办公、宿舍楼，原在段家祠堂南边办公的新华社安徽分社搬了过来。其西边的四合院式住宅建筑，1985年7月被公布为市级文物保护单位，但最终在20世纪90年代初被拆除盖了单位宿舍楼。

因为段祺瑞在合肥是妇孺皆知，所以一说到段家祠堂，想当然地认为那就是段祺瑞的祠堂。其实段家祠堂的主人并不是段祺瑞，而是他的叔叔辈的段芝贵。

段家祠堂没拆前，在大厅西面的壁嵌石上，刻文记载了祠堂的建筑由来和经过，明确标示段家祠堂为段芝贵所建。段氏建筑群被拆迁时，为了便于以后的异地复建，文物部门首先进行了测绘、登记、拍照，对每一个木构件都进行了严格的编号。

既然段家祠堂牵扯到段祺瑞、段芝贵叔侄俩，那么我们还是了解一下这两位中国近现代史上的风云人物吧。

段祺瑞大家比较熟悉，原名启瑞，字芝泉，1865年出生于六安太平集，1870年，随祖父迁至合肥定居，人们习惯称他为"段合肥"。1912年出任中华民国临时政府陆军总长，1913年一度代理国务总理，1915年5月，他因不满袁世凯自为帝制，称病辞职。袁世凯于1916年3月22日被迫取消洪宪帝制，请段复出，任参谋总长。4月，段祺瑞代徐世昌为国务卿兼陆军总长。6月，袁世凯死，黎元洪继任总统，段祺瑞任国务总理兼陆军总长。

后北洋军阀逐渐分化为直、皖两系，段祺瑞是皖系的首领。1917年因对德宣战问题发生冲突，黎元洪下令免去段祺瑞的总理职务，段祺瑞则策动督军团倒黎。张勋以调解黎段冲突为名，带兵进京拥清废帝溥仪复辟。张勋复辟乱平，黎元洪被迫去职，段祺瑞迎原副总统冯国璋代理总统，自任总理，但拒绝恢复《临时约法》和国会。同年9月孙中山在广州成立护法军政府。段祺瑞决定推行武力统一政策，受到冯国璋为首领的直系的阻挠，11月段被迫辞去国务总理和陆军总长职务。

1920年7月，直皖战争爆发，皖军败北，段祺瑞去职移居天津。此后，段祺瑞与奉系张作霖及南方孙中山联合反对直系统治，至1924年10月，奉系联合冯玉祥部打败直系，段祺瑞被推为"中华民国临时执政"，后退居天津租界当寓公，自号正道居士。1933年2月移居上海，1936年11月2日在上海病逝。

段芝贵1869年出生在合肥，大概十四五岁的时候，他在北京先后投奔李鸿章、袁世凯等人，曾当过李鸿章侍童，得到他的赏识。1886年被保送入天津武备学堂，毕业后又赴日本学习，回国后任职于军械局。

1911年武昌起义后，袁世凯委任段芝贵为武卫军右翼翼长，统率拱卫军，督护理湖广总督。次年元月，段芝贵先后与段祺瑞通电拥护共和及要求清帝退位，为袁世凯立下汗马功劳。1917年任北洋政府陆军总长，袁世凯死后，他成为皖系军阀的重要头目。几年后，在直皖战争中战败的段芝贵就下了台，病死在天津。

金斗河畔的段家祠堂

因为段芝贵年龄小于、地位次于段祺瑞，但辈分却高于段祺瑞，故有"小段不小，老段不老"之说。

相关文史资料里有两条与段家祠堂有关联的记录，一是《抗战著名将领》，1930年，蒋、冯、阎中原大战爆发。年初，卫立煌由陆大提前结业，蒋介石将他召回南京，任命他为第三纵队指挥官，要他到兵员充足的江淮地区招募新兵。蒋指派孔健常为参谋长，给他人枪300余。后又派中央军校七期毕业生100多人，充任新兵的下级军官。卫在南京组织指挥部，委任曾任合肥县长的叶粹武为秘书，陆大同学蔡炳炎为团长，旧部属陶子贞为机枪连连长。他们携带大批服装，由南京乘船去合肥，设指挥部于段家祠堂，开始招兵工作。两个月间，在合肥招足两个团。

无独有偶，根据《流金岁月》里老同志的回忆，合肥刚解放时，我军也把指挥部设在段家祠堂。1949年除夕，该文作者经过一路的颠沛流离，终于将那辆破车开进了合肥军事管理委员会所在地——段家祠堂。上面同时还记载，1月23日，解放军合肥地方部队和起义人员进城，也是到段家祠堂会见的军管会领导。

HEFEI
THE BIOGRAPHY

合肥传

第八章 数字民谣里的老城

一人巷,难过车轿。二郎庙,无人把香烧。三孝口,三子尽孝。四牌楼,范家修造。五星寺,和尚不走正道。六谷祠,遗址难找。七桂塘,丹桂香飘。八蜡祠,凤凰拜朝。九狮桥,正对三国古庙。十字街,十分热闹。

老城新貌

何处寻觅一人巷

可以这么说，一人巷是我寻找最辛苦的一条小巷，至今我也不能十分有把握说确定了它的准确位置。那么，我就把寻找的过程写下来吧，和读者一起分析、分享，那也是一件乐事。

一人巷，难过车轿。二郎庙，无人把香烧。三孝口，三子尽孝。四牌楼，范家修造。五星寺，和尚不走正道。六谷祠，遗址难找。七桂塘，丹桂香飘。八蜡祠，凤凰拜朝。九狮桥，正对三国古庙。十字街，十分热闹。

这首童谣太有名了，在合肥可以毫不夸张地说是妇孺皆知。但要问这里面唱到的地点具体在哪儿，还真不是都能够立马说清楚的。我在街头随机采访了几个行人，80后、90后们几乎都表示不知道，年纪稍微大一点的回答说，知道合肥过去有个一人巷，但还真不知道是哪一条巷子。

在淮河路小花园，遛弯儿的马大爷说，一人巷其实又短又窄，一人巷是老百姓对它的俗称，其实它根本没有正式名称。因为年代太久，那个地方拆迁改造得早就变了模样，现在要指出准确位置就困难了，不过有一点他还记得，一人巷的南端出口在东大街，也就是今天的淮河路上。

这一点得到了老合肥胡女士的证实,她说小时候父亲经常带着她经过一人巷去菜市场买菜,经过那里的时候,父亲总是要叮嘱,小心,不要碰到墙。有一次一不留神,还真的把胳膊肘碰破了一点皮,好在只是一点擦伤。但她父亲紧张了,菜也不买了,回家擦了红药水才放心。

我在街头采访的时候,还遇见了一位江苏南通人,他说南通也有一首关于一人巷的童谣,"一人巷,二沟头,三里墩,四步井,五步桥,陆洪闸,七佛殿,八里庙,九华山,十里坊"。我赶紧拿笔记了下来,感叹中国传统地理文化的惊人相似。这一点,从各地都有的三里街(桥)、五里墩(井)、十里头(铺)等地名上也可以得到佐证。

我查阅了(嘉庆)《合肥县志》,里面对一人巷并没有记载。熊态老先生的《合肥老城志略》倒是涉及了一人巷:"南北走向,北首起后大街,南至民居中,东距芒神巷二十米左右,因巷道狭窄,仅容一人通过,故名。"

不过,民俗专家牛耘先生生前考证过,他说合肥历史上的一人巷应该是指明教寺西边的那条小巷,以前,那里一边是明教寺的山墙,另一边是民居的山墙。因为巷子极窄,两人迎面相遇必须侧着身子才可以过去,巷道里没有门,居民人家的前门开在东大街,后门开在今天的立志巷里。

牛耘先生说,也有人认为一人巷在现在的三庙坊巷附近。20世纪50年代,牛耘先生是合肥私营企业工会里面的辅导员,当时三庙坊巷靠近鼓楼桥有间布店,里面的工会主席姓韩,他告诉牛耘,三庙坊巷旁边那条小巷就是合肥人经常提到的一人巷,只是那条巷子并不像描述的那么窄,连板车都可以通过。

家住鼓楼桥巷的贾俊德老人回忆说,三庙坊巷附近是有条小巷,外面虽然就是热闹的十字街、鼓楼拐,但一进入巷子里,还是形成了一种独特的静谧氛围,狭长的小巷闹中取静,仿佛"吃"掉了所有的喧嚣。两旁墙上的青苔,房顶的瓦当,两边的古宅被高深的墙壁遮护……偶尔经过那里的行人,橐橐的皮鞋声使小巷显得更加幽静。那条巷道,没有人能够说出它的建造年代,早已形成的古板风尚,造就了那里淳朴的礼节,若是看到对面走过来一位上了岁数的人,那里的居民会退回自己家中,待行人通过再出来。可惜的是小巷终于湮没在时空的流逝之中。

这种结果其实一点都不奇怪，1949年合肥刚解放的时候，老城区范围就是今天的环城马路以内，那时城里的巷子有130多条，当然，这并不包括那些无名小巷，估计一人巷也不包括在内。《合肥市地名录》里也没有一人巷的词条，而关于明教寺西边的那一条小巷现在叫西蝴蝶巷，上面也没有提到以前叫过一人巷。

合肥市逍遥津小学原校长程仕中听说我在寻找一人巷，激动地对我说，他们学校旁边过去就有一条一人巷，很短，只有20多米，北端通他们学校，南端出口在北油坊巷。他是1990年来到那里的，那条小巷一直到1998年的时候才拆除。

我问周围的居民，附近撮造山巷里一位姓汪的大爷告诉我，那一带是有一条窄窄的小巷，大家把它叫作一人巷。不过是不是我要找的那条就不得而知了。记得当年巷子那头有一户人家搬家，两个人搬着个木头箱子通过一人巷，居然卡在了巷道中间，只好回头另觅出路。

不过，巷子里倒是孩子们的天堂，他们在里面嬉笑打闹，最绝的是推着钢丝圈在里面奔跑，鱼贯而出，真不知道怎么还那么灵活。

我问汪大爷，那里出过什么大人物吗？他说一人巷就是一条平民巷，大人物哪会住在那里，只是小巷附近都是合肥繁华所在。新中国成立初期，那里还保留着一些老建筑，随便一瞧，不是明朝的木料，就是清朝的小瓦，但也都是斑驳陆离、木质松脆、残破的支架，仿佛在诉说着沧桑。

无人烧香的二郎庙

这是一条古老的街巷，因为巷内有座供奉二郎神杨戬的庙宇，所以又叫二郎庙巷。它的南段至北油坊巷，北段至义仓巷，后来又分别更名为向阳二巷、寿春二巷，后规划进北含山路。

中国人有自己本土的信仰，比如文庙里供奉的先贤孔老夫子，关帝庙里供奉的三国时期的大将关羽，这些在历史上都是确有其人的。

还有一种是由人变神的，比如妈祖庙里供奉的妈祖，她本姓林，名默，人们称之为默娘。她在湄洲湾口救助遇难的船只时不幸捐躯，年仅28岁。她死后，仍魂系海天，每每风高浪急、樯桅摧折之际，她便会化成红衣女子，伫立云头，指引商旅舟楫逢凶化吉。千百年来，人们为了缅怀这位勇敢善良的女性，在沿海地区立庙祭祀她。使她成了万众敬仰的"天上圣母""海上女神"。

二郎神和他们又有所区别，他是我国神话中第一得力之战神，其能力与孙悟空不相上下，在天界对悟空的第二次大围剿时，就是他追得悟空四处逃窜。由于他是个顶天立地的英雄战神，民间对其恭敬之盛，可说是数一数二。只是后来罗贯中著《三国演义》，将关云长描写得神乎其神，既忠且勇，遂渐渐地代替了二郎神的民间地位。特别是在粤港地区，几乎是所有的店铺、警察局、江湖堂口，甚至一般家庭都将关公神像摆在正中，而明代以前，那位置可是二郎神的。

其实关于二郎神的传说很多,杨戬只是其中之一,除此以外还有李冰次子、赵昱等有名有姓的"二郎",以及神魔小说《封神榜》里的"通天眼"二郎、《西游记》里的神仙二郎等。

我是在与一位老合肥聊天时,才知道寿春路上曾经有个寿春路二巷,巷子里过去有座供奉二郎神杨戬的庙宇,后来老百姓们就把这条巷子叫作二郎庙巷。可我从寿春路的这头找到那头,就是没有看到相关的路牌。

在附近打听,果然有位老居民知道底细,他说,二郎庙巷就是北含山路靠近寿春路这一段,以前又短又破,"文革"期间改名叫向阳二巷。所以路东的那所小学就叫向阳路第一小学。

在《闲话合肥老地名》里,作者范毓顺先生指出:"二郎庙"在柳木巷中段的北面,而逍遥津小学以前也叫柳木巷小学。因为柳木巷和二郎庙巷即向阳二巷是十字相交的两条巷子,逍遥津小学位于两条路的交口处,自然先后以两条路的名字命名过。民国时期与柳木巷连接的还有一条同春巷,后来修建寿春路的时候成了寿春路的中段。

至于二郎庙巷,后来也拓宽成了北含山路的一部分。

合肥二郎庙建于清代初期,相传有位富商千金被妖狐附身,多亏二郎神为其驱妖。但托梦要富商为其立庙宇、塑金身。富商醒后见女儿痊愈,便捐出银两,修建了这座二郎庙。

据范毓顺先生回忆,二郎庙当年的规模很大,前有庭院,后是大殿,与现在明教寺的大殿不相上下,殿内二郎神高大威武,栩栩如生,庙内古树参天。范毓顺先生的兄长当时在柳木巷小学担任教导处主任,他跟随兄长也在二郎庙里住了两年。新中国成立后,有少数居民住在里面,神像被用布遮挡,神龛也被封闭。后来部分房屋被作为柳木巷小学教师的宿舍。

至于范毓顺先生和兄长为什么住在二郎庙里,我请教过了解二郎庙历史的老合肥,原来,二郎庙无人烧香后,庙里经济拮据,长老经常在合肥城里邀请一些施主为庙里布施,算是勉强度日。但长久以往,终归不是办法,后来不得已把一半面积租给了柳木巷小学。新中国成立后,在城市改造时二郎庙被拆除。

二郎庙曾经香火很盛，那为何民谚里要唱"二郎庙，无人把香烧"？这里面有个传说故事。

清朝咸丰年间，太平军攻打合肥，破城后到处搜捕清军、财主。当时，有20多名老百姓逃进二郎庙躲到神龛里面。太平军把庙里搜了个遍，一个人影也未见，正准备撤走，却突然看见二郎神塑像的眼睛眨了眨。这使搜庙的太平军起了疑心，二次回头再搜，果然在神龛里面发现了那些无辜的老百姓。当时太平军打仗已经杀红了眼，又没有证据证明这些人不是清军假扮的，便统一杀了事。

这件事在庐州城里引起了公愤，但太平军不久就兵败撤离了合肥。大伙儿把怒气撒到了二郎庙的头上，谴责二郎神祸害百姓，从此，再也没有人去二郎庙烧香了。

三孝子街今何在

合肥金寨路至大西门这一段古称三孝子街，1931年的那场大火几乎烧毁了整整一条街，并且殃及附近的居民区。经历过那场火灾并且健在的老合肥回忆起那场灾难，仍然感到往事不堪回首。

出生于1928年的江欣老人虽然行走不便，但思维清晰。回忆起家门口的那条老街巷，他用双手比画："只有一毫毫宽，街这边二层小楼上伸出去根竹竿，搭到对面人家的楼房的窗台上，一溜排衣服晾过去，行人就在地下穿来穿去。"

相关资料上的确记载着三孝子街平均宽度5米左右，最窄处只有3米左右。江欣老人说，抗战胜利后，国民党安徽省政府搬来合肥的时候，美式吉普在这条路上根本跑不起来。有一次，警察局的一辆警车因为赶着公务，速度稍微快了一些，哪知迎面来了一辆自行车，赶忙一打方向盘，却一头撞进一家理发店。这件事在合肥引起了很大反响，报纸以《吉普车剃头，理发店遭殃》为题大肆渲染，社会人士普遍呼吁，要合肥县政府"拓宽街道，以壮观瞻，以利商旅！"但一直到合肥解放，三孝子街也没有丝毫改变。

三孝子街与德胜门大街、横街即今天的金寨路与长江路交口被称为三孝口，其来源于（嘉庆）《合肥县志》转自《江南通志》的一段记载："张梅、枳、松兄弟三人亲丧殡于室，邻火卒起，棺不及移，三人号恸伏棺上，誓与俱

立碑纪念三位孝子

焚。三人皆死，棺独完。初，母病痈甚重，梅吮之得愈。"

明朝时那里有了一座三孝子祠，据说是祭祀合肥历史上的三个孝子张松、汤鼎、朱世藩的。

可能是孝道文化的传播有着广泛的群众基础，关于三孝口的故事，在庐州至少还有另外两个版本。

其一是说昔日在合肥城大西门附近曾住有一户人家，家中有一老母，已年逾古稀。其膝下有三子，乃是远近闻名的孝子。为了照顾好老母，三子轮流精心守护左右，不轻离片刻。这年，老母不幸患痈疽，脓血不止。为了减轻老母痛苦，三子竟轮番用嘴吮吸脓血。为了使老母疾病早日得以治愈，三子天天寻访名医、偏方。然此疾病在当时乃属不治之症，要想治愈，谈何容易。无可奈何之际，三子只得转而进寺庙烧香求佛。

一日，三子偶遇一算命先生，以实情相告，希得指点。算命先生闻听三子诉说后，托词说："若想治愈老母疾病，非补以活人肉汤汁不可。"这本是算命先生故意虚造之言，暗示其老母疾病已无法救治。然三子不悟话中之意，未加思索即信以为真，从腿上剜下一块肉来，迅即熬成汤汁，喂其老母。但办法用尽，终未能挽救老母的生命。老母咽气后，三子又变卖家产，买来棺材，为老母料理后事。

还有一个传说，说是相传在大西门街心路下埋有一块红糙石，下面压着大蜀山的钥匙，若取出这把钥匙，就能打开大蜀山的山门，取得大蜀山的金银财宝。但又传，若此红糙石一动，合肥城内就要遭火灾，故从未有人敢轻举妄动。

孰料这一传说被合肥城内一贪财的无赖获悉，乘夜深人静之时，悄悄将红糙石掀开，将大蜀山钥匙盗走。结果就招来了火灾。一时间，大西门一条街浓烟四起，火势越烧越旺，眼看大火已烧到那三子之家。为了护卫棺椁，三子竟以身伏于棺上，誓与棺椁同存亡。似乎是神灵被三子的虔诚举动所感动，大火竟跳过其家。

这场大火过后，整个大西门一条街房屋都被大火烧为灰烬，唯独那三子之家的房子完好无损。由此，这个地方后来就被人们称为"三孝口"了。

现在许多说到三孝子街以及三孝口来历的文章都是引用此故事。不过，江欣老人认为，那是想当然的误会了。他小时候读私塾的时候，听先生说，实际上那里原先有一座祠堂，叫三孝子祠，里面祭祀的并不是张梅、张梲、张松兄弟三人，而是从三兄弟中选择了一个代表张梅，供奉的另两位是合肥历史上的大孝子汤鼎和朱世藩。

张家三兄弟的故事大家都熟悉了，而汤鼎和朱世藩为何许人，相信了解的人不多。查找了能够找到的史志，没有见到汤鼎的信息，倒是在《江南通志》上有关于朱世藩的只言片语：他7岁丧父，成年后独自一人伺候母亲，养老送终。母亲去世时，他用牙齿咬着棺材号啕，直至嘴里、眼睛出血，导致失明。

还是在那次参加"亳文化研讨会"期间，见识了保留完好的火神庙。其实，合肥历史上也有一座火神庙，距离三孝子街不远，具体位置在水西门附近。

以前庐州城里的建筑基本上是砖木结构，不论是雕花的窗棂，还是镂空的门扇，最怕的就是火烛。而庐州城里地域狭小，却住了好几万人口。民居店铺鳞次栉比，毗连无隙，一旦发生火灾，往往容易造成重大的损失。

江欣老人祖上在三孝子街上开有一爿卖布匹的商店，一溜三间大瓦房，前面是店铺，后面住家。每晚睡觉之前，家里掌柜的都要前后仔细检查一遍，再三叮嘱伙计们要上好门板，小心火烛。

那时，每逢每年农历六月二十三，全城老百姓都要去火神庙里烧香，连合肥知县都要亲自率众前往祭祀，规格很高，祭品是羊、猪二牲，行的是二跪六叩之礼。

这里有必要解释一下，古代跪拜礼从周朝开始有九种：一曰稽首，二曰顿首，三曰空首，四曰振动，五曰吉拜，六曰凶拜，七曰奇拜，八曰褒拜，九曰肃拜。后来大礼逐渐演化成三跪九叩、二跪六叩、一跪三叩。

清朝定制，对天子要行三跪九叩之礼。普通祭祀行一跪三叩即可，比如根据（嘉庆）《合肥县志》上的记载，祭祀拱辰门外的郡厉坛只需行一跪三叩之礼，可见祭祀火神庙时的规格算是比较高的。

俗话说水火无情，光是祈祷火神保佑肯定不够，谁能保证这位神仙没有神经错乱的时候？未雨绸缪还是必要的。合肥从前有个鼓楼，上面设置的鼓除了报时，在发生火灾的时候还是报警的工具。大家听到报警后就会从四面八方潮水般涌来，呐喊声、敲击水桶脸盆的声音一浪高过一浪。但最终往往因为没有专业的救火工具，收效甚微。

再后来合肥终于有了一个自发的救火组织，名叫水龙会，并且配备了专业的灭火工具"水龙"。它由一个半米多高的水桶、两个水泵、一根几米长的长臂、两个喷水口以及一根金属支架构成，水桶下有轮子可以推着行走。四个人用力推压长臂，可以将水射出十多米外。

一直到20世纪80年代初，金寨路至大西门那段长江路的北边还有不少草房。居住在那里的老合肥说，这里以前其实是繁华的商业街，和十字街那里不相上下。

江欣老人还记得他家的布匹店两边都是店铺，以土布行为主，鼎盛时期，做了半个庐州城的土布生意。再往东边去一点，除了糕点铺，还有猪肉铺、药店等。记得有一家"沙保和药店"，是一位回族人开的，做生意很讲究，在庐州城里很有名气。当年那里是回族人聚集的地方，有白、米、陶、沙四大姓。

范家修造的四牌楼

不知道从什么时候起,合肥人习惯把路边半弧形的建筑叫作牌楼。20世纪50年代,在原先的范巷口,即今天的长江中路和徽州大道交口处,先后建起了新华书店、百货大楼、供电大楼、轻工大楼,形成四楼相倚之势。其实,历史上的四牌楼位于今天的长江路与宿州路交口处。

老合肥都知道这样一首民谣:"一人巷难走车轿;二郎庙无人把香烧;三孝口三子尽孝;四牌楼范家修造……"

我一直没有搞清楚为什么说四牌楼是范家修造,倒是那里以前是范氏宗亲积聚的地方,俗称范巷口。范家最著名的是范大房,位于老省文联附近,曾是老合肥民居建筑中为数不多的四合院样式,建于晚清,原是土砖草舍,范氏曾祖辈购建宅基,民国初年由范氏祖辈扩建翻盖,彦、士两辈及部分家字辈三代同堂居住。抗战前夕范氏家族不断扩大,一度彦、士、家、毓四世同堂。

还有一种传说,说当年庐州战乱,有人在此巷口设立粥棚,熬粥救济灾民,因此被称为"饭巷口"。

范巷口那里历来是合肥热闹的地方,也是庐州小吃云集的地方之一。

比如有家饺面馆名叫复兴园,一到晚上就挤满了前来吃饺子、面条的人。那时合肥没有拉面,牛肉面用的是小刀面,揉功了得,入口筋道,和拉面相比是另一种风味。

还有一家卖元宵的，据老合肥吴运申先生回忆说，元宵店名叫美味斋，老板姓赵，肥东六家畈人。他选用长临河的黑壳糯，用东门大河的活水浸泡十日，然后用石磨碾磨，吃进嘴里黏黏有丝，而且花色繁多，有水晶、火腿、豆沙、枣泥和什锦。细瓷小碗盛上五味玉珠，吃得不亦乐乎。

根据（嘉庆）《合肥县志》记载，合肥老四牌楼位于镇淮楼（今鼓楼十字街）南，明代这里为二层木楼，上奉奎星，但屡遭兵燹，破败不堪。

如同我国历史上诸多古老建筑的命运一样，600多年来，合肥的"四牌楼"也是饱经风霜、历经沧桑。据传在20世纪初期，屹立于当时的小东门街与前大街交接处的"四牌楼"，是座砖木结构的三层亭楼，底层各有一门，均可通行马拉车。到了兵荒马乱的1927年，这座1803年重修的"四牌楼"毁于一炬。其失火的原因，当时就有"范家秉烛夜读蜡油燃火"与"范家炸油条碰翻油灯"二说。

翌年，合肥城中的各界人士纷纷捐款，又在原址上重建了一座"四牌楼"。当时，为了纪念坚守合肥两月余余、拒十万直鲁联军于城外的马祥斌、王金韬两位阵亡的将军，便将"四牌楼"兼作他用，改为"马王二公祠"。此次重建的"四牌楼"，是一座亭阁式建筑，其底层的东南西北四通，各有一扇洞开的城门，宽敞高大，可以顺利地通行卡车；二楼是祭祀马、王二将军的专祠，设有他俩的牌位。

据一些合肥老人回忆，抗战初期，"四牌楼"的外墙上曾经挂起"抗日救国"的匾额。可惜在1938年5月14日，"四牌楼"突然遭到侵华日军的飞机轰炸，不幸再次被夷为平地。

于合肥而言，历史悠久的"四牌楼"，就是蕴含厚重、不可多得的历史文化记忆之一，具有无可比拟的丰富性和独特性。

第一是历史记忆。古称庐州、庐阳的合肥，素有"淮右襟喉，江南唇齿"之称。在几千年的历史长河中，合肥城下烽烟迭起、战事纷繁，留下了许多历史遗存和战争遗迹。有些虽然盛极一时，然而随着时间流逝而相继湮没无闻。唯独"四牌楼"的名号始终流传其间，只要提起它，就像是打开了老合肥人的记忆闸门，立即唤起人们的怀旧情怀。

俯瞰四牌楼　庄道龙摄

第二是文化记忆。当年人们建造的四牌楼，亦名魁楼，又叫魁星楼，为的是供奉文曲星的神像，希望借此让合肥的文脉延续、文风昌盛、文运高扬。时至今日，合肥老人中还流传着关于"四牌楼"的童谣："和尚头（即小孩），打酱油，一打打到四牌楼，你烧香来我磕头。"这就是说，孩童们当年只要到了"四牌楼"，都要向文曲星神像磕头烧香，表达希望通过科举考试取得功名的美好愿望。

第三是地理记忆。"四牌楼"一带一直是合肥老城的中心。它的东西两侧，原先叫小东门街、前大街。抗战胜利后，自小东门到大西门这条五里的长街改名为"中山路"。新中国成立后，又截弯取直并拓宽，1955年更名为长江路。1956年初，合肥市曾经正式设立过城市中心点，其位置就在现在的长江中路与宿州路交叉口处，也就是当年的"四牌楼"所在地。今天，尽管城市已扩大了许多倍，但是，周围依然是合肥市民心目中的"市中心"。

第四是建筑记忆。说到建筑，如今的合肥地区三四十层的高楼都不鲜见了。而在此前的漫长岁月里，合肥城中的最高建筑，就是楼高四层的"四牌楼"。据说合肥刚刚解放之时，曾有人登上"威武门"城楼极目远眺，东边是一望无际的田野，南淝河蜿蜒流到远方；西边则是一片低矮的平房，多数是土

横跨南淝河的阜阳路桥 庄道龙摄

墙草顶，也有少量的砖墙小瓦房，两三层砖木结构的楼房简直就是凤毛麟角。

第五是战争记忆。合肥地处长江和淮河之间，美丽富饶的巢湖北岸，历史上就是"吴头楚尾"，向来是兵家相争的重镇。中华人民共和国成立前，合肥曾多次遭到外敌侵犯，大大小小的战争给古城带来深重灾难，使民众生命财产遭受到很大损失。《三国演义》中"张辽威震逍遥津"的故事，说的就是张辽率数千魏军败东吴十万来犯之敌的历史；而民国年间的马祥斌和王金韬二位将军，保卫合肥免受军阀和白俄骑兵蹂躏的历史功绩，也深深记录在"四牌楼"的骨子里，彪炳在合肥的史册上。

第六是民族记忆。假如不是日本侵略者的铁蹄踏入中华大地，钢筋混凝土结构的"四牌楼"也许至今还在人们的视野里，不可能仅有短短的十年寿命。当时，日本侵略者明明看到"四牌楼"上刻有"礼义廉耻"的匾额，还是不顾廉耻地派飞机炸毁了"四牌楼"。日军的无恶不作不仅使供奉圣明的"四牌楼"未能逃脱一劫，也在中华民族的历史上留下了屈辱的记忆。

其实，"四牌楼"为古城合肥留下的历史文化记忆，远远不止上述六个方面。此外它还有民俗记忆、祭祀记忆、科考记忆、生活记忆,等等。它曾经是记录合肥城市历史文化的一个重要载体,它曾经是城市的一道亮丽风景,它也曾经是城市与人情感沟通的一座精神桥梁。正如著名的建筑设计大家林徽因女士在其著文中所说:"无论哪个巍峨的古城楼,或一角倾颓的殿基的灵魂里,无形中都在诉说,乃至于歌唱……"全中国绝无仅有的这座"四牌楼",早在70多年前就已名存实亡了;但是,它为合肥留下的记忆,却是经久不衰的!

五星寺与六谷祠

据《合肥地名谭》记载，五星寺旧址在今天阜阳路中段的五星寺巷内，即市政协原办公楼北侧，在旧城改造时拆除。过去的住持叫性空，经常在庙内聚赌抽头，还包养了一个妓女。所以人们嘲笑他："性空和尚性不空，吃喝嫖赌样样中。"

庙堂已远离此方土地，据合肥地名专家咨询委员会老专家牛耘介绍，五星寺在20世纪80年代旧城改造时被拆除。当时为了纪念这所寺庙，修路时保留了五星寺巷。笔者在阜阳路试图寻找到五星寺巷，但无论怎么找，都没有发现"五星寺巷"的存在。附近的居民表示，市政协原办公楼北侧现已经建满了楼房，只有一个"花园西巷"，就在五星寺旧址上。

而曾经大名鼎鼎的六谷祠，都知道它确实真实地存在过，可遗址到底在哪里？它是什么一个模样？许多人都渴望驱散笼罩在它上空的那一层薄雾，一探究竟。

多年前，已经有很多热心的读者向我提出寻找六谷祠，我也做了大量的案头工作，在相关的文史典籍里寻找蛛丝马迹。但因为年头太久，而六谷祠又属于道教场所，大家知道的就更少了。

在寻访过程中，我至少听到三种关于六谷祠地址的说法。第一种是说明朝末年的时候，农民起义领袖张献忠攻占合肥，六谷祠毁于那次战火，地址在双岗那一带；第二种是说六谷祠是在清朝时期消失的，地址在南七；还有一种说法是六谷祠直到新中国成立以后都还存在，位于北门劳动村附近。

张龙虎先生对六谷祠非常感兴趣，其关于六谷祠的研究已经被《非物质文化遗产田野调查汇编（合肥卷）》记录在案。他遍访老合肥，并且和研究道教的资深人士探讨，认为元朝时成吉思汗的铁骑征服了合肥，当地人避讳，将位于今天北门劳动村原址附近的道观元林元一分为二，分别成为六谷祠和八蜡祠。

关于元林元，老合肥说昔日北门劳动村那里原名道士岗，是有个道观。相传远古时，炎帝手下有位名叫刑天的杰出武士。合肥一带淮夷社会因长期战争而日渐衰败，刑天在22岁时帮助炎帝杀死了恶魔，平定合肥一带，完成了创世伟业。他生平酷爱音乐，25岁为炎帝作乐曲《扶犁》，作诗歌《丰收》，总名称为《卜谋》，作诗歌以颂当时合肥淮夷社会人民幸福快乐的生活。

后来他又独自去与黄帝开战，战败后仍然被后人称颂为不屈的英雄。到了后世，刑天成为勇猛将士的象征，各朝各代都被比喻成战斗之神。合肥千年道号元林元就是为纪念这位中国战神而建。

不过说元林元一分为二分成了六谷祠和八蜡祠，这当然只是一家之言，因为笔者在（嘉庆）《合肥县志》里查到这样一段记载："八蜡庙，在余公庙北。明嘉靖年间知府龙诰建，后徙德胜门外，天启间，知县陈琯仍移建旧址。"余公庙即余忠宣公庙，是纪念合肥人余阙的，位于庐州城东。安徽同文文化网的鲍雷先生也给我提供了一篇清朝龚萃肃撰写的《重修八蜡祠记》，上面明白无误地记载了时间、地点。

起码由此可以得知，八蜡祠与元林元是没有关系的。

老合肥牛耘先生在抗战胜利以后也在庐州城内外寻找过六谷祠，那时他还是个好奇心极重的小伙子。不过，正像民谣唱的那样，"六谷祠，遗址难找"。

倒是关于六谷祠的民间传说流传甚广。一位网名叫"大哥哥"的网友听父亲讲过一个故事：

  汉朝时，合肥有兄弟二人以行医为生，哥哥李复、弟弟李岳医术高明，被当地老百姓誉为扁鹊再生，不知救活了多少条生命。但面对头疼欲裂的母亲，两位兄弟却束手无策。

兄弟俩彻夜未眠，黎明时分，正要蒙眬睡去，一阵轻微的叩门声将兄弟俩吵醒。打开房门一看，是一个头梳高髻、手执拂尘的老道人。未等兄弟二人开口，老道人就唱了喏，说西王母娘娘那里有药方，可以治疗她母亲的病。接着吟唱："寻坡转涧蛇六谷，风餐露宿天水岸。迈岭登山拜仙桃，历经千苦药王归。"唱完，摇头晃脑地走了。

于是，兄弟俩留下哥哥李复照顾母亲，弟弟李岳出门为母亲求药去了。

不知走了多少路，淋了多少雨，李岳在途中战胜了拦路的野兽，抵御了美女的诱惑，终于来到一座高耸入云的大山前，抬头看见大片大片的桃林，每一棵桃树都高大挺拔，硕果累累。树上结的桃子又大又红，芳香扑鼻，令人垂涎欲滴。

他想起了老道人说过见到桃树时要摘一个当作药引子，于是爬上一棵桃树。哪知树皮又湿又滑，他艰难地攀爬上树，摘了个鲜红的大桃子。突然，一不留神从树上摔下来，他感到腿部一阵剧痛，仔细一看，左腿已经摔断了。

正在这时，迎面来了一群婀娜多姿、光彩照人的仙女，为首的一名女子说："真是胆大包天，知道这是什么地方吗？居然敢在这里偷桃吃，还毁坏树木，该当何罪？"正在窘迫间，出现了一个衣着华美、和蔼可亲的老妇人，对众仙女说："不得对客人无礼，你们先退下。"

老妇人正是西王母娘娘，她问李岳："这是西天昆仑山地界，你来此有何贵干？"李岳一五一十把事情的经过叙述给西王母娘娘听。西王母娘娘高兴地说："你真是世间至孝之人，我这就赐药。"说完，她一挥手，一个仕女给送来了一粒药丸。

西王母娘娘问他还有什么要求，李岳说想得到药方造福天下百姓。王母笑着递给他一根铁杖，说："你腿脚不灵便，用这根铁杖探路，先回家救母亲吧，你的要求我一定会满足的。"说完，化作一阵清烟离去。

李岳回到家乡，母亲吃下桃子和药丸立即痊愈。原先赋诗的老道士从天而降，向他们宣读西王母娘娘的谕旨，点化李岳成仙。合肥地方的百姓为纪念这位跛脚药王就建了一座庙——六谷祠。

合肥市庐阳区文化旅游局副局长尹娟参加过《非物质文化遗产田野调查汇编（合肥卷）》的收集整理，关于六谷祠，她说还有一个说法是和铁拐李有关。

关于铁拐李，大家都知道他为"八仙"之首。有的书中称其姓李，名洪水，巴国津琨（今重庆市江津区）人。鲁迅先生的《中国小说史略》则说他姓李，名玄；赵翼的《陔余丛考》中又说他姓刘。《历代神仙通鉴》称，其原本一俊伟丈夫，善道术，许多地方将他供奉为药王。

尹娟女士说，药王其实是中国民间对古代名医的尊称，或称医王。随时代、地区不同，药王所指人物亦不同。其中著名的有春秋时期的扁鹊，东汉邳彤，唐代的孙思邈、韦慈藏、韦善俊、韦古道等。后世这些名医不断被神化，被不同地区的人士奉之为药王，并设庙祭祀，统称为药王庙。

合肥流传的李氏兄弟故事其实也是与铁拐李沾边。因为铁拐李的传说非常早，但文字记载很晚，最早见诸元剧《吕洞宾度铁拐李岳》，和李氏兄弟故事里的弟弟同名，可能就是从那里演化来的。

有一种观点认为，历史上合肥的药王庙就是六谷祠，就是用来纪念道家药王铁拐李的。

丹桂飘香七桂塘

老合肥陈频对我说，传说过去七桂塘有七棵桂花树，每到仲秋，一树树金花银朵，馥郁的香味，濡门染窗。但这只是传说而已，没有人曾经见过。

在他的记忆里，20世纪50年代那个地方不是房舍便是菜圃，颇有几分田园风光。两边倒是有一条终年流水不断的小溪。说它小，是因不需花多大力气，就可以跨过；附近还有一个挂在人们嘴上且让人浮想联翩的所在——回龙桥。既然是很早以前这里有过水亦有过桥，七桂塘也许就曾经存在。

《合肥市庐阳区志》有相关记载："永乐桥东西向横跨（长约200米）至高坎子，名七桂塘。据传当年有四个小塘，张家大园内小塘直径约10米，张家大园东边的刘家大园有小塘直径约10米，刘家大园东园小塘直径约15米（九曲水经过此塘），刘祠堂门前小塘（宽约6米，长20来米，东距益民街与人民巷交汇口百米处）向东一隅当年为九曲水流经地。上到四塘，均在七桂塘路边，究竟哪个塘边植桂树，有待考察。"

合肥皮鞋厂原厂长宋业国回忆说，七桂塘后来因为女人街而为大家熟知，那里以前叫小马场巷，曾经是个牧马场所。

历史上的合肥城，由于地处江淮之间，战略地位非常重要，为历代兵家所重视。即便是和平时期，在合肥城周边驻军、养马也十分常见。

养马，向来与战事有着很大的关联。在古代，衡量一个国家军事实力是否强大的重要标准就是看战马的数量。马很早就被用于军事战争中，早在春秋时期就用千乘之国来形容一个国家的强大。每乘拥有四匹马拉的兵车一辆，千乘之国，指拥有1000辆战车的国家。当时有这样的礼制：天子六军，每军千乘，共六千乘；大国三军；中国两军；小国一军。而合肥因地处江淮之间，地理位置重要；气候适宜，十分有利于水草的生长，往往被古代王朝视为重要的养马地之一。合肥饲养战马的历史，最早可追溯到三国时期，传说当年曹操亲征江东孙吴，不光在合肥城内建造了教弩台、斛兵塘等军事设施，还在城外及周边设立大量的养马场用于养马。

元朝，庐州养马进入鼎盛时期。元朝是在马背上夺取政权的，对战马的饲养格外重视。当时的庐州牧马场一部分是官办马场，属于庐州路管辖，还有一大部分属于私人牧场。根据元史载，元朝廷改封"世祖孙镇南王脱欢第四子帖木儿不花为宣让王，赐金印，移镇于庐州……拨庐州、饶州牧地一百顷赐之"。

朱元璋为了对抗元朝的骑兵，十分注重庐州的养马事务。为推翻元朝，便推行马政，马政也被当成国家的基本政策，养马成为百姓的重要义务。朱元璋下令应天、太平、镇江、庐州、凤阳、扬州六府，滁、和二州州民牧马。合肥城内的小马场巷，便是明军在庐州地区大力推行发展马政事业的真实写照。

查询《合肥市地名录》，发现时至今日合肥还有许多与马有关的地名，如花园街附近的洗马塘、大圩镇南斗村水冲郢曾建有白马寺等，还有四条与马有关的知名巷子：马冲巷、跑马场路、小马场巷、小马塘巷裟。

早年的女人街，还叫过节约巷，那是一条几百米的巷子，巷口正对着光明电影院，出巷右拐，百来米就是三孝口，这些地方后来都已经被拆去。

小巷原来居住的多是引车卖浆的底层市民，补皮鞋的，做豆芽的，瓦工，拉板车的，每到傍晚，顺巷而去，两边竖着许多车架，天热时，每到夜幕垂下，借着昏黄的路灯，三三两两的人光着上身，在自家的门口，喝着小酒，摇着蒲扇，驱散一天的疲劳，小巷里充满着浓浓的市井气息。在节约巷的中段，有一个将军庙，不大，就两间屋，面对仁和巷，据说是纪念三国时的一位将军，姓名已无从考证了。

据住在附近的居民回忆，在他们记事时，里面住着一个小脚老奶奶，姓沈，带着一个孙子，他们叫她"将军庙老奶"，她以介绍佣工和奶妈为生，在将军神龛前，常常坐着许多大嫂，迎门一边一排，等待雇主挑选。老奶奶虽一双三寸金莲，走起路来却很快，合肥大街小巷摸得很熟。老奶奶脾气坏，嘴尖刻，心地却极善良，许多等待雇用的人，无钱付给佣金，老奶奶贴吃贴喝，还帮她找雇用的人家。后来孙子大了，老奶奶年岁已高，就不再做了，再后来神毁了庙拆了，老奶奶离开那里和长大的孙子一起过。偶尔想念老邻居，还会回来看看。

昔日七桂塘

节约巷内有一口深水井，冬暖夏凉。井坛早年未换时，青石圈口上留着深深的绳痕，虽然巷内早就通了自来水，除了烧饭，大家还是用井水，那时巷内几百户人家，就仁和巷里一个水站，两个龙头，家家都去那里买水，大水桶一分一桶，人多了还要排队，水桶排得长长的，所以水井还是生活用水的主要来源，小时候住在节约巷的朱大爷，夏天就特别喜欢和妈妈去洗衣服，帮妈妈提水，那时洗衣服，一般都到九十点钟以后了，要等一家人洗完澡，在家里先洗一遍。去时，井坛的周围都会摆满大大小小的木盆，找个空儿，放进去，四周大妈大嫂围成一圈，嬉笑声，捶衣声，叽叽喳喳地说着张家长李家短。朱大爷提水，一盆水满了，便会把手插进冰凉的水里，看着妈妈神情淡然地洗着，妈妈累了，垂在额前的头发沾着凉凉的水滴，几十年了，朱大爷也忘不掉那个情景。

女人街最早形成是20世纪80年代，那时合肥市政府为了提升城市形象，启动旧城改造项目，1983年开始对女人街的周围环境进行拆迁整治，建设后的女人街旧貌展新颜。1986年女人街开业了，开业后市场繁荣，在全国也是小有名气，很多城市组团来合肥取经。当时省里一家图片社还编印了一些介绍城隍庙市场、女人街的彩色折页，供前来参观学习的人作为资料。

而在老合肥李夏的眼里，七桂塘是一个极具人间烟火气的所在，尤其是吃，给他留下了深刻印象："干货摊位上的咸鸭腊肉，活禽区的活鸡或活鸭。那咯咯嘎嘎的叫声，更添热闹气氛。买好称过之后，只需花上一元钱，有人替你挦毛打旦唭（剖洗）。你站一旁抽烟与朋友聊天也行或先去买其他菜品再回头来取亦可，反正鸡鸭脚上套有牌子，错不了。"他还讲了一件印象深刻的事：有一年雪下得特别大，大棚顶一角承受不了压力突然坍塌，压伤了一位顾客。事后，有关部门抚慰伤者，又及时翻修加固了大棚。

七桂塘街的西端，是与金寨路相连的。当年，此段堪称一条水廊。一方方水池自西向东，由高而低，池面上有石磴，供人行走。"水廊"的两边是一些店家，印象中以饮食店居多。

如今，七桂塘经过翻新改造，如凤凰涅槃，发生蝶变，非昔日可比也。

凤凰拜朝八蜡祠

"八蜡祠,凤凰拜朝",这是著名的合肥数字民谣里的一句,却为今天回顾合肥历史打开了一个窗口。古老的凤凰桥畔的那座寺庙,曾经保佑过庐州大地的农作物免遭病虫害的侵袭。那个年代的人们只有通过祈祷盼望来年丰收。

笔者还是在寻访六谷祠的时候,接触了一些曾经是道教居士后代的朋友,他们对先人的历史兴趣浓厚,小时候也听过一些有关道教场所的故事。但笔者在实际考证过程中还是发现一些疑问,记忆和文献不一致时,如果文献有可以相佐地方还是应以文献为准。这也是口述实录有时会不准确、不严谨的弊端,需要我们去甄别。

八蜡祠是和六谷祠相印证时出现在我的视野里的,本来,那首著名的合肥民谣也是这样唱的:"一人巷,难过车轿……六谷祠,遗址难找……八蜡祠,凤凰拜朝……"

寻找六谷祠时,有一个观点认为历史上的八蜡祠和六谷祠都在现在的宿州路桥北边,以前那里叫道士岗,20世纪50年代以后成了搬运工人居住的地方,名叫劳动村。元朝以前,这里就有一个道观元林元,后来避元朝讳,将元林元一分为二,分别成为六谷祠和八蜡祠。

可能是八蜡祠的名气比六谷祠大,文献里面的记载要翔实得多。(嘉庆)《合肥县志》就有这样一段记载:"八蜡庙,在余公庙北。明嘉靖年间知府龙诰建，后徙德胜门外，天启间，知县陈瑢仍移建旧址。"

余公庙即余忠宣公庙，是纪念余阙的，位于庐州城东。余阙是合肥人，他的私宅在今天的安徽省公安厅的位置。但其祖上却是元朝色目人，是元末的一个"大忠臣"，在安庆与陈友谅的农民起义军对抗长达7年，最终自缢而死。

余秋雨在《我等不到了》里说："凭一种难以表述的直觉，我猜我家应该是余阙、余渊之后，是从安徽流徙到浙江来的。那也就是说，我们的祖先是发端于古代羌族的唐兀人。"这倒也有可能，因为色目人是元朝时中国西部民族的统称，地位在蒙古人之下，汉人和南人之上。入居中原的色目人，朝廷多给予高官厚禄，这是题外话了。

清朝龚萃肃撰写过一篇《重修八蜡祠记》，明白无误地记载了时间、地点，可以作为佐证，证明八蜡祠并不在道士岗那里。

为了慎重起见，我曾经咨询过民俗专家牛耘先生，他也肯定地说，八蜡祠就在坝上街那一带，过去面对着凤凰桥，20世纪40年代末还在，里面供奉着八蜡神。那时香火已经不那么旺了，后来改成了学校。

根据文献记载，我分别到昔日德胜门外和凤凰桥一带寻访。因为八蜡祠从明朝嘉靖年间在东门外修建，到后来搬迁到德胜门外，时间实在太久了，不可能留下任何痕迹了。倒是从明朝天启年间重新迁回东门外后，一直都是香火兴旺。每年，合肥地方官和老百姓都要到八蜡祠进香祈祷。

也有人认为八蜡祠就是道观，并且新中国成立后仍然存在的，但这一点似乎也缺乏证据支持。

我查找了相关资料，1951年《院北区合肥市社会团体申报表》记录的合肥道观，当时只有府城隍庙、清刹庙、迎龙庵、白龙王庙、万福庵、东岳庙、永真观和华祖祠等9所，有道士13人。道士们主要依靠建醮、安葬、洒扫等收入来维持生活。此后，随着社会习俗的改变，土葬旧俗逐渐被火化取代，道士们无事可谋，生活渐临困境。在此情况下，有的道士转为佛教徒；有的自愿离教，劳动就业，个别不愿离散的道士，政府按月发给生活费，让其安度余年。

现代人对八蜡祠感到陌生，可在古代，这可是农事完毕之后必做的祭祀。

所称八蜡即为八种神：一为先啬，即神农；二为司啬，即后稷，相传其为母所弃之不养，故名弃，后为舜的农官，封于邰，号后稷；三为农，即古之田畯，分管农业生产的官员；四为邮表畷，邮为田间庐舍，表为田间道路，畷是田土疆界相连缀；五为猫虎；六为坊，即堤防；七为水庸，即水沟；八为昆虫，即蝗螟之类。

过去每年农历六月初六为"虫王节"，民间都要在八蜡庙举行庙会五天。同时，演大戏五日以娱神。经常演的是京剧《八蜡庙》，也叫《招贤镇》，是根据《施公案》改编的。故事发生在八蜡庙庙会，讲的是费德功强抢民女、称霸一方，黄天霸、朱光祖等施计擒拿费德功的故事。该剧是一出流传较广的名角反串武打戏。1961年北京京剧团还演过，名角马连良、张君秋、裘盛戎都演过其中的角色。

在长江东大街的凤凰桥畔，李大爷正在专心致志地修理自行车。他说自己在这里居住几十年了，听老人们说到过八蜡祠，不过是很久以前的事了。

八蜡祠在天启年间迁回东门外以后，历经沧桑。到了1914年，民国合肥地方政府对其重修，规模比过去宏大了许多。前后有三进，门楼台面北边为戏台，天井两侧有廊房。大门气宇轩昂，八蜡神焕然一新。

到了近代，新式教育兴起。1905年，合肥城里士绅金绍良创办育才小学堂，从此，官立、私立小学堂遍布庐州大地。但许多小学堂因为经费拮据，无力选址修建校舍，大多利用庙宇、祠堂。八蜡祠也被改成了学堂，即合肥县立东外镇中心小学。

也许从那一刻起，古老的八蜡祠注定要与学校结下不解之缘了。1949年以后，那里先后成了合肥市立第九小学、凤凰桥小学的校园，不过，校舍已是新盖的了。"文革"时期，原先的老凤凰桥一度改叫红光桥，凤凰桥小学也随之改为红光桥小学。后来，小学升级为合肥市第四十中学，直到2009年坝上街改造时才搬走。

九狮桥曾经蛤蟆呱呱叫

长江中路通往明教寺的那一段宽敞的马路却不叫路，而叫九狮桥街。民谣唱道："九狮桥，蛤蟆呱呱叫。"从中可以读出昔日九狮桥下流水潺潺，桥畔蛙声一片，好一幅温馨市井图。在今天明教寺前方，几年前还有一座石拱桥，那虽然是一座复建的九狮旱桥，如今也早不见了踪影。

翻开1803年编绘的《合肥县傅郭城图》，上面描绘的合肥城并不大，"南北距七里，东西距八里"。可以看出那时的合肥城里水系相当发达，城外护城河从威武门和时雍门之间穿过城墙与城内的金斗河相通，在明教寺前面的河面上有一座桥，上面赫然标注着九狮桥。文载："威武门内东门大街，西为明教寺，明教寺街南为九狮桥，南至小东门大街。"从中可以看出，今天的九狮桥街早在清嘉庆年间就有了。而沿着金斗河的东西走向，在九狮桥附近，沿河还有一条小巷，也命名为九狮河巷。按照《合肥市地名录》上的介绍："东堵塞，原东通环城东路，西至九狮桥街（对中菜市路），南通消暑巷。"

老合肥陈频先生家就住在九狮桥附近，他说金斗河在这一段习惯称为九狮河，童年的时候经常在九狮桥上玩耍，1948年上小学时，还每天经过桥上来回。听说鼎鼎大名的"张家三姐妹"当年就是从九狮河乘船过九狮桥离开合肥的。他清楚地记得石头栏杆由于常年的抚摸，已经润滑如玉。历史上那一片曾经是"庐阳八景"之一"教弩松烟"，渔歌樵采，鸟语花香。但至新中国成立前夕，已经是一条臭水沟了。1952年秋爱国卫生运动兴起后，九狮桥和同一条河流上的县桥等众多桥梁一起先后拆桥填河成了道路，曾经一度被改名叫创新街，而填平的九狮河后来就成了中菜市。

关于九狮桥还有着一个动人的传说。相传早年间，九狮河上只有一座简易木桥，后来被洪水冲垮，人们只有摆渡过河，或者从老远的地方绕行。民国时期，有一个姓戴的商人在外发达了，回来给母亲做寿，亲朋好友纷纷前来祝寿，他用收到的礼金在九狮河上修建了一座石头桥，作为献给母亲最好的寿礼，这就是九狮桥。当时的九狮桥并不太宽，青石铺就，两边的扶栏很低矮，栏杆上雕刻了9只精致的小石狮，造型奇特，很有传统味道。陈频先生说，听老辈人讲，以前的九狮河很宽，可通巢湖、长江等地，是商业贸易的重要通道，后来河道慢慢变窄了。

今年已经八十高龄的付荣老人回忆说，新中国成立前的九狮桥两边全是毛行，就是一些从事收鹅毛、鸭毛的商行，每天天刚麻麻亮就开门交易，因为附近一带农村养鸡鸭鹅的都要赶早进城，鸡鸭鹅肉送到菜市场卖，鸡鸭鹅毛就送到这里回收，附近的许多中老年妇女也在毛行里从事分拣工作，把收购来的鸡鸭鹅毛分成若干等级，然后再贩卖到上海、南京等大城市，那时，九狮桥一带环境很差，晴天，鹅绒、鸭绒到处乱飞，空气里弥漫着一股怪味；雨天，满地的绒毛杂着泥巴，有的就顺着雨水流入了九狮河。

2008年上半年以前，我们经过九狮桥街的时候，仍然能够看见后来重修的九狮桥。当然，那已经是一座旱桥了，只是给前来凭吊的人们一点念想罢了。我看见许多人喜欢站在九狮桥上留影，不知他们那时是否遐想过昔日桥下流水潺潺、蛙声四起的情景。

老合肥都会唱那首民谣：一人巷，不走车轿；二郎庙，无人把香烧……九狮桥，蛤蟆呱呱叫；十字街，人人知道（另一版本）。民谣广泛传唱的年代，九狮桥一带一定是一派宜人的田园景色。斗转星移，如今，九狮桥所在的淮河路步行街早已是合肥市最繁华的地点之一，不仅当年的九狮河难觅踪影，连那座旱桥也被拆得砖石无存。

2008年7月28日，《江淮晨报》曾经报道了九狮旱桥的拆除："因长江中

九狮桥雕塑　庄道龙摄

路下穿马鞍山路工程的需要，为进一步缓解长江中路封闭改造带来的交通压力，合肥市重点局决定开通自长江中路经九狮桥、淮河路通往环城东路的车辆通道。作为步行街区域道路改造第一站，明教寺前的九狮桥旱桥桥体已于昨日拆除完毕。"

在九狮桥广场看车的刘大妈告诉我，九狮旱桥是1999年才建的，还不到10年光景就给拆了，真的让人感到可惜。当年那座旱桥修好的时候，好多人都来看热闹，那些谈恋爱的"侠们"还愿意在桥上合个影，简直就是把它当作鹊桥了。后来，不知哪个缺德鬼过年放炮仗把上面的桥栏杆炸掉了一块，当时还惹得记者来拍照报道。

其实，1999年随着淮河路步行街改造的完成，在九狮桥广场修建那座九狮旱桥时，是存在一些争论的。有媒体报道：曾经有人大代表前往视察，还诙谐地说这"桥"有两大功能："行人避雨、光蛋睡觉。"后来平地上围了一圈放了点水，说是增加了观赏性，其实弊远远大于利，既挡住了明教寺，也阻碍了交通，水中异味扑鼻，污染环境。有哪个行人放着平地不走，却心甘情愿上下假桥？后来也不断有政协委员呼吁拆了九狮旱桥还路于民。

　　人是容易怀旧的，当真的拆除九狮旱桥的时候，许多市民又怀念起那道风景了，毕竟它让人们憧憬过昔日九狮桥畔的恬静悠闲，记住了广场上的热闹和繁华。我在一些相关人士那里了解到，九狮桥在一些老合肥人心目中意义重大，将来也有可能会再次重建，不过具体会是个什么结果，现在还不得而知。

　　老合肥陈频先生家就住在九狮桥附近，他说，合肥解放时他才刚上小学二年级。那时，东郊的农民上城，为了节省几个钱，大都选择走着去，老百姓叫"起早"。

　　有道是路远无轻担，那些农民肩挑手提，卖柴的，卖菜的，也有大姑娘小媳妇走亲戚串门子的，一直要到天麻麻亮才能赶到城门楼下。那时的手推车是那种只有一个轮子的车子，叫"独轮车"。农民把自家产的大豆、绿豆之类的粮食放到"独轮车"上，两边必须码放的重量相同，否则就会翻车。推车的人张开两只臂膀，半弯着腰，双手牢牢地握着车把，两眼紧盯着前方，屁股左右扭动，木制的车轮压在青石板路上呀呀作响，久而久之，青石板的中间留下一道凹下去的车辙印。

　　当时，九狮桥下的河水已经不那么清澈了，但城外的淝河里的水却清洌甘甜。合肥城里的井水碱大，喝到嘴里有股咸味，讲究一点的人家一般只用来洗涮，而吃喝的水会雇人到南淝河里去挑。过去合肥的财主或官宦人家喝茶，茶叶最好是"六安瓜片"，把河水盛到陶罐里，用荒茅草烧开，那样泡出来的茶，汤色碧绿，入口绵甜，醇香醉人。寻常人家自然不能如此奢侈，但遇到家里来了贵宾，或逢年过节喜庆的日子，也要买来一担河水，痛痛快快地享受一番。

　　历史上的九狮河也即金斗河是一条清澈宽阔的河流，据说是唐杜刺史作斗门引淝水入金沙滩而得名的。但到了明正德年间，曾经主持修建思惠楼的庐州知府徐钰，因害怕起义农民刘六、刘七的进攻，开宽挖深北壕，并将防守较弱的西水关封闭，从此金斗河成了无源之水，逐渐淤塞。一度繁华兴旺的九狮河两岸，也逐渐变得衰败凄凉。一直到新中国成立前后，九狮河实际上已经和臭水沟没有什么两样。而且每逢暴雨，水泄不畅，低洼的合肥城东南部就变成了一片泽国。所以，留在那些老合肥记忆里的九狮河，多是脏乱、衰败的景象，而在那个科技并不发达的年代，治理一条污水横流的小河流，最简单的办法当然就是填平它，在上面修一条宽敞的马路，两边盖上一排崭新的房屋。当时，那的确是一派新气象，因为不论是北洋军阀统治时期，还是日伪占领时期，包括国民党统治时期，合肥已逐步趋向衰败，百业凋零、满目凄凉，到处断垣残壁，遍地污水垃圾。方圆5.2平方千米的城内，建成区仅2平方千米，人口只有5万。与那时候比，新生的合肥在某种意义上可谓是换了人间。

今天，我们可以用另一种眼光来重新审视历史，可以想象当时九狮河横贯庐州城的样子，如果那时要能对这条小河进行合理的治理和开发，那有着水的灵动的合肥城又将会是什么样子呢？当然，历史不能假设，而我们似乎也难以用今天的标准来要求我们的先辈。

徘徊在九狮桥旧址，我的思绪像乘坐上了时空穿梭机，仿佛回到了有明一朝，一个俊美的小媳妇坐在九狮河畔，怀里奶着娇小的小姐，嘴里轻轻地哼着小曲：

  小河流水哗啦啦，
  小红在家要妈妈，
  姐姐说，
  不要怕，
  老虎来了我打它
  ……

漫步十字街头

宿州路和淮河路交叉口，昔日叫作十字街，是当时的市中心，老合肥说上街逛逛，这里的"街"多半指的就是十字街，那里曾经是合肥最繁华的地方，民谣唱道："一人巷，不走车轿；二郎庙，无人把香烧……十字街，人人知道。"从中可见它的知名度。

"春天里来百花香，朗里格朗里格朗里格朗……"当20世纪30年代电影《十字街头》的主题曲唱响上海滩的时候，不知古老庐州十字街的上空是否也飘荡着同样的音符。《安徽省电影志》里记载，对于那个时代来说还是时髦玩意儿的电影，早在1925年就已经登陆合肥十字街头，但设院经营还是在抗日战争胜利以后，当年的宿州路和淮河路交叉口一带就是合肥最繁华的地方，我们可以想象，也许有时尚人士曾在那里放过《十字街头》电影。

查找有关资料就可以知道，十字街早在唐代就已经有了，金斗河在那里自西向东奔流不息，古老金斗城的北面城墙就在其附近，到了南宋孝宗乾道五年（1169），淮南西路元帅郭振采纳部下的建议，把金斗城北面扩建到今天的环城北路一线，史称斗梁城。《舆地纪胜》记载：斗梁城"横截旧城之半"，将旧城南半部划出，北半部开拓，比金斗城扩大数倍。

此后岁月，十字街都是合肥城的中心地带。

不过，那时十字街的所谓繁华和今天是两个概念，街道是用碎石子铺就的，既窄又短，当时只能容纳一辆黄包车，拉黄包车的老远就打着铃铛，行人听到了就要避让，尤其是下雨天，路面的石子太薄，泥沙沾裹着鞋底，必须穿胶鞋才可以行走。

今年已经82岁的毛念楚大爷在十字街附近住了整整70年，他回忆说，新中国成立前十字街有许多沿街乞讨的人，有的小孩瘦得皮包骨头，光着脚踩在泥泞的街道上，跟在过往的行人后面伸着破碗。他亲眼看到有一个年轻的母亲，怀里抱着嗷嗷待哺的幼儿，嘴里哼着要饭歌谣：

小伢小伢你别哭，

好心人给你一碗粥，

不怪你大，

不怪你妈，

只怪今年收成差。

以前，十字街一带还是庐州城重要的商业地带，金斗河流经此地，中间由一座拱形的桥梁把两岸联系在一起。2006年重新修建宿州路的时候，在路面下面挖出了从前的古桥，但只剩下了单面拱，另一面早已被毁，当时许多人都赶去看热闹，媒体也进行了报道。

桥是用青砖砌成的，下面基本悬空，砖缝之间是用糯米汁拌白石灰勾缝，因而十分坚固，这么多年以来，一直在路面下面承受着路面上的车往人来。

这座桥就是昔日的十字街桥，因为旁边紧靠鼓楼，所以也叫鼓楼桥。桥下流淌的小河即大名鼎鼎的金斗河，也叫九狮河。20世纪50年代初，因为金斗河那时已经成为一条臭水沟，合肥市政府作出了填平这条河的决定；1962年，十字街路面改造拓宽，这座桥也被埋入地下。据说，桥刚埋入地下时还保留了栏杆，后来才被拆除。

十字街一带建桥至少在宋代就开始了，不过都是木桥、砖桥之类，使用的年限都不足以保存到现在，这座桥从青砖的样式上来看，应该是清代修建的。

20世纪80年代，全国掀起了学习外语的热潮。许多人都还记得那里的外

20世纪50年代的十字街头

文书店，对他们来说，这个地方的意义并不仅仅是可以买几本外文类的书那么简单，而是在心理上把它认同为一处学习外语的大本营。

如今已经是大学老师的谷雨说，她记得最清楚的是外文书店墙上贴着的"书籍是人类进步的阶梯"几个大字，那时真的是把读书当成最神圣的事情，逛外文书店成了她每周必修的功课。在那里，从最初的考试用书，到数量非常少的外版书，她买的外语书都快把书柜摆满了。

当时国家刚刚对外开放，原版外文书很少，外文书店就有了引进情报资料的功能，包括影印一些原版外文书籍，谷雨现在收藏的许多外文书籍还都是那时购买的。后来，附近兴起了一个著名的"英语角"，休息天人们很自然地就在"英语角"练一把英语口语，再去外文书店买些英语书，度过充实而有意义的一天。

谷雨回忆说，当时影印的英文《读者文摘》、短篇小说和"上外""北外"引进的语言与翻译学方面的专著都是极有价值的书。外文书店也曾是室内英语角，在那里时不时还可以见到外宾，当时大家都大着胆子和"老外"对话，练习口语。

逛完书店，就在附近吃点东西，周围有卖锅贴的，有卖赤豆糊的，特别是馄饨，至今想起来还口齿留香。

说起十字街，老合肥人可以想起一连串的故事，尤其是那里的美食。就说馄饨吧，老合肥人记忆犹新的当然是十字街附近的"绿杨邨"，地点就在外文书店的对面。碧绿的牌匾挂在门头上，老远就能够看见"绿杨邨"几个大字，那里卖的鲜肉大包、重油菜包、鸡汤馄饨滋润了几代合肥人的嗓子眼，至今想起来还是那么鲜香。

老合肥都还记得，十字街一带曾聚集着许多极具地方特色的餐饮。如今随着合肥日新月异的变化，十字街原有的风味已经渐渐褪色，取而代之的是现代化的商业大厦，但记忆里的美食却挥之不去，一直萦绕在舌尖。

张立新就是吃着"绿杨邨"的馄饨读完小学的，那时他家住在中菜市后面，上学前总要来碗皮薄馅大满口留香的鸡汤馄饨，星期天就让妈妈端着家里的饭盒去打了回来吃。老张对我描述说，那种饭盒是铝制品，长方形，旁边还带一个把子。妈妈用毛巾包着，既保温又可以防止烫手。

据说"绿杨邨"是20世纪50年代从上海迁到合肥的，那里的鸡汤馄饨也是正宗的上海风味。遗憾的是，如今，已经难觅"绿杨邨"的踪影了。

HEFEI
THE BIOGRAPHY

合肥 传

第九章 原著合肥味

这里似乎可以吃到各种风味的菜肴，但大家心心念念的还是妈妈的味道。庐州菜是发源于合肥市周边地区的农家土菜的统称。属于新徽菜的重要组成部分，擅长烧、炖、炸、烩、炒、溜、酱、煎、蒸、煮等多种制作方法，口味多酱香型，咸、辣为主，讲究火功，善于保持菜点的原汁原味。

民以食为天

新春庙会

从宫廷走向民间的庐州烤鸭

曾有人夸张地说，没有一只鸭子可以活着走出南京，这道出了金陵人对鸭子的情有独钟！其实，合肥人又何尝不是如此。而且，如溯源追宗，庐州烤鸭和南京烤鸭、北京烤鸭还有着剪不断理还乱的渊源关系。

中国人吃烤鸭的历史很悠久，早在南北朝的《食珍录》中已记有"炙鸭"。自宋以降，淮西地区百姓习惯以当地产的优质麻鸭为原材料制作美味。朱元璋建都南京后，宫廷中许多御厨都来自应天府、凤阳府和庐州府，他们把家乡的麻鸭用炭火烘烤，取名为"烤鸭"。

安徽省非遗研究会副秘书长刘浩先生说，民间有一种说法，1420年，明成祖朱棣迁都北京，随迁的御厨带去了烤鸭的手艺，只是北京当地不产麻鸭，故而以填鸭代替，久而久之便发展成为著名的北京烤鸭；而一批原籍江南省（今安徽、江苏）的宫廷御厨回到家乡，其中就有回到庐州城内落地谋生的厨师。

为了摸清庐州烤鸭的传承脉络，笔者特意找到了合肥市烹饪餐饮行业协会秘书长张广民先生。他说昔日十字街西北侧开有一处"吴鸿发饭店"，店里就有从京城回来的厨师在此制作烤鸭售卖。到了20世纪50年代开始公私合营，"吴鸿发饭店"转营经济饭菜和大众小吃。直到60年代初，饭店改制为粮站；70年代初又改为大众早点店，经营面食小吃。

十字街的庐州烤鸭店总是食客满堂　阮映摄

　　今天已经70多岁的孙跃庭老先生曾当过合肥市饮食服务公司副总经理，他回忆说，饮服公司是1978年恢复制作烤鸭技艺的，并主营饭菜。1984年初，该店全面恢复并扩大庐州烤鸭项目，经营以鸭为主食材的大众菜肴小吃。

　　孙老将我带到宿州路107号的那幢建筑，就是大名鼎鼎的庐州烤鸭店所在地。想不到，时过境迁，这座门店依然演绎着当年曾经有过的辉煌。

　　他告诉我说，这里最早是一家米行。他父亲的一位朋友当年在米行里当"斗把子"，就是专门卖米时量米的。那时的"斗把子"可不是一般人干得了的，多给一点或少给一点全都在掌控之中，一个一心为东家着想的"斗把子"一年下来能为东家赚回不少米，那可是白花花的银子呀。所以，"斗把子"的工钱要比一般伙计高上好几倍。

　　据《合肥市志》记载，国民党垮台前夕，通货膨胀，金圆券不值钱。那时老百姓到米行买米，金圆券要用篮子提、口袋装。米行囤积居奇，一连十几天打出"今日米罄"的招牌。庐州城里的老百姓本来就穷，家里没有多少隔夜米，十几天买不到米还不得饿死人？老十字街这家米行在庐州城里算是最大的，全城的居民都围拢在米行门口，差点把门板挤倒。米行老板只好答应开门卖米。不过，又以米少为由，一户只卖一升。

　　米行后来改成了粮站，一直到20世纪80年代，老十字街西北角那里都是卖米的地方，不过已经是国营粮店。因为当时那个粮站属于中市区粮食局，即现在的庐阳区粮食局，所以名字就叫中市粮站。

中市粮站面积并不算大，当作库房的那间码放着一袋袋白面、玉米面、大米和各种杂粮。买粮的居民通过一扇可推拉的小玻璃窗，依次将粮卡或粮票、钱递进会计室。会计结完账，将粮证、剩余的钱、票和填写好的卡单一并交给购买者，居民拿着卡单才能到粮柜处称粮。到了青黄不接季节，粮站有时还会卖一些红薯干。

孙老说，当年能够在粮站工作，那可算是端上了"金饭碗"。当时粮店的职工们都或多或少有些优越感，那时人们买粮要插个队，或是想买点新鲜货都要找熟人走后门。

庐州烤鸭店，据说是现在合肥城里较少的需要排队的地方。

在庐州烤鸭店5楼办公室里，行政负责人阮映女士接待了我。她介绍说，因为地处闹市，早在明末清初，老十字街一带就聚集了大量经营食品的铺面。那时，现今庐州烤鸭店的这方土地上虽然经营的是米行，但就在其附近，1896年的时候，庐州烤鸭的创始人韩春海老先生就摆下了烤鸭挂炉，合肥城里甚至流传着"千年庐州城，烤鸭最出名"的民谣。

新中国成立前，家境贫寒的岳文志就跟随深谙烤鸭技艺的师傅学艺，由于他聪慧好学、伶俐能干，不久便掌握吊炉烤鸭的整套技艺。直至新中国成立后，岳文志的女儿岳甫荣也进了国有的烤鸭店，成为一名正式员工。岳甫荣在老一辈师傅们的指导下，很快就掌握了庐州烤鸭及相关配套小吃全部制作技艺。

1984年秋，庐州烤鸭第三代传承人、岳甫荣的女儿刘光霞由合肥市商务局推荐，到北京位于王府井大街的全聚德烤鸭总店实习，掌握烤鸭全套烤制技艺。当年庐州烤鸭店扩大规模，经营以烤鸭为主食材的饮食菜肴。

刘光霞回肥后，她结合本地烤鸭特点，综合考量南北方气候、地理环境、餐饮习惯差异等，制定出庐州烤鸭考核标准，烤制出更受百姓欢迎、更适合本地群众口味的庐州烤鸭。

1995年，随着企业改制的东风，刘光霞入主掌管庐州烤鸭店。她在全面

庐州片皮鸭 阮映摄

继承恢复传统庐州烤鸭基础上，研制出以鸭为内涵的延伸系列小吃。2006年，由刘光霞董事长牵头，组建成立"合肥庐州烤鸭店餐饮服务有限公司"，直至今天，庐州烤鸭这一持有"安徽省著名商标"的"中华名小吃"进入了一个全新的辉煌时期。

庐州烤鸭作为地方餐饮小吃的重要品牌，伴随几代人的成长，是合肥悠久餐饮历史的见证。庐州烤鸭多年来坚持传统烤制技法，适应本地百姓餐饮习俗、口味喜好，不断丰富其饮食文化内涵，增强历史文化的厚重感，地域特色显著，可以说是家喻户晓。

庐州烤鸭每道工序都加工精良，首先经腌制后微火烤制，出炉后外表晶莹透亮，香气浓郁；吃在嘴里，油而不腻，回味无穷。庐州烤鸭、鸭油汤包、鸭油烧饼逐渐被合肥人赞誉为该店"三绝"。

网友"小蛙"说："这个元旦，突发奇想去庐州烤鸭店吃烤鸭。摸索到了三楼，两个人点了一个一鸭三吃，一笼鸭油汤包，一瓶冰啤。所谓的一鸭三吃是片皮鸭、炒鸭脯肉、鸭架汤，这道菜是88元一份，上来之后觉得下次可以只点片皮鸭了。"

是的，一碗赤豆糊，几个鸭油烧饼，或者一笼汤包，一份鸭血汤，是多少合肥人不能割舍的美味啊！

"刘鸿盛"重出江湖

提起冬菇鸡饺，40岁以上的合肥人总是能第一时间想到"刘鸿盛"。如今，百年老字号美食店"刘鸿盛"再度重出江湖，勾起了很多合肥人的味蕾和回忆，而关于老字号如何重生的话题则再次充斥庐州城。

冬菇鸡饺的历史始于1873年。其创始人宋三，大名叫宋德礼。他与其妻宋胡氏每日挑着担子在老庐州城内摆卖饺面、小吃，其做的冬菇鸡饺更是一绝。宋三诚信经营得到食客及商贾的广泛赞誉，生意十分兴旺，后置办一家饺面馆。1927年，宋三辞世，其妻宋胡氏将店面交与其徒弟刘青山打理，刘青山为使生意更加鸿盛、兴旺后打出了"刘鸿盛"的字号，专营冬菇鸡饺及饺面。

"1956年公私合营，刘鸿盛成为合肥解放后第一家国营餐馆，在合肥饮食服务公司的师傅们的精心制作、创新下推出以冬菇鸡饺为龙头的众多中华名小吃，可谓家喻户晓。"新一代"刘鸿盛"掌门人胡明朗是位地道的合肥人，他告诉记者，冬菇鸡饺也是他童年记忆中熟悉的味道。"遗憾的是，由于种种原因，'刘鸿盛'慢慢淡出了合肥人的视线。"

"刘鸿盛"在市面上消失的那段时间，胡明朗一直有要恢复老字号的念头，他面临的首要难题便是找回"刘鸿盛"这块招牌。"在刘鸿盛关门大吉之后，'刘鸿盛'的商标被民间人士注册了，于是我们只好通过各种关系，几经周折才找到了这位人士。经过协商后，他最终同意将商标转让给我们。"2011年，

就好这一口

老字号展销会　　　　　百年小吃店刘鸿盛

胡明朗已经将商标攥在了手里，然而他并没有急着重新挂牌，而是自己探索出一条恢复传统小吃的道路。

"我先是请来了鲍庆福和葛克铭两位合肥美食宗师作为技术支撑，网罗了众多前合肥饮食服务公司的老技师，大家一起把冬菇鸡饺、萝卜丝咸肉烧饼、庐州汤包等一些老小吃，从历史到工艺，经过一番整理研究，直到恢复到原来的那个味道。"

2013年5月16日，胡明朗带领着老字号"刘鸿盛"重现江湖，伴着浓浓的老合肥记忆，"刘鸿盛"再一次走进了合肥人的生活。

自从在宿州路上"复活"以来,受到老合肥人的热烈追捧,很多年轻人也对"刘鸿盛"情有独钟。

说到"刘鸿盛"的招牌——冬菇鸡饺,胡明朗说:"现在合肥很多做馄饨的都是用机器擀皮,吃不出真正的味道。而我们一直坚持手擀馄饨皮,擀好的面皮放到一页纸上,薄薄的面皮上能透出纸上的文字。除了皮极薄外,馄饨馅也要求极嫩,而且,馄饨材料、汤都不能放任何添加剂。"

如今,胡明朗又把目光放在了更多合肥传统小吃上,"刘鸿盛"的传承和延续给了我们更多的期待。

如今的"刘鸿盛"将传统美食送到了老百姓的身边。"前不久,我们与三孝口街道合办起了社区食堂,让合肥市民可以更方便地品尝到传统小吃。"

据胡明朗介绍,目前社区食堂的厨师和服务人员多是"刘鸿盛"的老员工。"我们在室内的装潢、桌椅的摆设、'孝'文化的宣传方面都下足了功夫,希望能给社区老人带来贴心的服务,同时宣传三孝口的'孝文化'。"刘鸿盛推出了专供老年人的营养套餐,每份定价为9元。

"值得一提的是,对60岁以上的低保老人每餐由街道补助6元,只需3元就能吃上两荤两素的套餐。"

胡明朗表示,"刘鸿盛"在每年的冬至、腊八等节令当天,都会组织一些富有民间习俗味道的活动,表达尊老爱老的心意。

"今年腊八那天,我们请辖区居民特别是老人们免费品尝腊八粥,算是表达祝福的一种方式吧。"

复兴归来"张顺兴"

安徽省老字号企业协会会长胡明朗告诉我,经过多年筹划,合肥著名糕点店"张顺兴号"即将在淮河路步行街重新与合肥市民见面。这真的是一个好消息,作为合肥的百年老店,经历了世事更替,见证了这座城市的风雨沧桑。

"张顺兴号"始建于1882年,一直到2008年长江路拓宽改造时拆除,整整风靡庐州城126年,称得上名副其实的百年老店。

据说,"张顺兴号"的创始人名叫张文绍(一说由张志良创办于1902年),最初是经营黄烟、杂货和批发糕点。张老板的叔父张子开是清光绪年间的举人,也是小有名气的书法家,"张顺兴号"牌匾就是由张子开手书的。靠其扶持,张文绍于创办了"张顺兴号",开始生产和经营糕饼、点心、炒货和酒,当时是前店后坊式经营。

1912年,"张顺兴号"迁到前大街即今天的长江路,逐渐发展成了合肥糕点行业的名店。该店生产的大麻饼、烘糕、方片糕等成为合肥当地婚嫁、寿诞、节日喜庆的馈赠礼品。1931年,"张顺兴号"遭火灾伤了元气;1937年,日寇入侵,张老板举家"跑反",家资殆尽;抗战胜利后,国民党当局以"经济汉奸罪",罚取"张顺兴号"五十万大券,当时折合大米五百石,"张顺兴号"从此一蹶不振。

新中国成立后,"张顺兴号"获得新生,元气得以康复,生产得以发展。

1956年公私合营时,"张顺兴号"更名为"合肥市糕点公司长江路第一门市部"。到了1962年,"张顺兴号"的招牌重新挂了起来,生产和经营也进入了恢复时期。但"文革"期间,"张顺兴号"的招牌作为"封资修"典型,被砸烂,店名也改为

制作合肥大麻饼的模具　柳丝摄

"立新门市部",作坊迁往长丰县,一直到1979年1月才重新在合肥原址挂牌复业。

20世纪80年代,"张顺兴号"更新增添设备,百年老店焕发了勃勃生机,拥有建筑面积900平方米,职工80多人,主要生产合肥四大传统名点,1982年,作为安徽省名牌糕点优秀包装赴京展出,收到了高度赞赏。

老合肥人可能没有谁没吃过麻饼、烘糕、寸金、白切四大名点,鼎盛时期,合肥人以及来肥出差的排队购买四大名点,曾经成为长江路的一道独特的风景。

"那时候,'张顺兴'的生意火爆得不得了。"史先生的家就住在"张顺兴号"对面的仁和巷,因为家住得近购买方便,过去,他没少给同事、朋友代购,外地的亲戚也经常写信叫他帮忙购买,为此,他每月都要跑趟邮局,邮寄费也贴了不少。他回忆说,当时每天的顾客都有上百人,经常队伍排得老长。尤其是到了端午、中秋,"张顺兴号"自制的粽子、绿豆糕、月饼吸引了庐州城东西南北的人都前来购买。"特别是鸡丝月饼、火腿月饼,一嘴咬下去满口余香。"史先生说这话的时候,明显还在咽着口水。

别处也有四大名点,但就是没有"张顺兴号"的好吃,嚼在嘴里,酥、香、脆、甜,醇美无比。这种盛况一直持续到21世纪初,可能是人们的生活水平提高、饮食结构改变所致,"张顺兴号"渐渐有了萎缩的迹象,门前冷落鞍马稀,店堂里已经不见昔日的辉煌。

2003年,已经搬家的史先生出差去外地的亲戚家,打算像过去那样买些"张顺兴号"的糕点给亲朋好友品尝,却发现"张顺兴号"早已物是人非,长江路196号的门市部早已转租他人经营服装和茶楼了,唯一还能让人怀旧的就

是那块黑地金字的百年老匾。到了2008年,随着长江路的改造,这块百年老匾也随之消逝在人们的视野中。

糕点好吃,故事好听。

传说在元朝末年时,朱元璋起兵反元,在攻打裕溪口时,其手下得意干将张德胜为解决好士兵吃饭问题,想到了家乡曾有过一种糕点,若棋子般大,号称"金钱饼",遂下令军炊仿照"金钱饼",加糖馅并放大,制作成"大麻饼",以便士兵战时充饥。如此,既解决了士兵战时吃饭问题,又省却了用炊吃饭的时间,赢得了战机。战士们首次吃到这种香甜可口的糕点后,士气大振,一举大败元朝官军。朱元璋听说后,赞曰:"此真得胜饼也。"

到了晚清时,合肥大麻饼已成为地方特产,其做工亦倍加考究。饼馅除白糖外,尚有冰糖、果仁、青红丝等,味道香甜。合肥人李鸿章在朝为官时,曾特地从家乡带上合肥大麻饼,分送朝臣品尝,并特制部分奉献皇宫。

孰知慈禧太后品尝后,竟大加赞赏,吩咐再送。为了使送入宫中的麻饼确保上乘质量,李鸿章便指派大管家刘东泰坐肥监制。由此,合肥大麻饼盛名远扬,刘东泰亦因合肥大麻饼而成了合肥城一位远近知名的糕点作坊大师爷。

而烘糕的故事也同样精彩。很多人认为烘糕顾名思义,是烘出来的糕点,其实这里面也有个历史传说。

北宋末年,在淝河之滨居住一位翁氏人家,翁子从军在外,婆媳二人相依为命。儿媳十分贤惠,对婆婆照顾得无微不至,有一次翁老太生病,翁媳为使老人能吃点东西,就突发奇想,将在外讨得的一点面粉和糖加水拌和,做成薄饼入锅烘烤,至薄饼焦黄。翁老太尝后胃口大开,问儿媳:"这是哄糕?"(哄,合肥方言,"什么"的意思。)儿媳随口答道:"是翁糕。"以后,儿媳就经常做此糕给婆婆吃,老太太思儿心切,每次都留下一点准备给儿子回来吃,也让儿子知道媳妇的孝心。

一日,宋将刘琦大败金兵凯旋,领兵经过翁老太家门,翁老太视其如子,叫儿媳拿出翁糕犒劳将士,从此翁糕就传开了。合肥"翁""烘"音似,久之,就成了烘糕。

小燕湾的粉粑

江淮之间的合肥盛产稻米，于是将米粉变出了许多花样，粉粑，即是其中之一的美食。

说好的大雪尚未如约而至，庐阳区三十岗乡崔岗村小燕湾的一排平房里，掺杂着米香和豆香的空气弥漫着，把我们的胃口馋得咕噜噜响。

"小的时候，吃一碗粉粑那就是了不得的美食，好吃真好吃，是记忆中的味道。"今年已经53岁的张圣柱师傅说道。张师傅是小燕湾当地人，做粉粑多年了，本地家家都会做，是一门传统工艺，每逢过年期间家家户户都会吃粉粑。

粉粑好吃，做起来却不容易。做粉粑前，选材极其重要。张师傅说，要采用优质杂交米，糯米反而更加黏，添加黄豆或绿豆，七三比例。选好材料，还要淘米淘豆，泡米泡豆。泡十二个小时，作用在于：发酵，米变软，米汁出来了，有黏性。

米和豆泡好后，就要磨浆了。张师傅说，以前家里做粉粑，都是用石磨手工磨出来，来回推，几人轮换着来。他小时候也推过，挺累人的。现在好了，有电磨了。

考验技巧活的时候来了，摊粉粑，讲究的是火候和节奏，稍不注意，一张粉粑饼就毁了。看大师做就不一样，先用竹把沾点油，在热锅面上，三两下刷一下，舀一勺米浆，沿顺时针先浇淋一个圆，再用摊板把米浆摊厚薄均匀。大约几分钟后，师傅起锅时很娴熟地轻轻吹一口气，饼的一边突地跳起，仿佛跳芭蕾一样，煞是好看。

三下五除二，一张热腾腾的粉粿饼出锅了。别小看这轻轻一吹就起来了，一看就是一个老师傅，没做过几年，是达不到这种熟练程度的。

当地有句土话："看人家吃豆腐牙快！"摊粉饼看起来简单，做起来可不容易。我们看师傅做得这么轻松，手痒痒，也想尝试一把。姿势摆得很好，程序也是按照师傅示范的模样。先是略显笨拙地给锅面刷了一层油，结果手一抖刷多了。面更是摊得一塌糊涂，成了面疙瘩。

看别人做得很容易，自己做起来却不是那么回事了。看来手艺毕竟是门技术活，光看看是学不会的。

村里的老人回忆到，以前过年可热闹了，家里的大人会准备过年的吃食。炸圆子啦，炸元宵啦，还有做粉粿。每次做的时候，小孩子就围在锅子周围，看炸得酥脆的圆子出锅，粉粿在平底锅里逐渐变成金黄色。大人们看小孩子在旁眼巴巴地瞅着，会把粉粿炕焦一点，抹上辣椒酱递给孩子，虽然很烫嘴，辣椒酱也挺辣，但孩子们却吃得津津有味。

吃粉粿抹辣椒酱是另一种独特的吃法，当地称为吃"活粉粿"。这种现摊现吃的方法，将做粉粿这种枯燥的手艺添上了温馨、热闹的色彩，留在了小时候的记忆里。

我们向张师傅打听粉粿的来历。他说听家里的老人说，粉粿以前是供给皇上的贡品呢，而且还有个动人的故事。

1134年冬天发生在庐州城北面的那一仗，是岳家军以少胜多战胜金兀术的著名战役，一度使金兵南下的步伐停滞不前。当时金兀术的军队攻破了寿州，占领了滁州，将目标锁定了庐州城。可惜的是运气不好，第一次进攻就被岳家军牛皋的牤牛阵打得大败，只好退回到自己的老巢。

战场就在离此不远的岗集，为了感谢岳家军的奋战，三十岗乡的村民，家家户户连夜做粉粿，去犒劳岳家军，牛皋吃了对此美味赞不绝口。从此，粉粿在合肥周边一带流行开来，肥西、长丰等地的老百姓都对此情有独钟，甚至影响了合肥城里人的口味。

粉粑，吃的是原汁原味，不需要过多的调味品。用清汤或开水下着吃，味道也是鲜美的。如若配上高汤，像热气腾腾的鸡汤、排骨汤，将晒干的粉粑放进去，几分钟出锅，并配上糯米、挂面、芋头圆子，以及煮好的鸡蛋，再撒上切好的小蒜叶，口感更好，超级美味。

不能不佩服三十岗人的精明，原本只是乡村人家的一种普通吃食，但这里的居民想着把它变成一个商品化的东西来经营，这令我们感到惊讶。

三十岗乡党委宣传委员介绍张圣平给我们认识，说她是乡里的人大代表，在琢磨如何致富方面颇有心得。

张圣平于2005年开了一家农家乐，每逢节假日，就有合肥市民开车到她这里吃点当地土菜。久而久之，胃口吃刁了的食客就怂恿她开发当地的特色吃食。

一次，她和家人在吃粉粑，一位吃饭的顾客被吸引过来，问是什么这么香。一尝，味道不错，就让张圣平给他们也上一份。

这件事使她头脑开了窍，粉粑不就是当地特色美食吗？一开始，她每次做的时候除了满足饭店的需求，也会给村里面的左邻右舍送一点，大家都说她做的粉粑好吃。渐渐地会有人上门来买粉粑，说张大姐家的粉粑有记忆里的味道，渐渐地粉粑成了当地的特色产品，慕名而来的人可不少。由此突发奇想，把粉粑当作自己饭店的特色，也是小燕湾的特色。

张大姐说粉粑是一门传统工艺，应该把它传承下去，现在虽然大家都喜欢吃粉粑，但是做粉粑是件耗时费事的事。做几斤粉粑，可是要一家子在家里忙一天呢。

我们在小燕湾目睹了粉粑制作的全过程，泡好的米、豆，磨浆，摊饼，晾干，切条，晒干。要是赶上天气好，两个日头就行了，整整一个冬天都可以享受到粉粑的美味。

张大姐充满信心地表示，她们还要做不同的品种，满足不同人群的需要。食材上会尝试红豆、黑豆、粗粮等，包装上也会下些功夫，不同的包装盒，多样化经营。

合肥最早的西餐厅

淮上酒家留给人们的记忆，除了"庐阳汤包""肉合饼"等小吃外，还有那个年代稀罕的西餐厅。

民俗专家牛耘先生肯定地对我说，淮上酒家是合肥第一个上规模、上档次经营西餐的。有人写文章说它一开业就是中西餐一条龙服务，其实错了，淮上西餐厅的开业应该是在1982年，比中餐的经营时间晚了24年。

这是符合中国国情的，想想20世纪五六十年代，合肥这样的内陆中等城市，西餐对于大多数居民来说还是陌生的。后来连上海、北京这样的大城市的西餐厅都被迫停业，合肥更谈不上经营与西方帝国主义一脉相承的西餐厅了。

牛耘先生说他曾经专门向原合肥市饮食服务公司总经理胡永安请教，胡总说淮上酒家西餐部是他拍的板。因为当时正赶上合肥对外开放，陆续有外国人进进出出；二是合肥人已经不像过去那样保守了，渴望尝试多种多样的饮食风格，需要有丰富多彩的饮食文化调剂；三是赶巧了，上海著名的西餐厅老大昌有个西餐大厨的女儿下放在我们安徽，招工进了淮上酒家，那位西餐大厨愿意提供技术支持。

淮上酒家西餐部开业不久，牛耘先生就去吃过一次，人倒不少，但都是青年男女，还有一些年轻的父母也带着孩子来凑热闹。

我问牛耘先生，那时你年纪也不算老，还是蛮时髦的呀！他说合肥的老年人还是习惯中餐。他给我举了一个例子：1986年，他在淮上酒家西餐部设宴，祝贺他青年时代的老师——安徽大学老教授孟醒仁出版吴敬梓专著。谁知孟教授一听说是西餐，便使劲摇头说不习惯，最后还是改到了中餐部。

至今，许多老年人仍然认为西餐虽然花样繁多，别有风味，但吃后总觉得有点不带劲，好像未吃饱，兴趣索然。

不过，现在的年轻人可不这么认为，不管是西餐，还是日本料理、韩国料理，甚至泰国菜、印度餐，他们都愿意品尝。

作为改革开放不久开设的合肥第一家西餐厅，给许多人留下了磨灭不了的记忆。我在微信上发出了"寻找当年淮上西餐厅吃客"帖子，立马风一样地跟上了无数的回复。

"我是风儿"回忆，记不得哪一年了，一位广州亲戚到合肥出差，为显摆合肥也有"洋气"的地方，就花了半个月的工资，请那位亲戚在淮上西餐部大吃了一顿。至今，他还记得那天吃的是"奶油葡国鸡""炸猪排""土豆色拉"，外加一份"乡下浓汤"。

"唧唧歪歪"说，以前哪吃过西餐呀，第一次进去，连刀叉怎么拿都不会。那时候年轻，不愿意在别人面前露怯，便拿余光看邻座的客人怎么握法。哪知道那天遇上个和我一样的"棒槌"，她也在拿眼光瞄我，结果目光一碰，彼此都偷着乐了。

那一段时光还留在了作家六六的记忆深处，以至于在《王贵与安娜》里还记得，"端上的牛排煎得很老，鸡蛋炒得很焦，服务的大嫂很胖，盘子有好几个缺角。"尤其是用刀叉切牛排的描述引起了大家的共鸣，因为有相当一部分人第一次吃西餐的时候切不好牛排，书里的安娜是这样说的："这个声波和我补过的牙的频率一样高，引起共振，刺激大脑。"

相信许多到过淮上酒家的人都能记住那个敏感的声音，就像刀刮盘子或是老鼠爪子抓玻璃的高亢音调，"那种折磨对我是酷刑，堪比坐老虎凳和灌辣椒水"。

只是六六在书里说："省城唯一一家西餐厅淮上酒家，在长江路上，是家百年老店。"那对年代的表述其实是作品的虚构了。

1982年，西餐消费在合肥应该还显得有些"前卫"，除了开始的时候引起了一阵轰动，据说接下来连续几个月都是做的赔本买卖。

我就是在那时，在淮上西餐馆第一次使用了刀叉，第一次吃口蘑猪排、奶油葡国鸡和法式红汤。至今，我做沙拉还喜欢用煮熟的土豆、青豆和火腿做原料，沙拉酱也爱自己做：取生鸡蛋一个，只用蛋黄，沿着一个方向使劲搅动，边搅边加入色拉油和白醋，直到能够立住筷子为止。尽管我后来知道沙拉的种类很多，有水果沙拉、鸡肉沙拉、蔬菜沙拉，沙拉酱也有许多口味的，超市里就有，但我还是喜欢自己做沙拉酱，吃土豆、青豆和火腿沙拉，因为我第一次在淮上西餐馆吃的就是那个味道。

说实在话，和今天合肥众多的西餐厅相比，那时的淮上酒家西餐厅的确不咋样，西餐的花式品种不仅少，做法也简单。倒是环境比较幽静，特别适合年轻人消费。那时流行火车车厢一样的包厢卡座，淮上酒家西餐厅在当时是领了新潮的。

1987年，淮上西餐馆改成了"淮上海尼根牛扒坊"，里面的环境和味道和以前已经迥异。后来再次去那里吃西餐，发现又一次易名，换成了"星际环球牛扒坊"。我采访了那里一位叫丁老伯的，他说因为上海有一家西餐厅也叫"海尼根牛扒坊"，已经注册了商标，合肥的再用这个店名就涉嫌侵权了，无奈只好改名换号。

不过，里面的菜肴和菜式倒是比以前丰富而有特色了，主营当然是牛排。有黑胡椒牛排、烤鸡排、西冷牛排、腓力牛排、三文鱼排，还有意大利肉酱面、意大利黑椒牛柳面、意大利海鲜面、台式牛肉面、烤鳗鱼饭、日式梅子排骨饭、照烧鸡扒饭、牛腩烩饭、咖喱鸡肉饭、卤肉饭。饮料花色也很多，咖啡、中国茶都有，算是在合肥吃西餐的好去处。

2007年之后，淮上酒家因为城市发展的需要，算是彻底退出历史舞台了。好在合肥可以吃西餐的地方越来越多了，档次也越来越高了。

巢湖岸边的山珍与湖鲜

好像是在某本书里看过，一些民族在吃饭前要先进行一下祷告，以此来感谢上苍恩赐给人们丰盛的食物。

说到吃，总是佩服粤人的大胆、精致，就连早点也不例外。粤菜里似乎什么都可以当原料，而许多地道的早点小吃更令人回味无穷，比如拉肠和濑粉，这是广州人日常生活最典型的食品。去广州，清晨起床的第一件事就是去喝早茶，品种非常丰富，蟹粉小笼、叶儿粑、肠粉、龙阳虾饺皇、酢皮鸡蛋挞、芹香津白饺、脆皮龟苓糕、莲藕酥、菠萝包、薄皮虾饺、鱼翅烧卖、韭王鲜虾肠粉、蜜汁叉烧肠等，真是大快朵颐。

好在口福真的不仅仅只属于名埠重镇，巢湖岸边的早点也有独到的地方，柘皋早茶就历史悠久。时至今日，那里的人们仍然习惯早上在茶馆中点上一壶茶，叫上几道点心，边喝边吃，边吃边聊，能一直吃到将近中午方才罢休。

因为环绕八百里巢湖，周围水乡密布，水产自然丰富。饮食文化在彰显自我个性的同时又兼容并蓄。

不论是巢湖菜肴还是三河土菜，湖鲜是特色之一。叫得上名的有"银鱼涨蛋""油炸大面鱼""清炒白米虾""白米虾仁酱""香菜螃蟹糊""蟹黄虾盅"等。而"巢湖双珍""清炒虾仁""清汤鱼丸""水晶虾球""清蒸湖鳗""香煎白鱼""盐水湖虾""渔夫一锅鲜""清蒸鳜鱼"等，更是"湖鲜鱼宴"中的上品。

吃，在某种意义上说，其实是一种生活态度。

民以食为天，巢湖岸边的居民讲究吃那是历史久远、品种丰富，烹调方法是蒸、煮、烤、炸、炒五花八门，花样花色已形成了高、中、低档的格局。

这里，是中华民族老祖先居住的地方，历史文化丰厚，而这一切，又是建立在饮食的基础上。合肥市、肥西县、肥东县、巢湖市乃至庐江、长丰，甚至影响到周边地区。

关于吃的事物，绵延数千年。

槐林镇是巢湖南岸的一个美丽乡镇，也是全国著名的渔网之乡。向则昌是槐林镇九峰村一位普通村民，今年60多岁了。可这位普通的村民却很受乡亲的爱戴，尤其是70后、80后看到他甚至都能想起小时候抢着吃菜时的情形。问起原因，村民笑着说这位老先生在过去可是整个村的"厨师"呢。20世纪70—80年代，那时饭店还没有如今"嚣张"的气焰，农村更是寥寥无几，可热情好客的村民要办喜事时，总想着拿些最好的菜来招待亲戚邻居。于是，当时能烧一手好菜的向则昌就被村民们奉为"大厨"了，哪家要办喜事都会邀请他当主厨。

老先生可有三项"绝活儿"，分别是红烧肉、槐林籴鱼以及捶肉，其中后两项是该地独特的美食。在过去那个年代，不管哪家请他去当主厨，这三道菜都是主人家"必点"的菜肴。说起籴鱼和捶肉，就连八九十岁的老人都会说"小时候就吃的"，具体延续了几百年甚至是否有千年的历史已经无法考证。不过，即便经过多年的风雨沧桑，以及人们生活习惯的变迁，这两道菜肴仍然是当今这个小镇宴席上不可或缺的"主角"。

"小时候，每当看到妈妈阿姨们拿着玻璃瓶轻轻地捶打裹上藕粉的肉片时，我跟小伙伴们就不再追逐玩耍了，而是静静地候在厨房边，等候着。那种强烈地想要吃肉喝汤的感觉即便过去30年了，即便如今已经尝遍诸多美食了，我还是忘不了。"一位从小在槐林长大，如今在珠海市工作的70后高红亮如此感叹。

是的，地方土菜对很多人来说不仅仅是一道菜，更是一份难以割舍的乡情、一份珍之惜之的回忆。当然，巢湖让人称道的土菜可不仅仅只有这两道。比如"泥鳅下挂面"和"泥鳅炖豆腐"鲜美可口，是流行于巢湖北乡的一道土菜，尤其是春播时泥鳅最佳。那个时候大人们赶着牛在耕田，小孩就跟在后面捡泥鳅，往往一个早晨就能捡到一二斤泥鳅呢。

其他如中垾小罐汤、苏湾皮圆、鼓山地丹、将军铁锅饭以及著名的李府大杂烩等等巢湖地方特色土菜更是扬名中外。其中苏湾皮圆又名"黄山小枕头"，传承历史悠久是当地节日、喜庆宴请必备菜品。据传，民国二十五年（1936）3月、民国二十六年春（1937）冯玉祥将军两次回巢湖，对此菜特别喜欢。临行时，乡邻们就以此作为馈赠，深受将军喜爱。

如果说巢湖土菜给人一种乡土气息迎面扑来的感觉，那么巢湖湖鲜吹奏的就是一曲磅礴大气的"渔歌子"。巢湖是大自然赋予这方居民的巨大馈赠，湖鲜为"巢菜"之长。烟波浩渺的巢湖里生长着近百种鱼类，绝大多数属于优质淡水鱼。其中"巢湖三珍"（银鱼、螃蟹、白米虾）更是名扬大江南北。以巢湖鱼类为原料的巢湖"湖鲜"品种繁多、琳琅满目。如"巢湖三珍"中的"银鱼涨蛋""油炸大面鱼""清炒白米虾""白米虾仁酱""香菜螃蟹糊""蟹黄虾盅"等等菜都是"拿得出手、叫得出口"的好菜。

合肥市巢湖文化研究会会长苏士珩老先生十分推崇巢湖"鱼宴"，他表示巢湖一带每到梅雨季节时就吃"梅白"（即梅天的白鱼）。这是一道传统美食，不仅巢湖人爱吃，就连一些外地人也往往特地赶来品尝。长江刀鱼这些年已经被炒得"名声大振"，价格更是不菲。不过，巢湖市餐饮协会会长牛源却认为巢湖刀鱼的味道丝毫不比长江刀鱼逊色，只不过目前"名气"没有长江刀鱼大而已，清蒸巢湖刀鱼就是一道绝对能招待上宾的菜肴。此外，"巢湖双珍""清炒虾仁""清汤鱼丸""水晶虾球""清蒸湖鳗""香煎白鱼""盐水湖虾""渔夫一锅鲜""清蒸鳜鱼"等等这些小城居民耳熟能详的菜名都是这桌"湖鲜鱼宴"上的菜品。

当然制作精细的"鱼宴"不会出现在普通百姓的日常餐桌上。可这里热爱生活的人怎么会放弃这大自然赠予的鲜美食材呢。于是，人们一边劳动着一边在劳动中制作简单却也不失鲜美的"湖鲜"。如夏季是农忙季节，一些人大部分时间都在田间劳作，于是会利用煮饭的时机在饭锅上蒸上腌制好晒干的毛鱼或白鱼，在鱼身上浇一层自家制作的豆瓣酱。饭好后鱼也熟了，吃饭时闻着那香喷喷的鱼香酱香会让人忍不住多吃一碗饭。而到了冬天，忙活了大半年的人们往往会在飘着雪花的天气里一家人围坐一团，吃上热气腾腾的鱼头炖豆腐。鱼头炖豆腐可是这里每一户人家冬天都要吃上好几次的菜肴呢！

当然土菜和湖鲜只是巢湖饮食文化的一个方面，巢湖还有一些民俗食品很是耐人寻味，如巢南在腊月二十三送灶节时都要制作吃的送灶粑粑，而烔炀等地的糕点更是驰名于外。

苏老先生认为巢湖菜肴所蕴含的文化不仅体现在"精、美、和、礼"等方面，而且传载着人文情感，寄托着美好的愿望与祝福，乃至其中还包含着动人的故事。从菜名上看，多有吉利之词，如"开口笑""吉祥三宝""五谷丰登""鲤鱼跳龙门"等，推至宴席为"八大碗""十八大碗""八碟八碗"等吉利数字。春节年饭的菜肴更为讲究，有三样菜是不能少的：一是肉圆子，象征着一家团团圆圆。如果家里实在困难买不起肉，也要用糯米代肉炸成圆子。二是蛋饺子（似金元宝），象征着财源滚滚。三是一条整鱼，象征着年年有余。如果没有鱼，也要用木头雕刻一条鱼代替真鱼。有真鱼也必须过了正月十五才能吃，体现"有余"。同时，三天年期间不能炒菜，因"炒"与"吵"同名，忌讳不祥，也为一年忙到头的妇女提供一个充分休息的机会，体现出一种人文关怀。

巢湖菜肴不仅重视气美、味美，也十分重视形美、色美。尤其在正规的宴席中，那精细的刀功、精美的雕刻、悦目的色彩和巧妙的搭配，首先在外形上给人以美的陶冶。食之再让人难忘，以领略巢湖美食之风采。

柘皋早茶，恰在灯火阑珊处

柘皋着实不易。每当人们提到柘皋时，那三千年历史古镇、"小南京"旧称、商旅繁华地等等"名号"压在它头上，让它的"没落"显得很沉重。好在繁华过后、灯火阑珊处还有沉淀了的柘皋早茶在"取悦"一代一代后人。

柘皋镇是个具有三千年历史的江淮名邑，在漫长的历史流程中，得天独厚的地理位置和复杂显要的政史资历，使其一直是皖中财物聚散的市埠，又是长江文化和黄河文化矛盾与交流、冲撞与融汇的一座"通埠"。

熟悉柘皋的人或许都能有些感觉，柘皋人往往都显得很安逸闲适。是的，从古代开始，那里的人们都能够早上在茶馆中点上一壶茶、叫上几道点心，边喝边吃，边吃边聊，能一直吃到将近中午方才罢休。甚至即便囊中羞涩不便去茶馆，也能自己在家"折腾"几道点心，悠哉地享受着。更因为柘皋为南来北往商旅要地，饮食文化自然就渐渐"挖掘"出来。

流传至今的柘皋"名点"很多，但最为有名的还是被称为"四大件"的凉拌千张、鸡蛋。在柘皋有"早上皮包着水，晚上水包着皮"的说法，意思是早上吃早茶，晚上泡澡堂。这句话概括了当时柘皋人的生活习惯和特点。在当地还有一句俗语："要想家事败，糍粑包烧卖。"大意是：如果你想要家里的财富败落得快点，就吃糍粑包烧卖，这个东西好吃，但是很"金贵"，一般人家是吃不起的。

柘皋早茶不仅在"诱惑"巢城人周末前往品尝，许多附近地区的人家里来了珍贵的客人，热情的主人也会不辞辛苦一大早就拉着客人前往柘皋吃早茶。区划调整后，柘皋早茶在合肥的"名声"也一时大振，因此，对于许多合肥人来说去柘皋吃早茶也成了"奢侈"的念头。

"在我们巢湖，谁不知道柘皋早点出名啊。我还记得前几年我们家来了两位从上海来的客人。当时我就带他们去柘皋吃了一次早点，之后每次在电话中联系或网上联系时，他们几乎都会提那次愉快的'早餐之旅'。柘皋早点也是我们值得骄傲的资本呢！"巢湖小伙子耿家昌憨憨地说。

连巢湖人提起柘皋早茶时就忍不住自豪，身为土生土长的柘皋人可就更加"得意"了。年届五十的柘皋人许长锋可是一辈子都待在柘皋镇的，他告诉记者从他二十几岁当家开始，只要家里来了不是本镇的亲戚，他都会想方设法让来客在他家住上一晚，就是为了第二天早上带着客人"品尝"柘皋早茶呢！

难以抗拒的三河美味

三河人喜欢美食，享受美食带来的快乐。在三河人的舌尖上，味道重于一切。平凡的土菜到了三河人手里，经过巧妙地加工，就成了至真至纯的美味。如今三河每天要迎来数千人到访，人们到这里不仅是为了观美景，更是为了尝土菜。

在时光的流逝中，人们寻找着古镇曾经的繁华；在土菜的滋味里，人们品味着这个皖中小镇的乡土风情。

三河人会吃，那是远近闻名。三河镇地处皖中，东濒巢湖，丰乐河、杭埠河、小南河三水流贯其间，这里土地肥沃、物产丰富，素有"鱼米之乡"之称。

籼米是三河的特产，在三河籼稻一年可种两季，千百年来三河地区一直是安徽重要的粮仓。因此，三河有一种籼米粉制成的带馅饺子极有名气，当地人亲切地称之为"三河米饺"。

初来三河镇，当地人就告诉我们，当地做三河米饺最有名气的，便是戴师傅家。于是，我们便慕名前往。刚到戴师傅家，黄灿灿的米饺已经在门口"迎接"我们。

戴师傅做米饺已经有30年之久，他的店铺虽然门面不大，但生意十分兴隆，一大早周围街坊都来到这里。戴师傅每天只做600个米饺，限量供应，来

三河古镇 肥西县文旅局摄

晚了就只好饿着肚子咯。

三河米饺吃起来又酥又脆，而让人想不到的，它是用米和豆腐做成的。据戴师傅介绍，米饺的面粉不是一般的面粉，而是由当地出产的早稻磨成的米粉，这种米黏性较弱，比较适合做米饺的皮。"炒面是做米饺的第一道工序，接着是烫面，烫面就是为了暂时增加米粉的黏性，这样才使米饺容易捏合，揉面包米饺都要趁热做，如果放凉了就没有黏性了。"

当然，三河米饺的馅料也是很有讲究的。"做馅时先把豆腐放大锅里烧开，去掉黄浆味，然后捞出来剁碎，再放大锅里加清水煮。为了使馅料更加鲜美，还要加一些巢湖白米虾进行调味，此外还要加入姜末、葱蒜等调料。"

戴师傅告诉我们，相传这三河米饺与太平天国的陈玉成很有渊源。太平天国时期，三河镇是天京的门户和军需粮仓。1858年11月，湘军举兵进攻三河，陈玉成领导太平军击败了来犯的湘军。三河大捷后，当地老百姓就用籼米粉和面，豆腐与白米虾做馅，包成点心慰劳太平军，这种形似饺子的点心深受陈玉成等太平军将士的喜爱，这种吃法就流传了下来。

米饺的制作工艺相当繁杂，三河镇上虽然号称人人都会做米饺，但真正以做米饺谋生活的已经不多了。经过岁月的洗礼，总有一些东西，经过时间的磨砺留存了下来。

从三河古镇的古西街一路走来，传统的徽派建筑应接不暇，石板路、羽毛扇作坊、木匠坊、白铁铺，这些古镇先民传承下来的店铺，似乎在提醒着人们这里曾经的繁荣。

古镇的南街一向是最热闹的，鳞次栉比的土菜馆多得数不清，而每一家饭店的门前，都摆满了用于烹调美味的新鲜食材。由于盛产鱼虾，水产品丰富，在三河人的菜单上，从来少不了时令蔬菜和新鲜的鱼虾，什么时间吃什么东西都很有讲究。

在百味园酒家，年轻的厨师正在厨房里忙碌着。"食在当季，吃在当地"。三河人很会利用当季的食材烹饪美食，而且在米的吃法上也是用足了心思。据后堂大厨介绍，将籼米做成锅巴，加上巢湖白米虾，就制成了当地的一道特色土菜"锅巴虾子"，吃起来绵软顺滑，味道鲜美。此外，将白米虾炒熟加水烧开，然后加入适量米粉调至黏稠，一道米粉虾糊就做成了，又叫"三河虾糊"，这也是三河古镇特有的一种吃法。

在三河人的厨房里，豆腐似乎是经久不变的主题，比如面鱼烧豆腐、河蚌烧豆腐等特色菜肴都与豆腐有关。三河人喜欢将当地的水豆腐与土产食材结合起来，制作出独具风味的美食。野生河蚌是三河人钟爱的食物，过去三河的河塘沟渠到处都能抓到河蚌。蚌肉性寒，与豆腐搭配清凉解热，因此河蚌烧豆腐是三河人最爱的一道特色土菜。

传说从前有个厨师来到三河，开设了一家专门烧制河蚌的菜馆，生意一直不好，有一次他偶然发现，将河蚌与三河的水豆腐一起烧，味道十分鲜美，从此河蚌烧豆腐一炮打响，流传开来。当地人认为，三河水豆腐之所以好吃，是因为三河的水质好，三河的水来自大别山脉，水质清冽无杂质，用这种水做出来的水豆腐，肉细味纯，最适合做烧菜。

相传淮南王刘安，在寿县八公山炼丹时发明了豆腐，距八公山仅百千米的三河镇，可谓是近水楼台。自古以来，三河人就擅长做豆腐，因其含水丰富，细腻柔滑故称水豆腐。

在三河古镇，人人都是美食家，普通家庭在吃上绝对不含糊。丁政权是非物质文化遗产三河羽毛扇制作技艺的传承人,他告诉我们,在三河鹅肉有很多吃法,秋天人们吃卤鹅,夏天人们炖鹅汤,而他则将鹅毛制成扇子,也算是物尽其用。

当然,丁政权不仅做羽毛扇有绝活,他还善于烹饪三河美食。其中,他的拿手绝活就是三河小炒。"既清爽也有色调,三个特点就是油、色、味。"这是丁政权对自己做菜的评价。谈到三河美食,丁政权建议我们去见一位老厨师,他叫周增福,今年已经85岁高龄,丁政权告诉我们,周师傅见证了三河美食的发展变迁。

来到周增福的家中,他正在院子里散步,谈到三河美食,周师傅有着说不完的故事。"三河土菜讲究色香味,过去我们比较注重传统的制作工艺,十分讲究口感,最重要的还是对火候的控制,只有这样才能烧出最地道的三河土菜。"

16岁的时候,周增福来到三河镇,在天然楼做学徒。"那时候家里穷,生活开支是笔很大的开销,在饭店做学徒,至少有的吃,饿不着。"据周师傅介绍,三河的传统饮食文化源远流长,沿袭传承,名菜取南北之长,集徽、川、淮、扬菜系之大成,形成独具特色的菜肴风味。"名点名菜的制作,讲究刀功、火候,其色清爽,其味醇香。"

"过去一桌多少菜都是有规定的,而鸡、鱼、肉、圆是肯定少不了的。"周师傅告诉我们,传统大席有"八八席",16个碟子、4个大碗、8个小碗、前4道点心、后4道点心;"八四席",22个菜,4样点心,一个汤。如今,随着生活水平的提高,饮食需求的不同,过去的碟子、大碗已登不了大雅之堂,为盘、煲、砂锅、火锅所代替。

在周增福的印象中,新中国成立前三河镇有四五家老字号的茶楼,其中有"新华春""中华楼""天然楼"等,如今,老字号随着历史的变迁,消失在人们的视野中。"过去都是靠着手艺吃饭,饭店的兴旺与厨师的水平息息相关。灌香肠、腌腊肉都是自己来制作,不像现在都是从超市买,三河土菜如今不断改良,更适合现代人的口味。"

大弯饺与淮军军粮小红头

北方人常说:"好吃不过饺子,好受不过躺着。"安徽庐江人也喜欢吃饺子,只是做法大相径庭。

首先是饺皮不同,北方饺子以面粉擀皮,庐江以米粉做皮;其次工具不同,北方包饺子少不了擀面杖,而庐江米饺以刀片擀皮。

其实,庐江米饺不仅迥异于北方饺子,与同样闻名遐迩的三河米饺也不完全一样。比如饺馅,三河米饺通常将猪肉、豆腐干切成黄豆大的丁,此外还有巢湖白米虾和湿淀粉;而庐江米饺主要以猪五花肉及调料制成馅心。

形状也不一样,庐江米饺个头比三河米饺大,弯成了月牙形,所以俗称庐江大弯饺。

庐江有两个地方的大弯饺名气大,一个是黄屯老街。

那里的人有下茶馆的习惯,不仅街上的居民,附近的农民赶完早集也一定去茶馆吃早茶。

老街的茶馆不提供稀饭、豆浆之类,只有白开水,讲究一些的自己带上茶叶,泡上一壶茶,再叫上几只牛角造型的大弯饺,皮薄馅大,炸得酥脆可口,还有同样有名的黄屯大饼,和邻座的乡亲天南地北聊起来。

在三河吃米饺时听当地人聊起,1858年陈玉成率太平军与湘军决战于此,取得著名"三河大捷"。当地老百姓纷纷制作三河米饺送给陈玉成的部队,以

庐江大弯饺 周跃东摄　　　　　小红头 周跃东摄

示慰劳，得到英王部队上下一致赞扬，一直流传至今。

在黄屯同样也有大弯饺的传说，说的是八国联军攻占北京，老佛爷"西狩"，路途饥饿难耐，幸得庐江黄屯人宣化镇总兵何乘鳌献上家乡大弯饺救驾，大弯饺从此名扬天下。

当然，故事就是故事，演绎成分居多，姑妄言之，姑妄听之，哈哈一乐。

庐江另一个地方的大弯饺同样名气大，那就是庐城镇的同心楼。庐城镇即庐江县的城关镇，我去过无数次，那里有两样好吃的吸引笔者。

一是小红头，每次都要去武壮公祠对面的小铺买上几篓子带回家。

小红头，又名油糖烧卖，因外形如盛开的石榴花，顶端染一点红而得名。通常用面粉、蜂蜜、白糖、猪油，再加少许桂花、金橘、青红丝、豆粉等原料制成。

据说小红头始创于清光绪八年（1882），由淮军将领吴长庆随军厨师陈长宽（一说殷光埌）制作而成。刚开始是作为淮军庆字营的干粮，后在油糖烧卖基础上，将桂花加进面粉，做成一个个小圆蒸熟。并进行了改良，将面粉制成大馍，剥去馍面皮，再将馍心削成馍屑，加入白糖、新鲜猪油、桂花、金橘饼、红绿丝、核桃仁、豆粉等搅拌均匀，制成拇指头大小的蟠桃形，并在顶端点上杨梅红，用旺火蒸熟。

2009年，小红头入选市级非物质文化遗产名录。

另一个就是位于庐北路口同心楼的大弯饺。同心楼有点像合肥老城里的"刘鸿盛"，为小吃早点老字号。据说清末民初时为赵姓兄弟首创。虽说是亲兄弟，但由于经营的不是同一家铺子，居然也是"同行冤家"。后经晚清举人、庐江中学堂堂长卢筱襄先生调解，兄弟俩才将相邻的两家早点铺子合并，取名"同心楼"。

20世纪公私合营时期，"同心楼"成为国营庐江县饮食服务公司下属一个特色早点店。经理潘震虽不是赵家后代，但从小就在"同心楼"当"伙计"，数十年耳濡目染，继承了大弯饺的传统风味。

改革开放后，"同心楼"被拆迁，潘震之子潘庆武子承父业，另择新址重建"同心楼"。

在"同心楼"一边品尝大弯饺，一边和潘老板聊了聊。他说现在每天要做将近2000只大弯饺，遇到节假日，门前能排起几十米的长队，许多人都是打包带走，甚至带往国外。

圆子里的庄墓

到底是圆子成就了庄墓,还是庄墓炒热了圆子?当我们在原产地吃到了正宗的庄墓圆子时,深深地被圆子里包含着的庄墓人的智慧和热情感动了,这流传了很久的普通吃食被那么多人惦记着,的确是有理由的。

庄墓的名气太大了,庄墓圆子的名气太大了,以至于说到圆子就想起庄墓,说到庄墓又绕不开圆子。

在庄墓镇上溜达,街边许多家都打出正宗庄墓圆子的招牌。陪同我们采访的镇政府的同志把我们带到一家姓孟的人家,据说他家的庄墓圆子已经传了四代,至今还以父辈的名字作为品牌。只是不巧,我们去的时候,他家刚刚加工完,成品堆放在一个大箩筛里,再搁到冰柜里速冻。有人上门采购,他们就从冰柜里面拿出来出售。要是作为礼品送人,还可以买一个包装盒,看着就上档次。

孟老板自豪地告诉我们,庄墓圆子可有年头了,听家里祖辈人说,还是在春秋时期,楚庄王治下的庄墓人就有吃圆子的习惯。这当然只是传说,有人撰文指出,楚国早期势力范围主要在湖北一带,拿楚庄王说圆子事有点牵强附会。

其实这倒也未必,楚国原是一个南方小国,楚庄王即位时尚不足20岁,但他任用孙叔敖为令尹,在位期间,君臣上下和睦,重视发展经济,允实国

合肥人似乎什么都可以拿来做圆子 庄道龙摄

力。公元前597年，晋楚争雄，邲一战大败晋军，楚庄王成为春秋时期最后一位霸主，可谓不飞则已，一飞冲天，不鸣则已，一鸣惊人。楚国疆域扩张最广大时，东临大海，西抵巴蜀，南近两广，北及陕南，庄墓这个地方也是楚国势力控制范围。

当然，断定那时就发明了庄墓圆子还是没有多少历史依据的。实事求是地说，根据现有史料，庄墓这个地名见诸史籍大约是在元、明时期，春秋时期是不可能有庄墓圆子称呼的。

听了我的观点以后，长丰县作家协会副主席杨慧女士笑笑说，民间传说不能较真，就像所有文学的东西都有虚构的成分一样，不能拿《三国演义》当《三国志》读。庄墓这个地名的确是后来才有的，但这个地方的老百姓自古就有吃圆子的习惯，那时可能不叫庄墓圆子，甚至做法也未必和现在完全一样，但这个吃食的历史的确是悠久存在的。

我同意这个说法，美味的圆子配上美丽的故事，穿越千年时空，叠化成庄墓地方文化的一部分，和汩汩流淌的庄墓河相映成趣。

说庄墓镇形成的历史并不算太久，是从始有庄墓这个名称而言，事实上不仅春秋时期这里已经是楚国故地，三国时魏吴也在此交兵，庄墓为曹魏屯兵屯粮要地。到了清朝末年，太平天国英王陈玉成曾经从这里经过，滞留数日后率部奔赴寿州。当地老百姓说，陈玉成的营盘就驻扎在古桥北边不远处。当时，军中将领品尝了庄墓的圆子，也是纷纷赞不绝口。

听说我在采写庄墓，谢敏女士激动地说："我就是庄墓人，从小在那里长大，就住在现在的庄墓职业中学对面。"

庄墓人似乎家家都会做庄墓圆子，记得小时候逢年过节，母亲都要起早蒸一锅馍馍，待冷却变硬后，招呼我们兄弟姐妹几个一起掰馍馍须，就是把馍馍去皮，掰成细细的小粒。然后还要用面筛过滤。父亲则负责去庄墓桥头的集市上买猪肉，母亲每次都要千叮咛万嘱咐，一定要买那种肥瘦差不多的五花肉。

肉买回来后，母亲已经把大锅灶点着了火，简单地洗洗之后，将五花肉放进大锅煮熟，再捞上来切成细小丁状。将备好的馍馍须、猪板油混在一起，加入葱、姜、蒜、盐、味精等佐料，使劲地朝着一个方向搅拌，用手揉成面团状，再用绿豆粉滚面一次。

谢敏女士回忆说，她最喜欢把搓揉好的圆子放在绿豆粉里滚，看到圆子浑身披上了一层"白衣裳"，颤颤巍巍地在手心里跳舞，那感觉就像做游戏一样。长大后才知道，那其实是为了避免圆子破皮，同时可以增加圆子的韧劲，吃起来口感更好。

长丰的圆子品种很多，但庄墓圆子有其自己独特的做法。吃的时候也很讲究。首先是蒸。水烧沸腾之后，把圆子轻轻放在铺有纱布或千张的蒸笼上，盖上锅盖，旺火烧二十分钟左右，中间点一次凉水激一下，即可上桌。要赶紧趁热吃，这时候的圆子晶莹剔透，爽口滑溜。

说庄墓圆子是庄墓地方文化现象之一，可以从当地人家操办红白喜事必有这道菜看出来，人称"无圆无以成席"。而且如何吃也是有讲究的，比如婚宴之上，圆子端上桌却不能马上动筷子，必须等到新郎新娘前来谢客后才能品尝。

老合肥陈频先生永远忘不了第一次吃庄墓圆子时的情景。那是1975年，他被调到长丰师范学校。提起那段岁月，陈频先生用诙谐的口吻说："我当时可是老师的老师。"

起初以为长丰师范一定是在长丰县城水湖镇上，哪知下车一看，原来是到了庄墓。当时的长丰师范是县里唯一一所中专学校，因为要走和工农相结合的道路，于是在相对偏远的原合肥工业大学校办农场安家落户了。

学校食堂的伙食非常单调，秋天吃冬瓜，冬天吃萝卜，春天吃粉丝，一个季度一贯制，很少能够改变一下花样。全体师生都盼着过年过节，那时学校会宰杀一头肥猪，改善一下生活。

当时的庄墓镇虽然已经改名叫新兴公社，但作为古镇，对吃还是很讲究的，即便是在困难年代，一些家庭款待客人时还会倾其所有，做一些当地的特色食品。一次，一位学生邀请陈频先生去家里做客，饭桌上的一碗圆子吸引了他。

那是一只大海碗，上面摆放着几片白菜叶，菜叶上面是紧紧挨在一起的胖嘟嘟的圆子。学生的父亲用筷子小心翼翼地夹了一个放在他的碗里，告诉他这是当地的特产庄墓圆子，也叫庄王圆子。

陈频先生形容初次吃庄墓圆子的感觉："夹起修长，放下浑圆，柔而不烂，吃在嘴里有一股猪肉特有的香气。"

后来在同学们中间也逐渐形成一种习惯，谁要是回家，一定要带一些好吃的回来和大家分享。其中最受欢迎的就是庄墓圆子。印象里老合淮公路还是从庄墓古桥上经过，桥下是白帆点点、船樯如林。算好了有回家的同学要返校了，同一班级的就"恭候"在庄墓桥头，不管是从陆路还是水路，都逃不过一"劫"，所有好吃的食品都是一抢而空，然后，天空中响起一阵爽朗的笑声。

回忆起在庄墓的日子，陈频先生说那时真奇怪，明明是艰苦的日子，可同学们毕业时离开那里，几乎都是流着眼泪的，这是否也有怀念庄墓圆子的成分？

庐州有好水，好水配好茶

正是春茶上市时，每当这个时候，有些朋友总是以遗憾的口吻说，可惜我们合肥不产茶。此言差矣，庐州历史上是产茶的，比如巢湖苏湾的苏居茶、庐江的白云春毫、浮槎山的野茶等，而且还有上等的烹茶用的山泉水。

不久前，安徽广电集团拟投拍电视剧《安徽人在安徽》，研讨会上，担任艺术总监的著名演员果静林（《与青春有关的日子》里高洋扮演者）问笔者，安徽有什么土特产？笔者告诉他，与安徽地跨秦岭、淮河地理位置有关，安徽北方出好酒，安徽南方产好茶。

笔者是从小就让大别山区的茶水泡大的，而这些茶，在历史上有个名字，即"庐州六安茶"。

这要从庐州府的建制沿革说起，明朝时开始设置的庐州府管辖范围很大，包括六安、无为二州，以及合肥、庐江、巢县、舒城、英山、霍山六县。一直到清朝雍正二年（1723），六安升为直隶州，划英山、霍山属之，才从庐州府分出去。

由此可知，历史上六安曾属于过庐州管辖，六安茶被称为"庐州六安茶"也就不足为奇了。

长江中路老省政府历史上是大书院所在地，那里有副著名的楹联："率五属，无舒庐巢合；进一位，公侯伯子男。"上联中的五属，指的就是晚清时庐

采茶姑娘　周跃东摄

州府管辖的无为州、舒城县、庐江县、巢县、合肥县。由此可见，舒城小兰花当年也是庐州茶。

据安徽农业大学著名茶叶学教授丁以寿考证，安徽地区的饮茶、种茶、制茶始于三国之前。

我国著名茶学专家陈椽教授著《安徽茶经》（1960年出版）载："传说在清朝以前，当地士、绅阶层极为讲究兰花茶生产"，"香味突出的舒城兰花茶"提出"大兰花茶一芽四、五叶，小兰花茶采一芽二、三叶制成"。1979年由他主编的《制茶学》和《中国名茶研究选集》阐明，舒城小兰花茶与碧螺春、太平猴魁、涌溪火青、六安瓜片、铁观音等名茶同在清朝创制，兰花茶迄今已有二百多年历史。

记忆里的舒城小兰花最大的特点是亲民，以味道醇厚、价格适中为普通消费者青睐。

自古好山出好茶，合肥地区的山属于大别山余脉，自然也有零星香茗。

巢县曾属于庐州府，今年县级巢湖市又复归合肥，而巢北的苏湾和庙岗都产茶叶，而且香高、味正、经泡，"苏居翠绿"和"浮槎佛茶"是其中著名的品牌。

几年前我在浮槎山采访，曾在山上的大山庙喝过昌学法师招待的茶。他告诉我说：山上的茶只采一季，名曰"浮槎云雾"。

满山茶园　周跃东摄

而喜欢茶道的沈晴女士则将我带到了庐江的白云禅寺，沿着台阶向上走，两侧全是茶树，簇拥着山顶最高处的卧佛塔。远远望去，视野之内的山坡上完全被翠绿的茶树覆盖。

"真是一塔观三地啊！北面种的是舒城小兰花，西南面种的是桐城小花，庐江这边种的是白云春毫。"

她领着我登上卧佛塔，指着不同方向的山坡对我说。

我脑海里冒出了唐代茶圣陆羽引用秦汉以前的著作《桐君录》上的文字："酉阳、武昌、庐江，昔陵好茗，皆东人作清茗，茗有饽，饮之宜人。"

我也算是一个资深的老茶客了，也喝过不少好茶，比如六安瓜片和太平猴魁等。安徽本就是出好茶的地方，全中国十大名茶就有四个在安徽。

但可能是出于口味的偏好吧，总感觉六安瓜片太酽，太平猴魁偏淡。尝了一口白云春毫，开始喜欢上了，色泽绿润，汤色明亮，香气清爽悠长，口感鲜淳回甘，甚得我心。

沈晴女士亲自为我们泡茶，一招一式透露出与众不同。

今天的合肥喝的茶可谓五花八门，特别是工夫茶传入之后，铁观音、普洱茶、大红袍等发酵茶也大行其道。

但历史上的庐州人是只喝绿茶的，那时合肥的茶馆也十分有趣，说是茶馆，可没有一家的字号里带"馆"字，基本上都冠之以"园"或"楼"。

茶馆的经营模式也和别地不一样，早期的茶楼比较简单，对环境的要求不高，几张桌子、几条凳子就行，一杯茶、一碟瓜子、几块点心，客人可以自带茶叶，收费低廉。

收费方式也和别地不一样，是先吃后付钱。顾客喝茶，按每人每次收水费。所谓每次，是不论顾客喝多少壶水，都以进来喝茶到离开茶馆为一次。各种点心，每一瓷碟内配放五件，由跑堂端到顾客面前，最后以顾客吃掉的实际数量来收钱。

合肥的达官贵人里有一批人特别钟爱庐州茶，比如段祺瑞，人们习惯称他为"段合肥"。其实他是六安人，1865年出生于六安太平集，长到6岁才随祖父迁至合肥定居。

据说他的父亲非常喜欢喝茶，但又不是很富裕，便钟情于价格相对便宜味道却很醇正的舒城小兰花。

喝茶人对泡茶的水特别讲究。

本来井水作为日常生活用水，其清冽甘甜已经无可挑剔。但用于烹茗则稍逊一筹。因为井水属于城市地下水，难免遭遇下水道、厕所等不洁渗水的影响。茶圣陆羽评天下名水，将其分为二十等，并简单地概括为"山水上，江水中，井水下"。

好茶的确要有好水泡，古人云："精茗蕴得，借水而发。"无论是多么名贵的茶，只有用好水去烹煎，才能将那浓郁的茶香尽情地发挥出来。

过去讲究一点的合肥人是钟情于山泉水的。那时，东乡的龙泉山、浮槎山下，经常有驮着木桶的小毛驴，里面装满泉水，一路颠簸，专门卖给那些有钱人家。

龙泉山的泉水水温常年18℃，味道甘甜，不愧为庐州第一泉。继陆羽《茶经》之后，我国又一部重要的茶道研究著作《煎茶小记》，就是唐人张又新饮用了龙泉山水烹茗之后所著。北宋文学家欧阳修也曾慕名来此游览，把龙泉山水评为"天下第十三泉",并立碑为记。

庐江人也同样讲究,当地除了产白云春毫,附近还有三处冷泉,分别是百花寨、三冲、老和尚包。

现在的合肥人更有口福了,不仅有各种名茶,泡茶用的也是来自大别山的山泉水,而且省里已在规划用涵管引入龙河口水库的水,届时,用大别山的山泉水泡大别山的茶,一定别有一番风味!

HEFEI
THE BIOGRAPHY

合肥传

第十章 走读巢湖岸边

环巢湖文化圈是一块精神沃土,有史以来已积淀成厚重的环巢湖文化精神,现当代又催生出更具有时代特色的文化精神。

庐江山中飞瀑

夏王桀的"流亡岁月"

巷口的青石板已覆满尘土，旧居矗立于巷口，在周边的居民楼面前，它已现破败，没有了往日的荣耀。夏阁镇因"成汤放桀于南巢"而名，在岁月的一次次冲刷下，古镇也一次次地换颜。如今，只有这被尘土覆盖的青石板小巷和颓废破旧的民居，穿过层层钢筋混凝土的包围，向我们叙说着这座古镇的沧桑和蹉跎。

夏阁的古老从名称就可推知它与中国第一个王朝夏有着千丝万缕的联系，探访夏阁，我们不能不从它的名字说起。"夏阁的名字源于夏王桀，至今这里还流传着很多关于夏桀的故事。"对夏阁镇历史有深入研究的刘训道对记者说。

据介绍，夏最后一位国王桀荒淫无道，商汤起兵反桀。桀兵败于商汤后逃到南巢，途经夏皋，藏于一居民家阁楼（相传古时房屋建有阁，上放置农具等杂物，空间小）之上，躲过追杀。后夏桀流放到南巢放王岗，夏皋也就改名为"夏阁"。

采访中我们了解到，夏阁名称来源除了刘老介绍的一种，至少还有两种传说。一种传说为，夏王桀流放在放王岗后，商在驿道上修建一阁楼，看守关口，防止夏桀逃出，后阁楼所在地就称为夏阁。还有一种传说，商汤为了打败夏桀，在桀身边安插了两个间谍，一位是美女妹喜，一位是御厨伊尹，一位获取情报，一位传递情报，为商汤打败夏桀立下汗马功劳。伊尹因此当上宰相，而妹喜却同夏桀一起被流放，夏桀后流放到放王岗，妹喜则病死于阁楼之上，"夏阁奇冤"也因此而来，后人将阁楼所在地称为"夏阁"。虽然各个"版本"不一样，但是无论哪种传说都源于"成汤放桀于南巢"。"口口相传也是记载历史的一种方式，虽然口口相传中事件会发生变化，但是承载了曾经发生的事。"中国作家学会会员朱鹤龄对记者说，"古时文字不发达，也没有纸张等，为纪念某人某事常以山水记录，因为山水不腐，夏阁的名称来历也很符合古时记事方法。"

仲秋，微风，夏阁河水安静地流过夏阁集镇，河岸两边密布着居民楼，居民三三两两在岸边行走。几千年来，居民生活在河两岸，经历了历史的一次次变迁。文中记载，在建石桥前，附近居民用木、石块垒成简易桥体，但桥不能持久，稍遇大水，桥便被冲走，两岸居民出行受阻。康熙年间，为修石桥，居民在河岸搭茶室，向来往行人募捐，最终凑得资金，修建成桥。

大桥建起后，夏阁老街也逐渐繁华。如今，虽然老街已没有了原貌，但还不时露出它的沧桑遗迹。通过滚龙大桥西端，一座清末民初建筑矗立在巷口，拂去尘土，露出青石板小路，路宽约1米，长有20余米。

"老街位于大桥两侧，桥的东西两侧，有汪长太、徐士全、王世新三大水上茶馆、酒楼。桥上是水产、家禽买卖。"70多岁的刘老回忆说，"街上还有中西药店、畜牧交易所和米行，市场繁荣。"经济的繁荣，也带来了宗教的兴盛。"镇上有东岳庙和地藏庵，庙庵建于明代，香火兴盛。"刘老说，"庙庵一直到新中国成立前都保存较为完好，新中国成立后东岳庙改为学校，地藏庵也被拆除。"

虽然庙庵如今已经不在，但是它们所产生的文化对当地的影响至今保存。"每年舞龙灯时，队伍都是从夏阁中学出发，最后在镇政府结束，夏阁中学就是东岳庙所在地，镇政府就是地藏庵所在地。"夏阁镇宣传委员刘先生这样介绍。

夏阁镇自古水陆交通方便，既是古驿道所经地，也是夏阁河流入巢湖所经地，是巢北的鱼米之乡，古往今来兵家必争之地，"战争文化"在这里源远流长。

"布衣将军"冯玉祥家乡就是夏阁镇竹柯村人。冯玉祥将军,是我国近代史上著名爱国将领,他一生生活简朴,治军严明,被誉为"布衣将军"。戎马一生的冯将军虽然只有两次回安徽省亲居住的经历,并且时间短暂,但却在当地产生了很大影响。他在巢的旧居也经多次修缮,今天已经成为国家级文物保护单位,向前来参观的人诉说着一段当年"布衣将军"隐居在此的传奇记忆。

冯玉祥旧居由议事厅、卧室、书房、侍卫室组成。如今的旧居前院是后期扩建的一处门厅。过门厅,是个花园。花园正中位置立着一尊高3米、花岗岩材质的冯玉祥将军全身塑像。这是1992年冯玉祥110周年诞辰时竖立的。在塑像后面的屋子,便是当年的议事厅。当年冯玉祥回乡时,召集地方官员、乡绅名流在此商谈建设家乡、兴修水利等事宜。

1988年,为纪念冯玉祥将军106周年诞辰和遇难40周年,巢湖市征集相关文物和图片资料120余件(幅),议事厅被辟为"冯玉祥将军生平事迹陈列室",陈列着冯玉祥将军照片、手迹、字画等。这些文物和图片记载了将军传奇的一生。议事厅后侧是一个花园,连接着东西两侧院落,主要有书房、卧室、侍卫室。

冯玉祥将军原籍虽为安徽巢县,却在河北青县出生,1892年年仅10岁的冯玉祥便在保定入伍,随后前往北京投袁世凯新军。入伍后一直未有机会回安徽探亲。1936年,时任南京国民政府军事委员会副委员长的冯玉祥,因在"攘外必先安内"与"停止内战一致对外"的原则上与蒋介石意见相左,为了舒缓愤懑抑郁的心情,加之族人的邀请,冯玉祥于当年3月回到了巢县,回到了一直魂牵梦绕的家乡。虽然时间短暂,但是他回乡的故事却至今让人津津乐道。1936年,族人邀请冯玉祥将军回到故乡。当时被委任为"国民政府军事委员会副委员长"的冯玉祥来到巢县。巢县县政府设宴招待,被冯玉祥婉拒:"简单朴素些好。我生活在北方,吃惯了大饼、大馍、稀饭、小菜,不吃别的。"于是,准备好的宴席被全部撤去。冯玉祥对大家说:"我下次再回来,不要搞这样的欢迎,也不要叫我副委员长,我是巢县人,我排行老二,就按家乡的风俗习惯,叫我冯二先生吧!"

三千年历史沉淀柘皋古镇

如果说很多古镇只是因为传说而立名，柘皋则有3000年的历史文字记载。它曾以"柭皋"之名刻记楚简，以"橐皋"之名载入《春秋》，无论历史变迁，柘皋古镇的记载未现断代，至今它还保存着较为完整的闸北老街。我们探访安徽四大古镇之一柘皋，领略古镇的曾经繁华和历史深邃。

北出巢城20余千米，便进入名邑柘皋镇，与很多古镇一样，它依水而建，跨越"黄金水道"柘皋河，沿河两岸密布商铺，而引人瞩目的是一家家早点店铺，每到清晨顾客络绎不绝，有的甚至是一大早从巢湖、合肥赶到，只为一品柘皋早点。秋天的柘皋，薄雾袅袅，但一点也不影响吃客的心情。各家早餐店都已爆满，等十几分钟才得一座位。"柘皋早点经过几千年沉淀，现在基本上保存有精肉炒面皮、拌凉皮、小笼包子、拌千张、糍粑包烧卖、鸡蛋锅贴、炒面皮子、麻花子、芹芽馅春卷子、油炸麻花、三尖子包油条、三鲜锅巴、狮子头、鸡蛋饼等品种。"食客王先生对我们说，"我几乎吃遍了环巢湖乡镇的早点，最有特色的莫过于柘皋早点。"

柘皋早点为何如此出名？这与柘皋所处位置有关。"柘皋依居柘皋河，在陆路交通不发达时，柘皋河就成了黄金水道，肥东乃至整个合肥地区盛产的大米和棉花等农作物都汇聚到柘皋镇，南来北往的人们不仅带来家乡的特色早点，也用挑剔的眼光审视着镇上早点，这就铸就了柘皋的特色早点。"王先生分析说。说柘皋早点不能不说柘皋巡检司，因为柘皋早点的兴盛流传与几任巡检司大人讲究的胃口有很大关系。封建王朝一般在交通要塞设立巡检司，负责缉捕盗贼，盘查往来奸细和贩卖私盐商人。早在明代，柘皋就有焦湖巡检司，至今巡检司衙门还保存下来。

柘皋镇文化站原站长丁炳堃说："据传，几任巡检司非常重视早点，居民为讨好巡检司大人，不断改进工艺，早点不断丰富。也正是在巡检司大人的引领下，柘皋早点文化开始兴盛，并一直流传了下来。"

柘皋，古称"橐皋"，西周初期群舒一支在此建立宗国，西汉置橐皋县，属九江郡，南宋时称柘皋，沿袭至今。在中国的历史演变中，经济繁华的集镇都难免战争的洗劫，古老的集镇都保留着一个个战争遗迹和传说。位于"黄金水道"上的柘皋镇也难逃例外，当我们行走于柘皋镇，一个个"金戈铁马"故事充斥耳边，似乎在叙说着这古老集镇的沧桑故事。在柘皋镇的战争文字记载可追溯到春秋时期。在柘皋镇东12千米板桥小学所在地，这里地势高，地形独特，地高7米，顶圆平，形似"坛"，当地人称为"坛子山"，相传这里就是"会吴城"。坛子山周边曾发现大量鬲鼎断足、陶片和怪状烂铜铁片，省市考古研究所多次来此考证，最终认定为东周末期村落遗址。

然而坛子山出名却因"会吴古城"，史书记载，春秋周敬王三十七年（鲁哀公十一年，公元前483年），鲁哀公会晤吴侯于柘，筑坛缔结盟约。三国时期，柘皋位于魏吴之间，战争更是频繁。柘皋镇油厂东北侧塘底，居民曾发现呈"品"字形布置的水井，井间距离约三步，井口用陶缸覆盖，柘皋人称为"九步三眼井"。民国期间，每遇大旱，饮用水枯竭，居民就凿开此井，淘清井内淤泥，即有清泉涌出。据巢县志记载，222年，魏大司马曹仁曾率兵万人驻柘皋阳河岗（距井约50米），为解决士兵饮水，随挖三眼井。今天，在柘皋镇有座古桥叫玉栏桥，它横跨柘皋河，把柘皋镇东西老街连为一体。"玉栏桥"原名"遇难桥"，也与战争密切相关。相传，元朝末年，朱元璋领兵到合肥方向扩充势力，不料被元兵追杀，到达柘皋时只剩下一人一骑。此时柘皋镇因为战争已残垣断壁，荒无人烟，朱元璋经过柘皋河时马蹄腾空坠入水中，此时后边追兵越来越近，朱元璋不禁仰天长叹："天灭我也。"就在此时，一位年逾花甲的更夫经过，见此情景后，从草丛中推出小船，将朱元璋送过河对岸。朱元璋问老人有何回报时，老人说只求在柘皋河上架设一座桥梁。朱元璋当上大明开国皇帝后，命人在柘皋河架设桥梁报答更夫救命之恩。可是，大桥建好后，工匠们却犯难了，不知给桥取何名。他们派人上京去皇家探问，最后总算从马娘娘口中掏出"遇难"二字，遂取名"遇难桥"，日子久了人们感到"遇难"二字不吉利，后改名为"玉栏桥"。

沿着柘皋河行走，由西跨过玉栏桥，就来到了北闸老街口。进入老街，就能听见阵阵的敲击声，街口金银加工作坊尤为显眼。清末的铁锤、几代流传的铁砧，店铺古老的银饰制作手艺吸引了一位位顾客，等候的顾客看着银匠的敲打。从清末年间，店主先人开始在此制作银器，老店铺已流传了几代人，见证了老街的历史兴衰。"杂货铺、裁缝店、酱坊、当铺……街上曾经商店林立，是集镇的中心街区。"店主洪金泉说，"过去，这整条街都是店铺。"说起柘皋的老招牌，洪金泉如数家珍。

清末民初，柘皋镇有九街十三巷。现存的这条老街叫北闸街。这是一条年代非常久远的老街，当地老人说它的历史已近400年。"老街地势独特，虽距离柘皋河不远，但是闸北街从来就没有被洪水淹没。"说起闸北老街，老街居民李先生滔滔不绝。

漫步古街，全长200米、宽4米的巷陌两边是清一色的徽派建筑，两层的木楼，粉墙黛瓦，飞檐翘壁。沿街道两侧，房屋紧连。有意思的是，很多房屋的门还是过去店铺常用的"槽门"。"过去，一早就能听见商铺伙计下门板的声音。每个门板都有编号。这些门板下下来后，还被用作'板凳'招呼客人坐歇，或者是用来摆'摊子'放货物。"住在老街里的老住户李新华对我们说道。在沿街古建的斑驳墙体上，"恒记号南北货""胡德成缫丝店"等这样的字迹依稀可辨。透过它们可以想见当年的市井繁华和浓郁的商业气息。李新华还拿出自家珍藏的一块麻石板。这块石板表面光滑，上面有5道深2寸左右的沟印。

"这是当年铺街面的石板。过去多用独轮车推货。这些沟印就是独轮车留下的。可以想象当时这条街是怎样的车水马龙。"李新华说。

老街最引人注目的是位于老街中段号称"天下第一铺"的李鸿章当铺。

它是李氏当铺的仓库和港口运输货物集散地之一。该当铺建于同治和光绪年间。三座高大的石门门额正中雕刻八仙图案，两侧雕刻花瓶等装饰。图案虽历经沧桑，画面却依然栩栩如生。外观，可以看到粉墙、黛瓦、马头墙和精致的砖木雕刻，古朴中透着大气。当铺当年生意规模宏大，主要从事典当业务，营业范围除了柘皋地区外，还涉及合肥、定远、凤阳、嘉山、全椒等地。

李鸿章当铺临街门楼为三间，房屋建筑原为七进，现在保存完整的是前两进，均为两层，两进之间由串楼相连。三进之后的老屋已不复存在。不过，令人期盼的是，李鸿章当铺的修复工作已经启动。在不久的将来，我们将能一睹李鸿章当铺的"旧貌新颜"。

炯炀镇，巢湖岸边的璀璨明珠

烟波浩渺的巢湖北岸，蜿蜒曲折的炯、炀两河在此处交汇，炯炀镇就如同一颗璀璨夺目的珍珠镶嵌在合肥与巢湖之间。"陷巢州，长庐州"的传说，给这片土地蒙上了一层神秘的面纱。有着千年历史的炯炀镇，商贾云集，街景繁荣，曾是巢县西乡重镇，重要的商贸流通集散地。

世上许多大城市滨江临河，并且小城镇也不例外，充分说明人类是逐水而居的。这在巢湖也比较明显，主要古镇均据河而兴，如散兵河边有散兵镇、柘皋河边有柘皋镇、夏阁河边有夏阁镇，至于炯炀河边，自然有炯炀镇。

炯炀镇取名于炯炀河，因境内炯河和炀河交汇而得名。我们驱车来到了炯河和炀河的交汇处，远远地便能看到，两条并不宽大的河流交织在一起，连成一片。若不是当地人的指引，很难想象这里便是炯炀镇的起源地。

"炯河原名桐河，发源于肥东县桐山南麓；炀河原名杨河，发源于镇西的杨子山。两河交汇于镇南，形成桐杨河，注入巢湖。因镇区经常遭受水灾，百姓为避水患，意以火来克水，将桐杨河的'桐''杨'二字的木字旁，改为火字旁，形成了今天的'炯炀河'。"据当地人介绍说，新华字典中的"炀"字，就注释为安徽巢县炯炀河镇的专用字。由此可见，炯炀镇的形成历史久远。

"借问邑人沉水事，已经秦汉几千年。"239 年，在炯炀河境内的居巢古城神秘消失了。近年来，考古专家在炯炀镇唐嘴村前的湖滩上，发现水下有座古城遗址，但古城神秘消失的原因，至今依然众说纷纭。据说居巢古城陷落后，幸存百姓择地势较高的峒炀河口而居，生息繁衍。而峒炀镇的历史，可追溯到汉唐时期。据史书记载，峒炀镇建于南宋淳熙年间（1174—1189），有近千年的历史。不过，虽然峒炀镇形成较早，但发展繁荣却是在明清时期。清朝同治年间建制设镇，是峒炀镇的兴旺时期，常住人口五千多人。

很多古镇至今还留有老街，但大多已改头换面，古建筑更是消失殆尽。而峒炀镇的古镇街，却首次让我有种穿越时空的错觉，仿佛回到了旧时代。古老的建筑饱经沧桑，又平静自得，有时候甚至像个老者，为晚辈们述说着历史。

古老的缝纫机依靠在窗前，一旦有人坐下来开始缝制一件叫作回忆的衣裳，过往的点点滴滴就都涌现在细密的针脚里，挂满蜘蛛网的马头墙，依旧高傲地仰着头，眺望远方，一直在等待着出走的主人早日归来。青砖黛瓦，雕梁画栋，自然古朴，隐僻典雅。

古镇街并不是一直到底，而是一条呈"T"字形的街道，分为南街、北街、中街、东街。在老街东闸口墙上，镶嵌着一块清朝同治七年的县衙公告，即"正堂陈示"，上面刻有关于禁赌、禁烟、禁宰杀耕牛、禁唱淫秽庐剧等内容的维护社会治安的公告。据说到了晚清和民国时期，镇上有京、广、杂、山等各色商店，织、砻、磨、糖、糟等多种作坊，古民居和店铺更是多达千余间，繁华程度由此可见一斑。而如今在300多米长的峒炀老街上，依旧保存着500余间明、清时期的古民居。

"过去这条街上，茶店、小卖部、老药店各类商铺都有，南货商店的糕点过去十分出名，还有李鸿章侄子开的当铺也在这条街上。"据住在老街上的丁存银介绍说，过去的古镇街是峒炀镇商贸交易的聚集地，周围的村民都到这里来赶集。"过去街道路面都是用青石板铺成，路的中间还有独轮车轧出来的沟子。一直到20世纪80年代，这里还非常有人气，即使是'文革'期间，这里的生活依然有规律，并没有给当地的老百姓带来太大的影响。"丁存银现在的家，是后来重建的，没有了旧时代的喧嚣，与这条老街一起，归为平静。

水陆便捷，使峒炀逐渐发展成为居巢第二古镇。千年历史的积淀，为这座古镇平添了许多故事和传说：李鸿章家族曾在镇上设当铺，至今古貌犹存；

张治中的少将秘书，在镇上也有居所；抗日战争期间，日本人占领淮南铁路，在炯炀修筑的几座碉堡，仍然立在镇边，默默诉说着侵略者的罪恶……

在老街深处，轻而易举便能找到李鸿章家的当铺，尽管颓唐，难掩风采。建筑规模五开间七进，占地1000多平方米，建筑面积850多平方米。有一种说法称，炯炀李鸿章当铺，是李鸿章于光绪年间，斥资在炯炀镇东街收买的旧房，然后改造成了当铺。但实际上，这座当铺的主人不是李鸿章，而房子也不是二手房。当铺的主人叫李大海，他是李鸿章的侄子，他的父亲是李鸿章的五弟李凤章。

据当地人回忆说，他们的祖辈曾亲见李家在这块地上起的新房，当时，"木料堆积如山，而且用的木头都很讲究，都从江南拉过来，拉了一船又一船。"

通过当铺仍大致保留完好的框架，可以大概恢复其当年的建筑原貌：推开铜皮大门，是第一进厦屋，屋当中，从屋梁垂至地面的是一幅硕大木质照壁，冷杉为柱，横梁雕花，使人不禁想象照壁背后的世界是何等神秘。绕过照壁，是一方青石板铺底的天井，人走两边的抄手廊，来到面积达200多平方米的第三进大厅，这里是当铺的主营业厅及会客厅，厅内均匀排列着30根粗木柱，下以青石作础，上承作为仓库的阁楼，阁楼仅靠两端一人大小的出口与大厅相连，靠扶梯直上直下，上下完后，梯子即时撤走。这是为了杜绝闲杂人等上楼，能上阁楼的，除了掌柜，就是专门负责仓库管理的伙计，他们往往是当铺里最忠诚的人。

遗憾的是，到底破落凋零了，如今屋内已是一片狼藉。看到过不少呼吁保护的建议，却终究没有采取任何措施，只能让这座古寨继续在风雨中飘摇。

在镇子的不远处，我发现了一个很意外的地方——李克农将军故居。著名的"传奇将军"李克农诞生于此，更加为这个千年古镇增添了传奇色彩。大门门楣上刻有原国家主席杨尚昆"李克农故居"的题字。厅内陈列李克农将军生前200多幅他在各个革命时期的珍贵照片和40多件革命文物。园区中安放一尊李克农将军半身铜像，在一棵百年梅花树的衬映下，更显将军威武传奇和不平凡的人生。

*AAAAA*景区的洪水记忆

因丰乐河、杭埠河、小南河流贯其间而得名的"三河",已经有了两千多年历史,商旅业极其繁华,今年又申报成功合肥第一个国家级AAAAA景区。可就在1991年,一场洪水使小镇遭受灭顶之灾。司法所原所长朱杨正先生和原镇党委委员周于由老先生,向我们讲述了当年与洪水有关的记忆。

都说"圩田好做,五月难过",而1991年的5月,汛期如约而至。连续下过大雨、暴雨、大暴雨之后,6月下旬至7月上旬,几场特大暴雨又在短短十天使降雨量达到正常年份总降雨量的60%以上,大堤浊浪拍岸,镇西头防洪墙、中段杨婆圩堤、东段新圩全线陆续告急。7月11日下午4时17分,丰乐河水位涨到14.23米,新圩段圩堤宣告失守,23分钟后整个镇子堕入一片汪洋。

"所有工厂、商店无一幸免。在丰乐河出现三个缺口,加在一起长201米,与三河镇最低处水位相差6米。"

虽然洪水已经过去了25年,如今77岁的周老回忆起来,那一串串数字仍烂熟于心,那些场景依旧历历在目。合肥炮兵学院的官兵,武警合肥支队、县中队的官兵,市、县公安干警,顷刻大量出动,风驰电掣般奔赴三河,投入与洪水的生命争夺战。

在建筑被全部淹没之前,营救人员一方面加高圩堤,力挽狂澜,为群众转移争分夺秒；另一方面穿街走巷，挨门逐户动员转移。房子要被淹了，跑！有人落水了，拉！居民被困了，救！"数千名群众被围困，为了急救还把逍遥津的游船调来，军人组成探险队，套着救生圈，泅水到镇内探险救人，在三天之中救出6000多群众。"

朱杨正清楚地记得，当时市里要求有人去看情况，他身为司法所所长和三个炮兵学院的官兵划船进去，不料在一处十字路口遭遇漩涡翻船。他随着不断流泻的大水漂到一个电线杆边，被两个年轻人救到楼里。在交通电信都不发达的年代，大家都以为他"不在了"，其实在被救上岸后，他便立刻投入到救人的工作中。

洪水发生之前，有关方面已经有所预感，便打电话到镇里要求老弱妇孺全部撤离，留下青壮年、干部及其家属，三天里，军民同心，拉起了"生命线"，撑出了"救命船"，使得三河镇虽有八千多间房屋倒塌，财产损失四亿以上，但却无一人伤亡。

大家不知还记不记得小"军生"的故事，那是暴戾洪水中的一抹温情。

7月11日夜里，庐江县福元乡的一名产妇，在三河破圩的前一刻被家人抬到卫生所，前脚刚到，后面就破圩了，十几分钟后水就漫进了卫生所。

卫生所很小，二楼只有两间房子，产妇到时里面已经挤满了群众。没有办法，终于在午夜，把孩子生在了二楼的过道里。

洪水中的卫生所缺医少药，产妇和新生儿都面临着生命危险。

第二天，医生看见解放军救人的橡皮艇经过便立刻呼救，送走了新生儿与母亲，之后，孩子的父亲将儿子取名为"军生"，为的是感谢解放军给自己的妻儿第二次生命。

我们去采访时，正赶上中央电视台在三河拍摄旅游风光片，鹊渚桥上飘扬着《小辞店》的庐腔，游人乘画舫荡漾在小南河上。

今天的三河以其古色古香的风景、人文集萃的底蕴而闻名遐迩。可当年许多人知道三河却的确是因为那场洪水。

中央、省、市媒体来了，港澳台媒体来了，外国媒体也来了。

国家领导人甚至乘飞机在三河上空视察，在合肥稻香楼宾馆听当时的三河镇长汇报。

在和金庸先生《射雕英雄传》中描绘的美妙神奇的东海小岛同名的桃花岛上,我们来到了当年的决口处,旁边已经另筑新坝。因为建大坝时地方干群和电子工程学院的解放军官兵一起奋战,所以命名为"军民坝"。

灾后重建更是引来八方支援,比如周由于老先生居住的竹苑新村便是各方捐款500万兴建的。

工厂也很快恢复生产,由于政府派来专家的介入与帮助,使产值更高,效益更好,更多的人得到工作,有了饭碗。

"也算是因水得祸,因水得福吧,三河镇变得更好了。"周老说,合肥陆军军官学院(原合肥炮兵学院)的田屹教授和当时作为合肥炮兵学院的指挥员、现任安徽省保险学会会长的胡皖均曾亲自到达现场,如今回忆起那场洪水仍记忆犹新。

田屹教授当时去三河的主要任务是拍摄视频,因此他保留了许多当时的珍贵材料。

从1991年7月8日起,三河汹涌的洪水像开了锅的饭汤滚滚上涨。14米堤坝在洪水中颤动,多处渗漏,险象环生。

"7月11日下午,暴雨越下越猛,外河水位超出警戒水位2.23米,杨婆大堤新圩段溃破。洪水像一匹脱缰的野马冲出堤坝迈向街区,五米高的浪头排空而来,短短的23分钟,洪水以迅雷不及掩耳之势,灌满了4.6平方千米的土地。"负责抗洪装备的胡皖当时在指挥部目睹了三河破圩的全过程,繁华的古镇一片汪洋,三河遭受了灭顶之灾,房屋在倒塌,人民在呼救。全镇仅有唯一一个安全地带——丰乐河大桥。

"我们是破圩前半小时到达三河的。"胡皖会长耐心地拿出纸和笔将地形和框架画了出来,"地势上,两条河把三河围住,当时堤底下的土松了,有空隙,堤内外可以互通,水里一直在冒泡。所以三河当时不光是外面被水堵,内部也在涝。刚刚破圩的时候,只破了一个小口,水是慢慢地流,人跑快一点还能赶过它。两边部队的人就拼命地跑,当时镇里大部分人都撤离了,只剩下一些老人和孩子。"说到这里,胡会长表情凝重:"破圩后水跟漩涡一样,把房子都漩进涡里只剩下个草屋顶，电线杆都只剩下一点头，开车掉头都来不及，驾驶员爬上了电线杆。看着都很吓人。"

我们在视频资料里看到，未来得及撤出的人在洪水巨浪前奔跑逃生，许多人爬上电线杆、屋顶。家畜家禽绝望地伏蹲在被洪水漩浮起来的茅舍屋顶，水面上漂浮着蛇和各种动物，老鼠一只咬着一只尾巴在水中游泳逃生。

12日清晨，抢救工作全面展开。

官兵们成功解救了困在镇中的所有人，三河大水中无一人死亡。为了营救被困在水中的人群，三河水运社经理率领组成了基干民兵抢险队，熟谙水性的炮兵学院干部成立了军人抢险队。

"当时的大队长姓赵，因为抢救群众自己反而来不及转移，只好退到镇里最高处。我们派了一辆吉普车去接大队长，结果也被困住出不来。"

吉普车当时可是个宝贝，为了不被水淹，当地群众硬是将其抬起，车轮下垫起半人高的砖头，从而保证了车辆的完好无损。

胡皖绘声绘色地向我们讲述官兵们划起小铁船套上救生圈，冒着生命危险，向着洪水淹没的古镇进发的情景。

天擦黑时，解放军炮兵学院多名官兵失踪。当时，大家心情异常沉重，不管会不会水，都想下去寻救战友。

一位叫宋涛的小伙子首先划了一个小游船就去救人，随后，数名学员队、教研室的校级军官和指挥部办公室负责人沈孝安上校也都率队出发了，后来他们大多数抢险船只都被洪水漩涡卷翻，奋力自救才得以脱险。

深夜，由于情况不明，大家得到消息说副主任在内的100人左右被困在水中，官兵们精选80名水性较好的军人组成突击队。

田屹教授称至今也难以忘记，军校教研室主任鲁銮昌中校带着突击队去洪水中抢救，临行前开玩笑说："老田啊，我上去了啊，如果我回不来了，老婆孩子要交给你了。"

这是一句玩笑，但当时大家都明白，玩笑随时可以成真！

三河镇部分房屋倒塌，被困群众处境更加危急。街头上水流湍急，船开不进去，救人的小船随时有被颠覆的危险。当洪水淹没了整个三河的时候，一位残疾妇女抱着断臂孩子,在危房顶上绝望地喊着救命。官兵们把这不幸的母子连同年迈的老大娘救上了小船,又把身上仅有的钱财和粮票掏给了大嫂。

国家民政部的领导同志视察水灾后,感慨地说:"短短23分钟,全镇覆没,这样的灾情全国少见。在这种情况下全镇无一人死于洪水,更是历史的奇迹。"

留在三河1991年洪水记忆中的,不仅仅是解放军救助被困在洪水中的民众,老百姓们也多次帮助解放军度过险境。

在杨婆圩破圩时,杭埠河的水泄了下去,导致镇中石板老街上原淹没至大腿的积水突然退至膝盖以下。

"当时我们还很高兴,觉得水下去了这是好事。"胡皖会长回忆,"有经验的老乡立刻预感,不好,破圩了!我们才迅速撤到镇外高处。"

7月10日傍晚,丰乐河下游突然驶来一条民船,原来是当地船民救出了军人数十名。

"我喜出望外,亲手把战友们一一迎下船。不仅仅是我们救助老百姓,老百姓也救了我们的官兵啊!"胡皖会长感叹道。

在官兵们被困在三河街心的时候,一位素不相识的交警同志冒着生命危险把解放军带离了险境。三河的群众不会忘记,是共产党解放军救了自己;官兵们也不会忘记,被洪水围困的那一夜,三河大嫂的饭菜最香。

听说解放军在堵决堤的口子,一位大学生受伯父之托无偿送来了10箱汽水;一位素不相识的老大爷在烈日下跑前跑后,一趟趟从家里把烧好的开水送到子弟兵的手中。

洪水中的三河随处可见军爱民、民拥军的温馨场面:老百姓主动端来了一盆盆清凉的洗脸水,递上一块块洁白的毛巾,洗去了一脸污垢,寄下了一片深情。炮兵学院慰问团的医疗队耐心为老人、孩子检查身体健康状况,医生护士亲切温柔地为小孩擦拭受伤的地方,为群众检查身体状况,为腿受伤的群众换药。

一位老乡不无诗意地说:"解放军脸上散发着阵阵药香,看到了绿色,我们就像看到了希望。"

田屹教授回忆说："我在那里待了10天，三河的生产恢复工作很快，我在的时候就通了80%的电，人们也快速开始重建家园。当时有家毛巾厂都被水淹了，他们生产自救将毛巾重新加工卖出去，有很多人带着捐助的性质来买。"

最年轻的城关镇

合肥市管辖的县，城关镇历史最年轻的应该是水家湖了。从 1965 年县委、县政府正式在此办公算起，还不到半个世纪的时间，相比较巢湖、庐江、肥东、肥西，那是名副其实的小弟弟。

说到合肥管辖的县，外省人许多只知道肥东、肥西。这可能要归功于那首著名的童谣："从肥东到肥西，买只老母鸡。拿到河里去洗洗，全部都是皮。"可历史上肥东、肥西多次辗转于六安、巢湖、合肥之间。

1937 年的时候，巢湖专员公署成立，管辖范围就包括今天合肥的肥东县、肥西县和三河。那时的三河还是县级市的建制，新中国成立初期仍然延续，直到 1950 年才被撤销。

新中国成立初期合肥第一次设市，区域以护城河为界。那时从环城西路至今天的南岗都属于肥西县。而肥西县在 1950 年的时候隶属于皖北行署巢湖专区，1952 年的时候隶属于皖北行署六安专区。1958 年 9 月，肥西县划属合肥。1961 年 4 月，肥西县又划归六安专区，直到 1983 年 7 月，肥西县才复属合肥市辖。

肥东县也是一样，1965 年的时候，和原属六安专区的庐江县一起划入巢湖专区，直到 1983 年 10 月 8 日，经国务院批准，才将肥东县从巢湖地区划出归属于合肥市。

远眺长丰水湖镇 张忠建摄

而长丰县虽然在1965年才正式建县,但在很长一段时间属于合肥唯一辖县。那时,说到城关镇,合肥人只知道水家湖是自家管辖的。

水家湖的老人说,这里原先只有一条小土街,200多米长,完全是泥巴路,晴天灰蒙蒙,雨天流泥浆。街上的居民大都姓水,俗称"水家户"。1934年,淮南铁路通车设站时,把"户"讹为"湖",称为"水家湖车站"。

解放初期,这里分属定远县水家湖乡和寿县新街乡,后来全部划归寿县,成立新的水湖乡。

1964年11月,国务院批准设立长丰县,最先考虑的是同样位于铁路线旁的下塘集镇。不料当时下塘旱灾严重、水源不足,因而才将县城设在水家湖。

水家湖其实并没有湖,但却位于瓦埠湖、高塘湖之间,水源充沛。同时这里地处淮南铁路线和206国道交会处,交通便利。南距省会合肥70千米,北距全国能源城淮南市的政务新区仅6千米。现在已经发展成城区面积8平方千米、人口近12万的大城镇。

水师傅在镇上居住了几十年,只有抗美援朝那会儿离开过两年半。他家

以前在小土街上开了一间茶水铺子，小时候经常在街上推铁环、打溜溜转（陀螺）。

那时，街上经常出现唱老婆歌的，一般是两个结伴而行的妇女，扎着青布头巾，手拿一面小铜锣，边敲锣边唱小曲。那其实和肥东、肥西过去流传的门歌差不多，都是灾荒之年出门讨饭的技艺。只是曲调不一样，老婆歌具有淮河沿岸的高亢。

我请教了长丰县文化和旅游局的专业人士，他们说老婆歌源自淮河两岸的民间小调，曲调简单，朗朗上口，唱词为七字一句，四句一段，一般都是"见花采柳"，见啥唱啥。合肥庐剧过去叫倒七戏，艺人们看老婆歌如此受欢迎，也常把其曲调引借到演出剧目中，《小辞店》《白灯记》《孟姜女》都吸纳了大量的老婆歌歌调。

听罢了老婆歌，街上的小孩子喜欢去火车站看火车。经过那里的是安徽的第一条铁路淮南线，当年，国民政府建设委员会委员长张静江，看到淮南煤矿的煤要经淮河运抵蚌埠，再转津浦铁路，耗时耗财，于是决定修建一条自田

水湖镇的水湖公园　张忠建摄

家庵至裕溪口的淮南铁路，水家湖是其中比较大的一个站。

不过，这条铁路也是命运多舛。通车才几年，就爆发了抗日战争。为阻止日军利用铁路入侵，中国军队奉命将水家湖至裕溪口铁路拆除，不久，又毁坏了淮南至水家湖的铁路，水家湖火车站也被迫关闭，中间停运了整整5年。那几间简陋的站房，成了孩子们捉迷藏的地方。

1942年，已经占领合肥的日本人出于军事进攻的目的，组织修复了合肥至水家湖的铁路，两年后，又修通了水家湖至蚌埠铁路，连接上了津浦线，这样，淮南煤矿的重要战略物资煤炭就能够源源不断地运走了，保障他们侵华战争的需要。

水家湖车站重新修复启用以后，日军在那里派兵把守，水家湖街上的孩子们再也不敢去那里玩了。

水师傅回忆说，日军投降前夕，一天夜里，他被一阵爆炸声惊醒。第二天听说铁路又被炸了。直到1948年旧中国双十节的时候，那里第二次修复通车了。尽管火车非常慢，而且是隔天一趟，客货混运，但乡下没有见过火车的亲戚，还是要到水家湖看稀奇。

张军是1972年从合肥调到长丰工作的，虽然那时合肥也不大，但作为县城的水湖镇更小，还是那条主要街道，街上最为醒目的是一幢二层小楼，上面写着"新农村旅社"，当年算是全镇最好的建筑。

都说水湖镇水姓过半,水姓中最骄傲的是出了个辛亥革命志士水百川。

他出生于1892年,在寿州公学读书时,与表兄王庆云和余亚农等过往甚密,并参加王领导的淮上军光复寿州之役。1913年讨袁失败后,倪嗣冲攫取安徽军政大权,驻寿州倪嗣冲部残酷杀害革命党人,激起群愤,屡求驱逐倪军。水百川趁机号召民众,拿起枪杆,消灭这些坏家伙!得到民众一致拥护。

但起事并不顺利,水百川认为,大家出于义愤,仓促举事,孤立无援,如再坚持,退路亦将断绝,于是决定分散撤退。水百川遂往上海王庆云处避难,1914年与革命党人管鹏、王建芳等回皖策划讨倪嗣冲,不料刚到芜湖,即遭倪嗣冲密探暗算,被捕遇害。

除了水姓,水湖镇还有杨、闫两大姓。

长丰县作协副主席就姓杨,谁知刚开口,她就说自己不属于这里的土著居民。据说这一带的人许多都是祖上移民过来的,主要是明朝洪武年间分别从山西洪洞大槐树,江西鄱阳瓦屑坝,山东济宁老鸹巷三地过来的。

倒是镇上的闫姓有些说法,也有自称姓阎。其实本来就是一个姓,这是可以考证的。

一位姓闫的朋友就对我们说,他家爹爹辈的还写成阎。到了他们这一代,由于《第二次汉字简化方案》里把阎简化成闫,加上阎字容易让人联想到阎王,于是大多写成了闫。

我心生疑窦,《第二次汉字简化方案》不是废除了吗?怎么还会有"闫"和"阎"同时存在呢?那位姓闫的朋友解释说,广陵古籍刻印社曾经出过一本《续百家姓》,是在宋代《百家姓》的基础上续编出版的,从"开官司寇"到"百家姓终"是续编上的。当时,由于编者考证不详,才把群众所写的阎姓俗字闫收编了进去。

桑科铺进行曲

合肥的周边被一些古镇包围着，比如北边三十多千米处有个吴山镇，20世纪80年代就是长丰县的三大标准镇之一。镇上的"吴王遗踪""吴山庙起义"等遗址，和吴山贡鹅、吴山铁字一起，将这个古镇的名气传播到大江南北。

吴山这个地方可谓人杰地灵，是块风水宝地。那里在清朝的时候属于寿州即今天的寿县管辖。不过，因为距离合肥近，当地人的口音还是更接近"老末资"（老母鸡），偶尔也可以听到寿县侉侉的口音。

我们从《清光绪十五年寿州行政区划》上可以得知，当时寿州共设3乡，即东乡长丰、南乡裕民、西南乡保义。每乡又设12里。吴山镇就是属于裕民乡四里管辖，只是资料里显示的是桑科铺。

关于桑科铺这个名称我也是第一次听说，询问了吴山镇的许多人士，都表示没有听说过，包括那些老居民们。难道是资料上的记载有误？

好不容易才在吴山中学找到了一位退休历史老师，他名叫李发中，今年已经78岁了。1958年的时候，李发中先生从安徽师范大学毕业后分配到了这里，把一辈子都献给了地方文史教育事业。听说我打听桑科铺，他表示，这是以前吴山镇这个地方的古驿道的名字。当年，从合肥水西门至桑科铺、瓦埠镇是一条古驿道，即当时官方传递文书的交通大道。因为吴王杨行密的墓在此，坟头很大，远看像一座小山，俗称吴山。又因为当地有一座纪念吴王杨行密的庙宇，久而久之，大家都称那里为吴山庙，新中国成立后有了镇一级行政区划，吴山庙改称吴山镇，桑科铺这个正式名称反而渐渐淡出人们视野。

　　李发中先生研究吴山镇历史很久了，他说，那条古驿道位于今天镇子的东边，还残存一小段，依稀可以看出当年的模样。他曾无数次站在如今已经十分荒凉的废墟上，仿佛看见插着专用小旗的马匹上坐着汗流浃背的传递人员，手里举着勘合或火牌，一路吆喝着消失在驿道的尽头。

　　早年的吴山镇还留有不少古迹，像街口就有一座"吴山镇节烈坊"，1972年因抗旱而将其拆除，石柱也移作井栏。至今上面石刻字迹犹清晰可辨："翁姑已逝，论大义、端合殉夫，但数月间，茹苦含辛，为有遗孤终不死。襁褓又殇，恫弱息、永难继嗣，只十日内，屏浆绝粒，毕全烈节与偕亡。"但是此坊旌表何人至今不详。

　　对于吴山镇笔者并不陌生，著名的铁字传人邓之元先生就是笔者朋友。2011年纪念中国共产党建党90周年的时候，笔者在他的工作室里听他讲述吴山镇的风云掌故。

　　他带笔者来到吴山庙武装起义纪念碑前，给笔者讲述了发生在1926年11月惊心动魄的一幕。当年，为响应党的号召，迎接北伐军的到来，李云鹤、蔡晓舟等共产党人，联合国民党左派等一批进步人士，在这里发动了威震皖北的武装起义——吴山庙起义，打响了安徽人民反抗反动军阀统治的第一枪。

　　关于吴山庙武装起义纪念碑，邓之元先生说，许多文史资料都把这里写成了"小营盘"。其实早年间大人们就告诉他，由于这里地势较高，当年就成了起义军的驻地，老百姓习惯称之为"老营盘"。一老一小，一字之差，却是背离了历史真相。

　　其实，吴山庙这个地方是块红色土地，曾经还留下了叶挺将军的足迹。

　　1927年，叶挺将军为寻访战友，途经芜湖，结识了在芜湖租房开杂货店谋生的魏立成，两人多次交谈，对时事看法大致相同，于是成了朋友。临别时魏立成资助叶挺将军50元旅费。魏立成就是吴山人，后来从芜湖回到了家乡，在中共地方党组织董吉贤等同志影响下，参加了抗日游击队。

位于长丰的体育公园 张忠建摄

1939年夏,叶挺已任新四军军长,来江北视察,偕董必武、张云逸、罗炳辉等来到吴山庙。得知魏立成在郑抱真的抗日自卫队任职,立即派人请魏立成。经过交谈,魏立成欣然答应带着游击队100多人参加了新四军。叶挺将军即委任他为军部副官兼江北指挥部独立营营长,又送给魏立成驳壳枪1支、军毯1条作为纪念。

其后,魏立成遵照叶军长指示,利用他的人脉关系,积极扩大部队。到了1942年,魏立成已成为路西区独立四团团长。他为了解决经费和武器不足,把田地、房屋连同杂货店一起卖掉,充作公费。那一年,张云逸副军长介绍魏立成加入党组织,成为江北部队中知名的党内人士,直到1946年秋转战苏北后因病去世。

吴山在1941年的时候被日军侵占,古镇遭到很大破坏。

1964年9月12日,长丰建县,吴山从寿县被划出,从此,步入了新一轮快速发展时期。

长丰文人中钟情吴山的人很多,县作家协会主席刘宏江说,吴山可圈可点，笔者却尤其欣赏吴山庙里的对联。

吴山庙，原名大圣庵，是为纪念一代枭雄杨行密而建，后改称吴山庙。历史上，吴山庙屡毁屡建，历经兴衰。清乾隆、嘉庆年间，对吴山庙进行过两次大规模修缮。千百年来，吴山庙香火鼎盛，声名远播。每年古历"二月二"吴山传统庙会，古镇热闹非凡。"文革"期间，大庙遭到破坏，几成废墟。

20世纪90年代初，当地政府在原址恢复重建吴山庙，建有天王殿、地藏殿、大雄宝殿、观音殿，另有斋堂僧寮数间。重修的吴山庙，红墙黄瓦，庄严肃穆，具有典型的唐代建筑风格，再现昔日古刹的风采。佛学大师、时任中国佛教协会主席赵朴初先生，亲自题写"吴山庙"匾额。在当时"合肥十景"的评选中，包括吴山庙、吴王墓、百花公主坟、杨堑街、牌坊等景点在内的"吴王遗踪"榜上有名。

这段经历我是知道的，2019年，合肥市委宣传部、合肥市文旅局、合肥电视台联合启动"新时代合肥十景"评选，笔者很荣幸被邀担任评委，其间大家还回顾了那次评选过程发生的一些故事。

据刘宏江先生介绍说，历史上的吴山庙，建筑宏伟，金碧辉煌，大殿森严，殿内雕梁画栋，一尊尊菩萨塑像栩栩如生，山门及各处廊柱上，镌刻有多副楹联。这些楹联，文字古雅，内涵丰富，书法精妙，回味无穷。遗憾的是，重修后的吴山庙古联早已不存。他曾经从熟悉的朋友那里抄录数副楹联：

"老佛归来，画里殿堂皆福地；真神到处，眼中丘壑即名山。"此联是吴山庙正殿联，意为此地虽无巍峨俊秀的名山大川，自然风景也并无特异之处，但却是一处清净幽雅的修行之地，是一处难得的福地洞天。

"看曼陀花，无我无人观自在；证菩提果，非空非色见如来。"此联也是吴山庙正殿楹联中的一副。此联文辞优美，意蕴深远，表达的是对佛门净地的敬畏。同时，劝诫那些诵经修行的人，只有一心不乱，俗累全抛，静思禅悟，虔诚修佛，才能达到无我无人、明心见性的妙境。

"吉凶忧喜本同门，种瓜得瓜，种豆得豆；天地阴阳无二理，余庆者庆，余殃者殃。"这副联语，对仗工整，比喻生动，旨在告诉人们，佛家讲究因果报应，种善得善果，种恶得恶果。

"法雨沛西天，救群生脱难消灾，润泽频施甘露水；慈云自南海，免此地善男信女，皈依远到普陀山。"此联是观音殿联。观音即观世音，也称"观自在菩萨"，是佛门的四大菩萨之一，最大德行就是"无缘大慈，同体大悲"。观音菩萨普度众生，解救世上的一切苦难，给人们带来幸福和快乐，所以深受人们的爱戴和尊重。

"人世横流，看一代雄豪，称王称帝；佛门清净，诵千声梵呗，悟道悟禅。"此联是吴王殿联，也是寺庙内唯一一副咏赞吴王的对联。上联怀古抒情，高度概括地赞誉有勇有谋、成就霸业的吴王杨行密的历史功绩，表达了家乡人民对吴王的爱戴和怀念之情。下联赞咏歌颂佛德无量，劝勉人们只有不断实现人格的自我提升，达到一种超凡脱俗的境界，才能明了世间的种种道理和人生真谛。

赏联思古今，应该是此行的一大快事！

说是乡村，倒像公园般美丽

上派镇旁有一片岗峦起伏的地方名叫三岗，说是乡村，却不见半亩田地；说是城郊，倒像公园般美丽。

从合肥到三岗，10多千米的路程，让你感到仿佛是合肥周边的一个度假村庄。从明珠广场一直绵延到上派镇的南边的那一段，以前是合安公路的一段，现在改叫金寨南路，由此可见，那是融入了大合肥范围的。

岳瑾曾任三岗村党委第一书记，是民族英雄岳飞的后裔。她一见面就给我们出了道谜语：猜猜三岗名称的来历。我试着回答：是不是境内有三个岗头？岳书记点点头说：猜对了一半，岗头是有三个，可原先不在一个村子里。

这里的地貌特征为岗冲相间，属典型的江淮分水岭丘陵地区。所以自然村落也是随着所在的岗头命名，再前缀以姓氏，于是阮姓人家聚集的地方就叫阮岗，同理，松姓和孔姓人家多的村庄就叫松岗和孔岗。后来，三个村子合并成一个大村——三岗，全村共有48个村民组，1231户，人口5000人。不过仍然是岗地居多，土地面积10.67平方千米，耕地只有5000亩。

刀耕火种时期，光是缺水就注定了这一带的贫穷落后。淮河以南的主打作物水稻是无缘这里了，棉花、玉米、红薯等耐寒作物不足以养活全村男女老少。一直到20世纪70年代末期，全村人均年收入还不足100元。民谣唱道："吃粮靠救济，用钱靠贷款，住的是草房，揭不开锅的去逃荒。"

郑岗村民组汪国碧老人干了几十年生产队长，回忆起以前当家人的日子，深深地吸了一口气说，穷家难料理呀！

那时还属于人民公社时期，实行的是集体经济。每天天刚麻麻亮，汪国碧就准时站在生产队的稻场上，使劲吹着那个已经被嘴唇磨得锃亮的铁哨子。经常是半个小时过去了，社员们才三三两两集合完毕。然后一起去田里劳作。

"以前也有少量的水稻，那种起来可费劲了。即使是淠史杭渠道修到了这里，但因为地势太高，实现不了自留灌溉，提灌的成本太高，最终还是改种旱季作物。"汪国碧记得最清楚的是晚上全村劳力集中在生产队的牛棚里评工分："男劳力10分工；女劳力9分工、8分工；至于老人们，由于主要只是看看鸡、喂喂鸭，工分要更少一些，基本上都是6分工。"

尽管这样，一年忙到头，也只能分到400斤左右的口粮，家里孩子多的，便要在煮饭时掺杂一些杂粮和蔬菜，当地人形象地称之为"瓜菜代"。

聊到逝去的岁月，汪国碧说好像就是昨天发生的事。那时的三岗村一年里有两天是最热闹的，一个是午季，即6月30日，小麦和油菜都收割完了，大家盼望着分红，年景好的时候还可以分几块钱零用钱；一个是秋季，也就是10月30日，即大家常说的收获季节，一年到头来个总决算。

岳书记介绍说，别看三岗只是一个村级组织，却是肥西县最早建立村一级党委的。

三岗从前也有培育苗木的习惯，却都是一家一户零星经营，规模小，销路差，几乎没有知名度。翻开《肥西县志》，临近的馆驿乡多育果苗，主要是桃、梨、柿等果种，尤其是大白桃为特产，销县外潜山、太湖、庐江以至皖南、江西等地。而今日三岗村里许多土地过去就属于馆驿乡的范围。

真正以苗木花卉为外人道始于20世纪80年代，当时的三岗村里的一些能人利用自家分到的土地栽培花卉苗木，产量一年比一年大，不过还是自产自销。每到春天，苗农、花农肩挑车拉，一捆捆的苗木、一盆盆的花卉，从四面八方涌向上派镇以及合肥的花木市场。当时的上派镇不像今天有专门的花木市场，苗农、花农便占路经营，来往的车辆经过骑路集市，只好放慢速度小心翼翼地通过。

笔者也去合肥城郊采访过，那里的乡村由于靠近城市，土地也少有再种植传统农作物的，大多流转，成了能带来更多效益的产业用地。但三岗没有可供流转的土地，就像他们自己说的那样，现有的土地还不够培育花木之需呢！

岳书记陪同我们沿着通往村部的道路看一看。她刚到三岗的时候，也是被这里的景色惊呆了。她总结说三岗有三个过人之处：一是面积之大，方圆10多平方千米全部栽种了各色花木，最名贵的有香樟、桂花、紫薇、红头石楠等；二是种植的密度达到了见缝插针的地步，不论田间河畔，房前屋后，均是郁郁葱葱；三是品种丰富，已经形成系列，有观赏绿化苗、经果林苗、用材林苗和花卉、盆景、草坪地被等6大类400多个品种。

看着满面缤纷的色彩，我突然有了一丝担心：冈峦起伏的三岗，是如何解决花木的饥渴呀？哪知道岳书记胸有成竹地告诉我，早在20世纪50年代，这里就有了谢高塘、宣湾两座小型水库，近年来经过重新治理，再加上修建了20多座当家塘，足够苗木放开肚皮喝的了。

似乎拗不过老百姓多年养成的习惯，徜徉在碧波荡漾的水库边，汪国碧老人坚持说这是一口池塘，从小就叫顺了嘴的谢高塘。

1958年，正是如火如荼的"大跃进"时期，乡亲们硬是依靠肩挑手提修好了这座能够灌溉全村5000亩农田的小水库，根据水利部门的记载，总库容282万立方米，坝高加固到8米多，当年还属于馆驿乡，后来才划归上派镇。

繁花似锦的三岗村可能骨子里就有浪漫情怀，那里的乡亲们给我讲了好几个民间传说，印象最深的有两个。

一是桂花的故事，只是将唐代《酉阳杂俎》里吴刚伐桂搬到了三岗。

还有一个倒是本乡本土、原汁原味。汪国碧在谢高塘畔指着满眼的碧波对我说，以前塘边有一座庙，供奉一位江西老表，名叫谢枋得。据村里的老人说，谢家是在元代时来到这里的，当时的这片水面因为地势很高，名曰高塘。

当地一位姓吴的人家十分赏识初来乍到的谢姓后生，把宝贝女儿嫁给了他。而这位姓谢的后生也好生了得，把祖传的药材生意经营得有板有眼，财源广进。而吴家女儿的肚子也很争气，一连给谢家添丁进口，在当地逐渐繁衍下来，而门前的那口高塘，也慢慢变成了谢高塘。

谢家发达以后，在明朝的时候修了一座供奉祖宗的庙宇。后因塘水涨漫，迁庙塘北。但后来不知怎么毁坏了，清朝康熙年间又再次修建，并且增塑祠山大帝张公、文公圣像。有人说张公即跳海殉国的抗元英雄、南宋太傅枢密副使张世杰；文公即文天祥。

又一百多年过去了，庙宇早已不见踪影，但谢高塘还是那么清澈怡人，像甘露一样，滋润着三岗的老少爷们，灌溉着遍布岗头的花卉、苗木。

走进"口述史之父"唐德刚的家乡

柿树岗乡是"口述史之父"唐德刚先生的出生地。

唐德刚（1920年8月23日至2009年10月26日），男，美籍华人学者，历史学家、传记文学家、红学家；1920年生于安徽省合肥市肥西县西乡山南馆唐老圩，就读于舒城中学。1939年，入重庆国立中央大学（南京大学）历史学系；1943年毕业，获学士学位；1944年，在安徽学院史地系讲授《西洋通史》；1948年赴美留学，1952年获哥伦比亚大学硕士，1959年获史学博士；后留校任教，并兼任哥伦比亚大学中文图书馆馆长，负责口述历史计划中国部分；1972年，受聘为纽约市立大学教授、亚洲研究系主任；曾任纽约文艺协会会长；2009年10月26日，因肾衰竭卒于美国旧金山佛利蒙家中，享年89岁。

柿树岗乡文物名胜众多，主要有商周时期村落台地遗址黄花墩遗址，商朝至战国时期村落台地遗址瞿家城遗址，商朝时期村落台地遗址张马墩遗址。此外还有龙潭古寺、堰西大墩、葛墩、周家墩、王家岗、孔大墩、许郢小墩等多处古遗址。

沿金寨路高架一路向南，进入国道G206，经过四合乡，进入省道S315，向西行驶7千米即可。

一说到肥西文物，在全国都有影响的莫过于散落于乡间、被誉为"淮军

铭传乡的春天 肥西县文旅局摄

私家庄园"的圩堡群了。刘铭传、张树声、周盛波、周盛传、唐定奎、董凤高、潘鼎新……几百个大小团练首领率领着一条条长龙般的队伍,走向安庆、驰往上海,在中国大地纵横驰骋近半个世纪,这就是中国近代史上赫赫有名的淮军。

据史料记载,圩堡占地在30~200亩之间,建筑面积也不尽相同,但建筑风格基本一致,都是将徽派建筑的灵秀之美和北方建筑的粗犷大气融为一体,建设时在空地周边挖沟引水,形成两条宽阔的壕沟。

只是,随着时间的推移和多次人为的破坏,如今这些圩堡大多破败不堪,遗存甚少。而保存最为完好的,要数柿树岗乡的唐五房圩了。

唐五房圩是1885年中法战争结束后,当时的福建陆路提督唐定奎因病辞职归乡后所建。唐定奎是袁店乡人,唐殿魁的弟弟,排行第五,外号唐五肚子。

唐五房圩是肥西四大名圩中最大的一个圩子,占地200亩。打开一栋两层建筑的门,这是唐五房圩的中心建筑,也是现存的唯一建筑——转心楼。门头上有李鸿章亲笔书写的四个遒劲大字：紫气东来。转心楼是一个合围式两层建筑，共32间。建筑修旧如旧，基本保持原来的风貌。

我们沿着木质楼梯，登上转心楼二楼，唐五房圩的负责人指着走廊上的铁皮地板告诉我们，这已有100多年历史。来到主厅，他介绍这是主人会见客人的地方。主厅两旁各有一扇门，进去是厢房，两边厢房连接主厅后面一间狭长的暗室，从一边厢房穿越暗室可到达另一边的厢房，暗室是隐藏家丁和贵重物品的地方，一层和二层结构相同，所以被称作转心楼。

1949年，刘邓大军路过唐五房圩，受到了当时开明圩主唐松岩的接待，并提出把整个圩子献给政府。刘、邓等首长表示欢迎，并协议地方政府把圩子作为军用仓库之用，所以解放初期这里是粮站，后来又成了乡政府办公场所。

还没来到柿树岗乡便早有耳闻，这里有一家乡镇"博物馆"十分有特色，这就是柿树岗乡文物陈列室，它位于柿树岗乡文化站二楼，虽然面积不大，却是柿树岗乡人心中的一个"宝"。

来到文化站，一进门便看到一个精致的文物点分布缩微沙盘，透过这个沙盘，能将整个柿树岗乡古迹尽收眼底。据工作人员介绍，柿树岗乡文物资源丰富，圩堡数量居肥西县第一，其中最有特色的是在全县范围内保存较好的三座春秋战国时期古代城址：瞿家城古城址、松墩古城址、张马墩古城址。城的形成代表国有的形成、权力的集中、集市的形成，这也就不难看出，当时柿树岗这块土地的繁荣昌盛。

来到二楼，几十平方米的房间里陈列着瓦片、陶罐、石碑等实物及古井、古城址、圩堡群等图片共有一百多件。虽然看起来有些山寨，但里面的文物却都是货真价实的。从新石器、商周时期，晚至明清、民国。若从博物馆学角度来讲，这个乡镇"博物馆"显得有些粗糙和简陋，没有规范的陈列，也构不成完整的体系，但正是这个在淮军故里自发形成的、带有质朴乡土气息的"博物馆"却给我们以震撼——因为它质朴，因为它乡土。

不可否认，大都市里的博物馆在保护民族文化遗产、陈述和展示历史方面的确功不可没，但位于民间的乡镇"博物馆"对于当地群众来说同样意义重大，毕竟这是在他们家门口，讲述的是自己祖先的故事。

肥西生态湿地 肥西县文旅局摄

因此，这个博物馆会以其自发的建成和质朴的乡土气息，在村民心目中占据越来越重的分量，诚如工作人员所说："现在有不少村民都主动把自己家里的文物送到陈列室来了。"

莲湘舞，作为传统的中国民间舞蹈，在肥西柿树岗乡也广为流传。20世纪30年代，肥西北边连年干旱，灾民到南边拿着莲湘棒卖艺讨饭。这根棒子最初的作用就是乞丐的"打狗棒"。灾民沿街乞讨，以"莲湘棒"敲击臂腰腿足等处，边唱边舞。新中国成立后，这种以"莲湘棒"击节而歌的形式发展为莲湘舞，节奏入乐，清脆入耳。谐音为"帘枪""年响"，后经专家考证确定为"莲湘"。

据了解，莲湘棒是一根约长三尺、比拇指粗的竹竿，两端镂成三个圆孔，每一孔中各串数个铜钱，涂以彩漆，两端饰花穗彩绸。舞时可由数人、数十人乃至上百人参加。表演时，男女青年各持莲湘棒做各种舞蹈动作。

作为肥西传统的民间艺术，莲湘舞在20世纪50年代曾风行一时。每逢春节，农村的男女老少都会用打莲湘舞来表达自己的喜悦心情。

随着人们娱乐生活的丰富，在近20年里打莲湘舞逐渐远离了人们的视野。文化工作者深入居民和农村进行寻访，终于找到了两位会打莲湘舞的老人，成立了由20人组成的"打莲湘民间艺术队"，频频亮相表演。如今，在保留莲湘舞传统动作的基础上又有了新的发展，使打莲湘舞成为柿树岗乡"一镇一品"特色文化项目中引人注目的文化品牌。

第一侨乡六家畈

被誉为安徽省第一侨乡的六家畈坐落于巢湖岸边，宛如一颗璀璨的珍珠镶嵌在千年古镇长临河，侨乡文化在这里更是熠熠生辉。据吴氏宗谱记载，南宋宝庆元年（1225）吴氏一世祖吴宛廷夫妇自徽州婺源迁到茶壶山东。二世祖吴再三生六子迁到此处从事农耕。因人丁兴旺，蔚然成村，故名六家畈。

我们踏上了碎石小路，游览了古民居的小巷长廊。褪色后的青砖灰瓦倍显沧桑，斑驳的墙面，留下一年又一年的印记，一排排房屋有倒塌的迹象，不过排列整齐，房屋檐角向上轻轻翘起。古民居周围是一排参天的梧桐树，枝繁叶茂，树干粗大，年代悠久。

吴氏祠堂位于老街北头西侧，占地1000多平方米，可谓气派宏伟、富丽堂皇。推开散发着桐木香的木门，映入眼帘的便是悬挂在中堂正上方的三块匾额，它们罗列整齐，一竖成排。在中国古代匾额的摆挂甚是有考究，匾额的摆挂方式暗示着主人官职的高低，通常竖着的匾额表示官职要略高一筹。而吴氏祠堂的三块竖挂的匾额，正无声地向后世述说着先人们骄人的功绩。

据吴氏宗谱记载，从南宋时期开始，800多年来，吴姓在此聚居而栖，繁衍生息，能人将才的传统也一丝不苟地传承下来。四世吴桢良为明朝靖海侯、江阴侯，五世祖吴镒为监察御史，继后显宦辈出，至晚清时期，六家畈出了多位淮军将士，如今更是成为淮军文化的旅游胜地之一。

巢湖中庙　庄道龙摄

  1862年，李鸿章受曾国藩的指示到合肥招募淮军。六家畈这一带居民积极响应号召，当年追随李鸿章、参加淮军的就有数百人。而其中更是诞生了18位杰出的淮军将领，如吴毓芬、吴毓兰、吴同仁、吴育仁、吴谦贞等，而其中以吴毓芬、吴毓兰兄弟最为著名。

  吴毓芬兄弟是吴氏家族第十七代子孙。兄弟二人胸怀大志，心系天下。清末，吴毓芬目睹天下丧乱在即，便潜心研究军事。咸丰末年，以"富者济贫，贫者护富"为号召，在六家畈一带组织团练，保卫乡间。

  吴毓芬兄弟除了研究军事外，还钻研学术、善工诗词。据吴光明老人介绍，吴毓芬兄弟爱读书钻研，弟弟吴毓兰年少时即习文章。吴毓芬也有《也是园诗钞》，现存安徽省图书馆。

  吴毓芬兄弟早年组织团练、保卫乡间的经历加上自身的学识为后来追随李鸿章，统领华字营奠定了基础。华字营的将士主要是由六家畈、长临河一带团练组成，他们是李鸿章最早的骨干部队之一。在镇压捻军时，吴毓芬兄弟统领的华字营驻守扬州，立下战功。吴毓兰更是因为俘获捻军首领赖文光，以记名道员简放，赏加布政使衔。

  在古镇大街上有一条叫"养正路"的街道，这条路有着特殊的历史纪念意义。从当地人口中得知，当年吴毓芬衣锦还乡后，在六家畈建了养正小学，那时村里小孩上学都不收学费。而现在的"养正路"，就是为了纪念吴毓芬，警示着后代以先人为荣，勤奋学习、努力向上。

六家畈古镇，如同珍藏文物的博物馆，抖落了历史的尘埃，留下了珍贵的文化遗产。而淮军文化就是古镇璀璨的明珠，让小镇多了一份让人捉摸不透的神秘与诱惑人心的魅力。

六家畈的古民居群很有名，这里曾经还是康复医院。

六家畈古民居豪宅共有六大片，有房屋13幢、33路，计205间正屋、111间厢房及5条走巷；花园两处；公、私祠堂各1处；望湖楼一座。这些房屋均属徽派建筑，砖木结构，砖雕木雕精细，青砖灰瓦，齐山飞檐，每栋房屋两边设有风火墙，建工考究。六家畈的古民居，因多种原因已面目全非，有的仅剩房屋轮廓，有的成了仅剩两棵名贵树种的空院，有的因无人看管而自然倒塌，等等。到目前为止仍有古建筑形象，尚可通过整修恢复原貌的有3片，共8幢21路95间正屋、55间厢屋。

在六家畈老街的后面，修葺一新的"六家畈古民居群"现身眼前。老人家吴怀信介绍说："这就是曾经康复医院的一部分。如果问当地人战地医院的事，没有人知道；但如果说康复医院，就人人知晓了。"

他口中的康复医院全名曾为安徽省第一康复医院，专门收治在战争中负伤以及在战争年代落下病根的革命军人；先后有1000多名来自战场的军人在此疗伤，部分官兵因伤势过重、医治无效而献出生命，长眠于此。牺牲后的烈士骨灰撒在了附近，茶壶山下的纪念碑也正因此而来。吴大爷说，牺牲的烈士中以东北人居多，都是从朝鲜战场上下来的。

吴怀信老人指着眼前的"六家畈古民居群"说："这就是康复医院四所的旧址，而曾经的康复医院在六家畈共有6处，都是当地存留下来的具有相当规模的古民居群。"看着新修建好的古民居，他用手比画着，指着几十米以外的地方激动地说："过去从那儿到这头是一路房屋，很长，然后一路一路下去，一户人家可能就有近百间屋子。"

康复医院为何建于此？当地人解释说，这里距离当时的撮镇火车站很近，而且毗邻巢湖，环境优美。另外，这里的大地主大多跑到台湾，甚至海外，留下了很多无人居住的大宅院；当时新中国刚刚成立，短时间内很难在一个地方建设一个大型医院，六家畈无人居住的地主庄园就被看中了。吴怀信说："当时从朝鲜战场下来负伤的志愿军，就坐着火车一直到撮镇，再被送到这里治疗。"

六家畈有个利用淮军吴球贞故居开办的"安徽票证博物馆"，里面的各式粮票唤起了我们内心深处的记忆。

安徽票证博物馆馆长唐永昆先生出生于20世纪60年代，见证了粮票的兴盛。

他记得每年入学时，父亲都会将粮票和钞票一起交给学校食堂，作为替他交纳的伙食费。学校食堂收齐学生交来的粮票和钞票，会集中去买米买油，供应学生伙食。

"计划经济年代，粮票就等同于钱，交了粮票就等于交了伙食费，你可以在学校食堂吃饭。"有一回，夏天里实在太热了，路过小店的自己没忍住嘴馋，用原本交伙食费的粮票换来了冰棒，当时吃着冰棒觉得好吃极了，根本没去想以后的伙食该怎么办。

"那时的粮票作用特别大，相当于'第二货币'了，所以粮票也特别珍贵。"

唐永昆先生回忆说，粮票流通时期，光有钱可不行，吃饭就餐、买副食品等除了花钱还得用粮票。被称为"粮本"的粮食供应证是十分重要的东西，往往被珍藏，因为没有粮本就无处买粮。

"捡粮票比捡钱还高兴，因为当时就算有钱也不一定能够买到想要的东西，必须要凭票买。"

那个时候，粮票还根据地区分为全国通用粮票和省、市级粮票。全国粮票可以走遍中国，地方粮票则只在某个地区管用，比如江苏粮票到了上海就无效。

各个地方粮票的单位还不一样，比如江苏粮票，最小的单位是一两，上海则还有五钱、二两五钱的粮票。

肥东文旅小镇上的民宿 柳丝摄

　　如今回忆起那段往事，感觉更多的是趣味："小时候，有一次我父母不在家，邻居过来借一斤粮票。我不懂全国票和省级票的区别，把全国的借给她了，后来她还了我一斤省级的粮票。这在安徽省是没什么区别的，但对于我父亲这样经常外出的人来说，这可就麻烦了。"

　　如果要外出，没有全国粮票是去不了的。由此，唐永昆也更加感叹现代生活的便捷与幸福。

　　唐永昆介绍说，1953年我国开始发行粮票，一直到1993年停止流通。粮票也在告诉着人们，要铭记老一辈人的不易，更加珍惜现在的生活。

　　逛累了，自然要去找寻"不得不吃"的美味。

　　当地从事旅游宣传工作的张优秀女士对我们说："我们这里有一道招待贵客菜肴，名叫虎头鸡。它的做法和口感都十分有特色，你们一定要尝尝。"

　　这里的美食不仅品种丰富，关于美食的故事也很有味道。特别是富有当地特色的虎头鸡不仅有独特的两种吃法，也是当地人待客的最高礼遇。与速食炸鸡不同的是，侨乡虎头鸡用的是当地的山鸡。切块后的鸡块形状不规则，腌制后再经过油炸，形状类似虎头，当地人称虎头鸡。虎头鸡色泽金黄，味道浓郁香醇，肉质肥实鲜嫩，口感酥爽，一直深受当地人民喜爱。

与其他鸡的吃法不同，六家畈虎头鸡有两种吃法。据安徽"不得不吃"的特色美食名店侨乡别院厨师长昌永祥介绍，虎头鸡的做法是将山鸡斩块，放清水中浸泡1小时待用。随后将鸡块控水，放入盐、鸡蛋、耗油、葱、姜、蒜、面粉和生粉搅拌成糊状。冷锅放菜籽油，油温升至七成热放入鸡块，炸至鸡块呈金黄色并鸡块漂浮即可。

第一种吃法，便是干炸鸡块，配二味碟佐料。好不好吃的关键，除了炸的透不透之外，还与这佐料极为重要。

第二种吃法，则是给炸好的鸡块浇上酸汤汁。秘制酸汤汁配上炸鸡块，既有传统高档食材的厚重感，又有清新细腻的层次感。吃上一口，体验到的是两种不同的味蕾享受。

虎头鸡在当地还有一个传说。据安徽历史文化研究中心主任翁飞博士介绍，明朝皇帝朱元璋麾下亲信开国功臣海国公吴祯系合肥东乡六家畈人，是明初抗倭第一人。他所率领的虎头军（朱元璋亲卫队）更是作战英勇，战功不计其数。在一次大战前生死动员时，他将家乡虎头鸡做给将士吃。后此战大获全胜。虎头鸡犒劳士兵打胜仗的故事传播开来。合肥东乡六家畈一带也将此菜宴请宾客的风气流传至今。

海国公吴祯与六家畈虎头鸡的故事已跨越六百多年，这道菜也称为六家畈一带宴请贵客的菜肴，并且还获评游安徽"不得不吃"的特色美食。

万山是个好地方

从合肥包河大道上高速公路,到庐江店铺出口下高速,前往319省道,向左转进入319省道,到达安徽省庐江县万山镇。

万山是个好地方,不仅山美树美,而且历史悠久,人杰地灵。古往今来,山明水秀的万山镇,给后人留下了许多珍贵的遗迹和传说。

第一站是去看长岗村半山亭。

据光绪甲午年间续修《潜川丁氏宗谱》和光绪十一年《庐江县志》记载,这里为潜川丁氏四世祖遗迹,2001年8月被庐江县政府公布为第二批县级重点文物保护单位。

此地名称混杂多变,初到者往往被弄得晕头转向。陪同采访的县委宣传部副部长周跃东说,这里旧名黄铜山,俗称黄土山,近来又有人著文称之为睡佛山,因为晨雾起时,沿军二公路近看闸山,如一尊大佛,或卧或躺,形神活现,是一道美丽的风景。当地有一种说法,桐城派文脉迤逦而来,为黄土山拦腰斩断,形似一道铁闸。因此,就把该地称为闸山。

后来,潜川丁氏二门四世祖丁恕(名继仁)隐居此山,乡人又称丁家闸山。

闸山高198米,山巅有一溶洞,泉水四季长流。著名的景点是"丁香十八踏",从前建有十八级台阶。旁边有一古寺,名为龙华寺(旧名半山寺)。

寺内有一口泉井，泉甘味醇。与之呼应的是山下有龙华庵，竹木葱茏，风景优美。

而最美的景致，还是看闸山日出，旭日冉冉升起，光芒四射，给人以"口吐佛珠、祥光普照"之感，再伴以寺庵悠远的钟声，那真是"旭日佛光幽鸣鸟，钟荡霞绮贯长虹"。

清人周觉吾有诗咏此景：佛峰云翠口流光，野色频分半山香。闻名吴楚人杰地，丽日和风胜汉唐。

半山亭坐东朝西，为明成化十八年丁继仁所筑，现亭基尚存。

丁继仁，号半山居士。与北宋文学家王安石同号半山。亭边石崖上有三处石刻：一为"半山亭"三个大字，魏碑体，为丁继仁长子珙所书。七修丁氏宗谱记载：珙工楷书，考授序班，即《半山集》请铭者，时为弘治朝大鸿胪居正。

另两处石刻为两篇短文，书体为行草略带魏碑意趣。一篇字迹清晰，七修丁氏宗谱《半山丁公墓志铭》记载：文略云"为屋三间，以为读书之所，后之与我同志者，幸勿毁也。成化二年施恕记"。今看石刻题明"大明成化十八年创始，次年工毕"。还有一篇石刻字迹略为模糊，但还可以辨识。乡人笑称如有人读通此文，山门会自动打开，闸山石洞内珍宝将会呈现面前。

清末四公子之一、淮军将领吴长庆之子吴保初慕名访问半山亭读书处，感慨万千，题诗一首：野径残花寂历开，偶将屐齿印苍苔。争墩往事谁能说，为访幽踪我独来。

第二站去看宏大的刘秉璋墓。

刘秉璋的墓位于万山镇长岗村刘洼村民组老刘凹山腰，我们走进墓园看到墓园周围三面环山，山脚有口大水塘。墓冢呈圆形，坐西朝东，直径8米，高约3米。规模很是宏大。"刘秉璋青年中举成名，指挥了著名的'镇海之役'，维修了都江堰，捐建了大量书院，培养了一批国家栋梁。"据当地居民介绍，之前墓园是一片竹林，刘秉璋的孙子在13岁那年与父亲一同来到这片土地，寻找到刘秉璋的墓，在此重修。刘秉璋是庐江矾山镇（现万山镇）人，清代淮军爱国将领，晚清重臣，历任江西巡抚、四川总督，系著名的抗法英雄。

2011年5月，墓园重修竣工并对外免费开放。墓园气势恢宏，由墓冢、祭坛、拜台、碑亭、墓道组成。在墓园区脚下还建有刘文庄公祠，陈列了刘秉璋生平的主要事迹。2007年11月被庐江县人民政府公布为第三批县级重点文物保护单位。

第三站去看奇特之长冲古树。

在长冲我们见到了很多的古树，每一棵都会令我们称奇。每一棵古树都有自己的形态，在这片土地上都有着自己的故事。

在长冲，我们看见了石碑，据现场考证此石碑长1米，宽80厘米，重约110公斤，每块石碑上刻有大小6处佛像，上下四个角各有一个稍小点的佛像，石碑的上中部是尊大佛像，大佛像双手放在盘腿上，佛像身后和头后是个大圆圈，神态端庄安逸，他右脸上侧是一尊小佛像，在大佛像的左右脸两侧各有一行磨刻，字迹隐约可见。盘腿宝座两侧各有一个站佛像，石碑底侧两边各有个站立的佛像，隐约可见身上的衣物曾经上有色彩。此石碑现保存在长冲村的撑曹沟村民胥世益家的院子里。据村民世代相传：建安208年10月，曹操统领80万大军水陆并进，直奔江陵，在江陵稍作调整后，留曹仁驻守江陵，自己亲率大军东下，12月孙刘联军和曹操在赤壁进行决战，结果曹操大败，失去了统一天下的机会。他引残兵败退江陵，又怕自己的后方政权不稳，于是带着三块雕刻有观音佛像的石碑继续往北退却，他十分信佛，坚信自己是靠着三块石碑才侥幸得以脱身，虔诚的他每天早晚对着石碑烧香祈拜。赤壁之战后，孙刘联军乘胜追击，曹军败退到长冲村的撑曹沟时，这时身边只有百十来骑，于是他叫人把其中的一块石碑埋藏在撑曹沟的山上。曹操退至汤池大小马槽练兵后，当地人挖出这块石碑供奉在山顶上的一个小庙内。"文革"时，这块石碑被撑曹沟村的队长用铁锤打成三段，并埋在该村民组的山上。后来，本村村民胥世益偷偷地将石碑挖出，埋在自家的院子里。

而在长冲村坎下居民组，这里的新农村建设给我们留下了深刻的印象，我们拜访过很多地方的新农村建设，然而这里却是最具特色的新农村。来到坎下居民组，随处可见错落有致的二层小楼。每走一处，我们都可以看见居民们种植的板栗、柿子树，看到我们到来，村民们十分热情地拿出自家采摘的板栗给我们品尝，让我们这些异地客备感亲切。下居民组有两样东西吸引了我们的注意：首先，就是这里的厕所全部都已经使用冲水厕所，这是在农村里很少见到的；其次，便是居民自己在楼房边上建造了汽车车库，方便自家小汽车停放，这些是在别的新农村建设中很少见到的景象。每天，居民组都会放音乐、广播供大家欣赏，陶冶村民的情操。在这里，人们生活过得很幸福，这才是真正新农村的典范。

"鱼米之乡"泥河镇

"鱼米之乡"泥河镇位于合肥的最南边，属庐南商贸重镇，历史悠久，素有"皖中明珠"之美誉，荣获"省环境优美乡镇"等多个称号，全镇面积182平方千米。

泥河镇的美食众多，朱三卤鹅、明珠烧鹅、海神黄酒、海神酱油等。尤其是朱三卤鹅，风味出众，多年畅销不衰，成为泥河镇一大特色美食。

由合肥进入绕城高速，朝南进入合桐高速公路，行驶27千米进入S103，一路行驶65千米即可到达。

早就耳闻淮军武将吴长庆的英雄事迹，我们驱车来到了武将吴长庆的故居，在沙湖山脚以西，有一个叫沙湖的村民组，我们带着对淮军将领的敬佩之情，特去一探究竟。

据史书记载，其父吴廷香乃清朝优贡生、庐江练首。咸丰五年，吴长庆袭云骑尉世职。咸丰十一年（1861）李鸿章创建淮军，吴长庆以所部500人组成"庆"字营，次年率部援上海。同治二年回籍募勇与李秀成部交战，守庐江，后率新募五营赴沪、浙克枫泾及嘉兴等地，以总兵记名。同治七年，随李鸿章转战苏、浙、鲁、冀、豫等省歼剿捻军。光绪元年，任直隶正定镇总兵。光绪六年授浙江提督，旋调任广东水师提督。光绪八年，朝鲜内乱，清政府遂派吴长庆率部东渡，以轮舶济师直抵其都（汉城），日兵遁回仁川。吴长庆自

庐江水上人家　周跃东摄

率大队进入汉城，迅速平息叛乱，粉碎了日本的阴谋。平息朝鲜内乱后，吴长庆奉旨留镇汉城，帮助朝鲜建立军队，巩固和加强防御，深受朝鲜人民的爱戴。

　　走进现在的吴长庆故居，几经变革，曾经的辉煌早已不再，但当今仍有不少物品完好无损。青砖小瓦马头墙，雕龙画凤屋上梁，吴帅府门楼遗迹令人十分震撼。门楼两边上翘的马头墙既美观、典雅，又不失安全、可靠。深紫色的粗屋梁、特别高的门头和门槛、两扇厚实的大门，有气势磅礴之感。该粗的粗大，该细的精细，错落有致。门头上方四根圆木（据说用来悬挂灯笼的）周围雕龙画凤，别具匠心。"这里的居民都姓吴，但并不是吴长庆的直系。"据当地的负责人介绍说。沿着当年吴长庆自己挖的月牙塘行走，一会儿会见到一个柱墩子，一会儿会有一个圆形的雕着花纹的旗杆石跃入眼帘。在故居院内到处铺的都是青石板，我们踩着青石板一路探访，发现当年吴帅府门前的一对石狮子在一户村民家前立着，公狮子抱着一颗球，昂首挺立，母狮子怀里倒抱着一个小公狮，一脸慈爱。在这里的每户人家庭院内，都能看到这样的古物，只可惜由于无人问津，很多都有些残破了。

　　光洁溜圆的旗杆石一块在塘边，另一块在草丛里，雕龙画凤的青石板一不留心就能一脚踩到，命运坎坷的桂花树差点被人高价收购，被风雨剥蚀的古建筑残垣断壁，故居文物犹如断了线的珍珠，散落在各个角落里……这一切，留给人们的只有凄凉、忧心和怀念。有资料记载，20世纪50年代初，朝鲜国家领导人来华访问，曾提出想参观一下吴长庆故居，后因周恩来总理得知该故居未得到妥善保护，便以交通不便为由婉转谢绝。2010年8月3日，韩国教授朴现圭来到泥河镇，参观考察吴长庆故居遗存的文物，多少带有一些遗憾。吴长庆曾几次击退太平军、镇压捻军，击散朝鲜禁军乱党，又率部灭蝗，根治黑水河水患等，功勋卓著。他驻朝两年，曾组织朝鲜人民修道路、筑桥、救灾恤丧。他对故乡也十分关心，曾捐资修庐江捧檄桥、绣溪桥、建万仞宫墙等，一直广为人们传颂。如果说故居是先人留下的宝贵财富和独特资源，那么，将这笔丰厚的历史文化遗存保护、修复、传承、延续，则是我们现今的责任。好在，如今吴长庆故居已被列为第二批重点文物保护单位，这也让我们感到些许欣慰。而后，我们又来到吴长庆墓葬，位于沙岗村，依山面水，坐南朝北。2001年被庐江县政府公布为县级重点文物保护单位。据史料记载，墓冢为青砖砌成。青砖外加糯米丝浇灌，墓高3米，墓前有碑，墓前有七级拜石，拜台上置石供桌、香炉等祭具，神道两侧有石象、石羊、石马、石狮、石四不像，还有乌龟驮石碑一对。后来，因历史变迁，所有地表文物遭遇毁坏。在今天的沙岗村一处田间，还能看到一些零零碎碎的石碑、石柱、石狮、石墩。

而出门在外的泥河镇人最怀念两样东西，一是"黄陂夏莲"的美。

"黄陂夏莲"是泥河的一大景观，黄陂夏莲指的是黄陂湖的莲花，莲花素有"出淤泥而不染，濯清涟而不妖"的美誉，也总能给夏季的人们带来一丝清凉与宁静。而黄陂湖是由于周岸曲折，常年夹杂大量的泥沙冲入河内，湖水上常泛起黄色的涟漪而得此名，黄陂湖历史悠久，文化底蕴浓厚，是国家级的湿地名区。

我们驱车来到这个具有魅力的地方，让人不禁赞叹此湖之美，湖中莲花盛开，如诗如画。此湖早在康熙年间就有记载，"治东南十五里，面积八里连沙湖，其中隔一垄达后湖——黄陂湖。"可见在当时，黄陂湖的地理位置明显。

而后人也在黄陂湖留下很多著名的诗句，很多脍炙人口的诗句也是通过对黄陂湖的探秘才得知，不少的文人墨客在此留下名作，表达自己对黄陂湖的喜爱之情。

两大景观就属"凤台秋月"。凤台山坐落在黄陂湖西南，这里的山五峰簇居，形成"夕"字状。而中峰又如同一座平台，在那里人都说，曾有凤凰每次都汇聚在这里，所以名为"凤台秋月"。

这里景色秀丽，每逢中秋，县内名流文人咸集，聚会于此。中秋月夜，月涌黄陂，粼粼波光映满月，华光四射，湖水橙红，形成湖天二月的奇景。重阳又是一番景色：山高月小，月至中天，月光透过参天古木，形成清风吹来扶摇疏枝、斑斑月影摇曳清姿的佳境。清代有歌颂此景的诗句：凤台山色何郁葱，清辉千仞秋玲珑。紫风来时月正明，露华山色共凄清。

据《泥河区简志》记载，新中国成立前，泥河的卤鹅、烧鸭经营者纷纷停业，唯有朱三者（姓朱名传长排行老三）制作卤鹅、烧鸭风味殊众，多年畅销不衰，"朱三卤鹅、烧鸭"四十多年来名冠同行，誉驰遐迩。

走在泥河镇的古街上，我们听到一阵吆喝，传来一阵扑鼻香味。只见一位皮肤黝黑面带微笑的中年男子，踩着一辆三轮车，车上写着这样几个字：朱三卤。车里卤菜的香味让我们顿时来了食欲，我们特地来到门店里，探究一番。

朱三本名朱传长，一开始是泥河道人，后上山下乡成为大岭村人，新中国成立前就开始以卖卤鹅为业养家糊口。据他的二儿子朱远龙说，父亲由于会卤菜这一技之长，即使在那个饥饿的年代，朱家人也一直是撑不死饿不坏。朱家曾卤过黄鳝、鱼之类，因而没让哪个孩子饿死。在朱三的一生中，有四年零一个月没有经营卤鹅生意，因为他被一些反动派说成是投机倒把，并被抓到县粮食部门看守所关押十三个月。朱三被逮的这天，悄悄告诉家人说，那罐卤汤一定要挖深保存好。这期间，他家里的日子过得是捉襟见肘，甚至要饭。待他出来三年后，得到平反，朱三才从很深的地下挖出那罐卤汤，重操旧业。"那时候没有电冰箱，卤汤都是放地窖里存放着，地窖挖得越深越好。"朱远龙说。

如今的朱三卤已经成为普通百姓家饭桌上必备的菜肴之一，也是泥河人宴请宾客的特色菜系，浓浓的卤汁总是能抓住很多人的味蕾。

合肥大事记

公元前1046年，分封庐子国。

春秋战国时期，先后属楚、吴、越，后又属楚。

公元前221年，秦始皇废分封，立郡县，合肥属九江郡。

公元前206年，项羽在九江郡地置九江王国。

公元前203年，汉高祖改九江王国为淮南王国。

公元前174年，汉文帝改淮南王国为淮南郡。

公元前163年，复将淮南郡改为淮南王国。

公元前122年，汉武帝改淮南王国为九江郡，辖合肥等县，合肥县名始见于此。

公元前106年，置十三州，合肥县属扬州九江郡。

25年，东汉光武帝改合肥县为合肥侯国。

200年，汉献帝废合肥侯国，复改为合肥县，扬州治合肥。

三国时，合肥县属魏国淮南郡，为扬州治。

280年，西晋武帝改九江郡为淮南郡，合肥县属淮南郡。

东晋，南北分裂，合肥为双方争夺的重镇，县废。南朝宋置南豫州，于旧合肥县地置汝阴县。汝阴属南豫州南汝阴郡，为郡治。

506年，梁武帝改属汝阴郡，526年，以寿阳置豫州，汝阴为南豫州治。

547年，置合州，汝阴属合州汝阴郡，为州、郡治。579年，北周宣帝时期，合州为北周占领。581年，改汝阴县为合肥县，改合州为庐州，合肥属庐州，为州治。大业初，改庐州为庐江郡，合肥属庐江郡，为郡治。

620年，唐高祖改庐江郡为庐州，治合肥。

627年，唐太宗置十道，合肥属淮南道庐州。

742年，唐玄宗改庐州为庐江郡，仍治合肥。

758年，唐肃宗又改庐江郡为庐州。

883—902年，杨行密先后为扬州刺史和吴王，辖合肥。

907—936年，后梁到后唐时期，合肥县属吴国庐州，昭庆军节度。

936—950年，后晋到后汉时期，合肥县属南唐庐州，保信军节度。

951—960年，后周时期，合肥县属后周庐州，保信军节度。

993年，北宋太宗时期，合肥县属淮南道庐州，为州治。

997年，改道为路，合肥县属淮南路庐州，为州治。

1072年，宋神宗将淮南路分东西两路，后并又分，合肥属淮南西路庐州，为州治。宋朝庐州属保信军节度。南宋高宗绍兴初，庐州寄治巢县。

1141年，合肥为金国占领，旋即收复。

1169年，宋孝宗时期，庐州仍治合肥。

1277年，元世祖升庐州为庐州路，隶淮西江北道，合肥属淮西道庐州路。

1290年，合肥县属河南江北行省庐州路。

1325年，合肥县仍属淮西道庐州路。

1352年，元顺帝时期，合肥县复属河南江北行省庐州路。

1363年，朱元璋占庐州，改路为府，置江淮中书行省于此，合肥县属江淮行省庐州府，不久改属江浙行省庐州府，为府治。

1368年，合肥改属中书省直隶庐州府，为府治。

1379年，合肥改属六部直隶庐州府，为府治。

1420年，明成祖置南京直隶，合肥属南京直隶庐州府，为府治。

1645年，清顺治朝，改南京直隶为江南省，合肥县属江南省庐州府，为府治。

1660年，设江南左右布政使司，江南左布政使司辖庐州等府、州。

1667年，康熙朝，江南左布政使司改为安徽布政使司，安徽正式建省，合肥县属安徽省庐州府。

1853—1861年，清朝咸丰时期，安徽巡抚治于合肥县。

1912年，庐州府废，合肥县直属安徽省。

1914年，全省分为三道，合肥县属安庆道。

1928年，废道，合肥县直属安徽省。

1932年，置行政督察区，合肥县属安徽省第三行政督察区。

1938年5月，日军侵占合肥县，国民政府将县政府撤至大潜山北麓鸽子笼圩子（今合肥市肥西县铭传乡）。

抗日战争时期，中国共产党领导人民建立皖江抗日根据地，进行民族革命战争。

1942年，合肥县改属安徽省第二行政督察区。

1945年8月，复治合肥城。

1945年，抗战胜利后，国民政府将安徽省省会迁至合肥县，合肥成为安徽省的省会。

1948年12月，析、取合肥县西乡、南乡建立肥西县。

1949年2月1日，再次析合肥县东乡、北乡为肥东县。

1949年1月21日，合肥县和平解放，同年2月，合肥设市。

1949年4月6日，中共皖北区委员会、皖北行署、皖北军区在合肥成立。

1952年，安徽省人民政府正式在合肥市成立。

1965年由寿县、定远、肥东、肥西四县的边缘接合部划并而成长丰县，该县也成为合肥市第一个市辖县。

2011年8月，地级巢湖市拆分，庐江县与县级巢湖市划归合肥市管辖。

后　记

坐拥八百里巢湖，唯合肥也！

当键盘敲完最后一个字的时候，顿觉畅快淋漓。30万字左右的《合肥传》终于编撰完成，这应该是我文字生涯里最浓厚的一笔了！

这部作品的诞生，既是对合肥这座城市历史与文化的梳理与总结，也是我个人对这座城市的热爱与敬仰的结晶。

每一座城市都有自己的成长年轮，岁月累积的年轮沉淀了城市的形象、品格、文化和力量。那些往日的故事，蕴含了合肥城市的遗产宣言，诠释的其实就是一部漫长的城市文明史，凝聚的就是这座城市文化的力量与文明的内涵。

合肥是座有历史底蕴的城市，也是一座兼具南北、包容性很强的城市。这几年合肥变大了，人口急剧增加，但城市的包容性格没变。以前在这个城市里停留，你会发现，它不像小城生活那般混沌和嘈杂，也不像一些大都市，包装得那么时尚和精致，精致到让你感到处处不适，似被拒之于千里，也不会让你觉得古旧和没落，缺乏城市的活力。

现在，作为一个区域性特大城市，合肥的知名度和美誉度都在逐渐上升。不论是外地的朋友还是本土居民，大家都渴望了解江淮大地上的这块古老而现代的土地，贴近她的历史，感受她的脉搏，期待她有个更美好的明天。

我曾看到过这样一段话，大意是说，无论是生命还是心灵，我们每一个人都拥有自己的故乡。城市也好乡村也罢，故乡不仅仅是我们的生命诞生地，也是我们的精神和灵性的基础。

一座城市的人文特色是在长期的历史文化积淀和城市人文精神培育的基础上逐渐形成的。如今城市的发展虽然不断地满足并刺激着人们的物质需求，但精神上、心理上的慰藉和憧憬却有不同程度的失落。人们在为城市日新月异的变化而兴奋的同时，困扰和疑虑也在悄然滋生。一种淡淡的离愁油然而生，这种离愁就是我们与生俱来的"乡愁"。

曾几何时，我们遗忘了一路走来的岁月，乡愁渐行渐远，只能从唐诗宋词里寻觅点点滴滴。其实，乡愁是人对自己生长地方的自然环境、历史文化、社会风情等深沉的情感投入，是一种刻骨的生活记忆，孕育成难忘的故土情结，乡愁是城市文化具有厚重感的重要组成部分。所谓城市文化的厚重感，核心是一个城市的文化遗产和历史记忆。

当然，我们不仅要留住乡愁，也要记录城市发展中的每一个精彩瞬间。

美国作家乔尔·克特金在《城市的历史》一书中，从城市的起源、兴盛一直讲到城市的未来，他提出了城市的三大特性：神圣、安全、繁荣。而在这三点中，作者尤其强调"神圣"，即信仰与认同是城市生命得以延续的灵魂。神圣，指的就是民众的精神认同，有了这种认同，加之生命、财产和自由的保障，城市才能发挥自身的多种优势，才能兴旺昌盛，从而使市民富庶与文明。这，也是本书的功能之一，即留住合肥城市发展中的历史记忆与个性文化。

致敬中国作家协会副主席徐贵祥先生和笔者的恩师翁飞博士的悉心指导，感谢安徽省人民政府参事室、安徽省文史研究馆、安徽省社会科学界联合会、中共合肥市委宣传部、合肥日报传媒集团的大力支持，更要感谢中国外文局前副局长陆彩荣、新星出版社社长马汝军，以及责任编辑简以宁女士自始至终的鼓励与鞭策。同时，部分作品由我的实习生们和同人韩婷、王晓峰、苏龙鹏等共同收集资料或参与采写，在此一并致谢！

李云胜

甲辰孟春于淝上双城草堂

参考文献

（西汉）司马迁著.《史记》.吉林文史出版社.2018年
（唐）杜佑著.《通典》.国家图书馆出版社.2022年
（宋）李诫著.《营造法式》.重庆出版社.2018年
（清）左辅纂修.（嘉庆）《合肥县志》.黄山书社.2006年
（清）张祥云修、孙星衍纂.《庐州府志》.黄山书社.2012年
（清）黄之隽编、赵弘恩监修.《乾隆江南通志》.广陵书社.2010年
合肥通史编纂委员会.《合肥通史》.安徽人民出版社.2017年
夏有才著.《合肥城市规划七十年》.黄山书社.2020年
合肥市地方志编纂委员会办公室编.《合肥城镇》.黄山书社.2014年
安徽省地方志编委办公室.《安徽省志》.方志出版社.1999年
邵之惠著.《徽州文化全书》.安徽人民出版社.2005年
李孝聪著、葛剑雄编.《历史城市地理》.山东教育出版社.2007年
宁业高著.《有巢氏考论》.中国科学技术出版社.2019年
翁飞著.《安徽近代史》.安徽人民出版社.1990年
安徽省人民政府网.《2021年1-5月份安徽省行政区划调整情况》
盛志刚主编.《庐州名厨名菜点》.合肥市烹饪协会.1996年
程民生著.《宋代物价研究》.江苏人民出版社.2021年

王力主编.《中国古代文化常识》.世界图书出版公司.2008年

方兆本主编.《安徽文史资料全书合肥卷》.安徽人民出版社.2005年

合肥市政协文史资料委员会主编.《合肥文史资料全书》.安徽人民出版社.2012年

戴健、江玲主编.《合肥百年有影响的百名女性》.安徽大学出版社.2011年

许高彬著.《包拯传》.安徽人民出版社.2018年

许昭堂、许高彬著.《走近李鸿章》.中国书店.2013年

马骐著.《唐定奎家族》.安徽人民出版社.2018年

图书在版编目（CIP）数据

合肥传：那一抹大湖名城的风景 / 李云胜著.
北京：新星出版社, 2024.8. —— （丝路百城传）.
ISBN 978-7-5133-5724-1

Ⅰ．K295.41

中国国家版本馆 CIP 数据核字第 2024LB4587 号

出版指导 陆彩荣
出版策划 马汝军　简以宁

合肥传：那一抹大湖名城的风景
李云胜 著

责任编辑 简以宁　　　　**责任校对** 刘　义
责任印制 李珊珊　　　　**装帧设计** 冷暖儿
内文排版 魏　丹

出 版 人　马汝军
出版发行　新星出版社
　　　　　（北京市西城区车公庄大街丙 3 号楼 8001　100044）
网　　址　www.newstarpress.com
法律顾问　北京市岳成律师事务所
印　　刷　天津裕同印刷有限公司
开　　本　660mm×970mm　1/16
印　　张　27
字　　数　410 千字
版　　次　2024 年 8 月第 1 版　2024 年 8 月第 1 次印刷
书　　号　ISBN 978-7-5133-5724-1
定　　价　89.00 元

版权专有，侵权必究。如有印装错误，请与出版社联系。
总机：010-88310888　　传真：010-65270449　　销售中心：010-88310811